湛庐CHEERS

与最聪明的人共同进化

HERE COMES EVERYBODY

精准学习

HOW WE LEARN

终身学习系列
周加仙 主编

[法]斯坦尼斯拉斯·迪昂 著
(Stanislas Dehaene)
周加仙 等 译

浙江教育出版社·杭州

破解人脑之谜

斯坦尼斯拉斯·迪昂

Stanislas Dehaene

大胆挑战脑科学研究的终极问题

人脑拥有目前人类已知的最复杂的结构，是人类自身最大的未解之谜，宛若研究领域最闪耀的一顶王冠。而王冠之上那颗璀璨的明珠，则要属意识研究——它如此令人着迷，如此深不可测，充满挑战性，吸引着全世界科学和脑研究领域的巨擘的目光，他们也正为探究人类意识之谜做着卓越贡献。

在他们之中，作为全世界最有影响力的认知神经科学家之一，斯坦尼斯拉斯·迪昂厥功至伟。

“神经科学界诺贝尔奖”获得者

迪昂是目前欧洲脑科学研究领域的领头人、法兰西学院实验认知心理学教授、著名认知神经科学家，其研究涉及脑与学习、意识、数学、阅读等多个领域，均取得了令世人瞩目的成果，比如，他通过实验在人脑中发现了主观意识的客观标志，让人们能真正“看见”意识。他已在《自然》《科学》等国际权威杂志上发表400多篇文章，是阅读、数学、意识、学习领域公认的专家。

迪昂是一位世界级的科学家，他开创了一系列研究意识的实验，这些实验彻底改变了神经科学领域，并为我们带来了第一个直接研究意识生物的方法。

埃里克·坎德尔

Eric Kandel

2000 年诺贝尔生理学或医学奖获得者

由于为人脑领域的研究做出了重要贡献，2014年，迪昂同其他两位科学家共同获得了有“神经科学界诺贝尔奖”之称的“脑奖”（The Brain Prize）。该奖项每年评选一次，奖金100万欧元，是世界上影响力最大、最有分量的脑科学研究奖项。迪昂实至名归。

站在巨人肩上的探索者

其实，迪昂最初所学的专业并非认知神经科学，而是数学。他本科毕业于巴黎高等师范学院数学专业，后又获得巴黎第六大学应用数学及计算机科学专业硕士学位。

后来，被让－皮埃尔·尚热（Jean-Pierre Changeux）在神经科学方面的研究吸引，他将研究方向转向了心理学及神经科学，跟随认知神经科学创始人乔治·米勒、转换生成语法理论创始人诺姆·乔姆斯基、认知发展理论创始人让·皮亚杰三位大师的学生杰柯·梅勒学习，获得博士学位，可谓传承了三位“师爷”的智慧结晶。

众多领域的先驱开拓者

迪昂在他涉及的各研究领域都是先驱研究者。

迪昂在其最新佳作《精准学习》中，系统介绍了人脑中最伟大的才能——学习能力，并就人脑的学习能力为什么远超当下的人工智能进行了详细阐释。在数学认知领域，迪昂是公认的专家，他的《脑与数学》一书被哈佛大学等著名大学用作专业教材。迪昂也是语言及阅读领域的专家，他在《脑与阅读》一书中提出关于人类阅读能力的新理论，有力地驳斥了人脑具有无限学习能力的传统观点；另外，他在阅读障碍及阅读学习方面取得的研究成果，在教育领域也同样具有重要参考价值。在另一本佳作《脑与意识》一书中，迪昂总结了近20年来关于意识与思维的前沿研究成果，翻开了脑科学领域研究的新篇章。

迪昂的科学探索还在继续，他将不断挑战更难、更复杂的问题，破解人脑中更多未被开发或未被探索的秘密，进一步帮助人类拓宽视野，为解开人脑之谜谱写新篇章。

迪昂终身学习系列

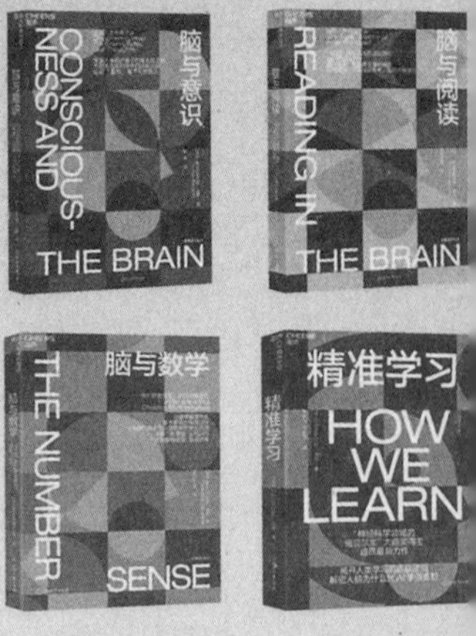

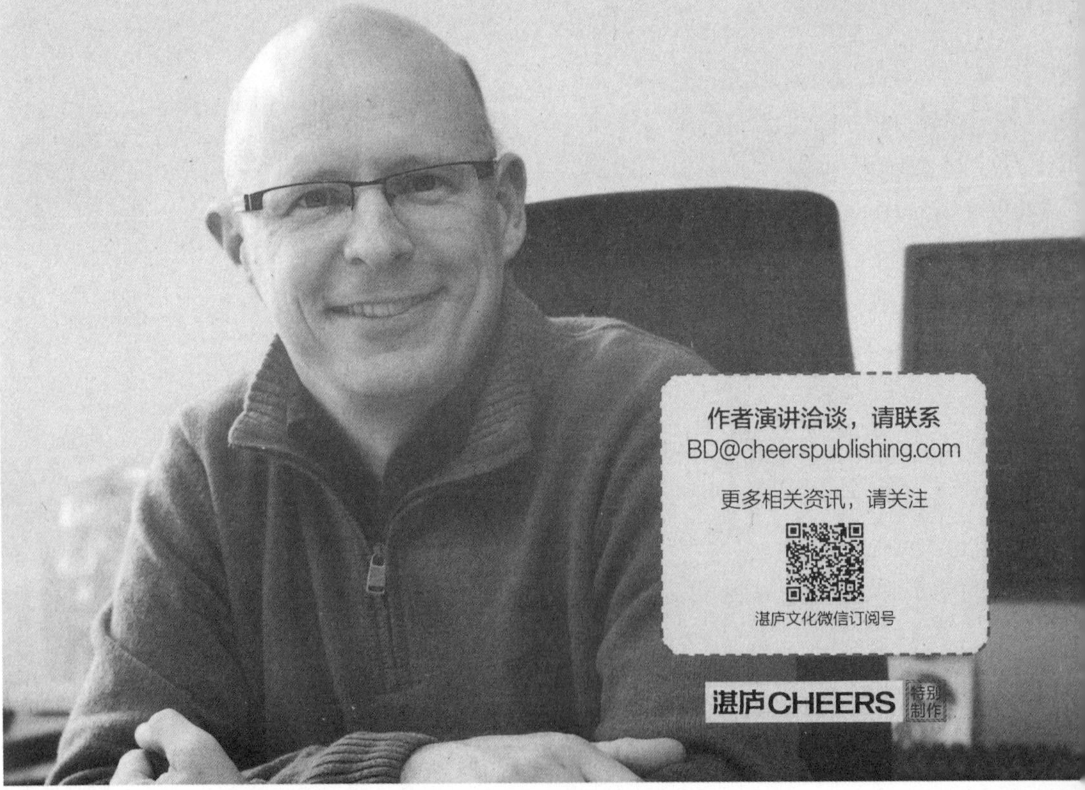

作者演讲洽谈，请联系
BD@cheerspublishing.com

更多相关资讯，请关注

湛庐文化微信订阅号

湛庐CHEERS 特别制作

献给

刚出生的奥罗（Aurore），

以及曾是孩子的我们

架设起脑科学与教育的桥梁

教育是人类动用各种手段，获取知识和技能、塑造人的心智的社会性活动，教育与以阐明脑的工作原理和机制为目标的脑科学（神经科学）有着千丝万缕的联系。

脑科学是当代前沿科学之一，解析脑的奥秘是人类认知面临的重大挑战。之所以这么说，首先是因为大脑是一个极其复杂的系统，它所包含的神经细胞总数达 860 亿，这些细胞并非独立存在，而是通过数量高于神经细胞数千倍的突触联结起来，形成神经环路。这种环路是大脑实施某一特殊功能的基本单元。进而，神经环路的结构和活动方式并非一成不变，而是处于动态变化之中。更重要的是，脑具有高度的可塑性，其形态、结构以及活动方式，随着机体的发育、所处环境的改变，在其功能实施的过程中不断改变，从而又增加了解析的难度。从认识世界的视角而言，对脑的研究是一种所谓的自我指涉性（self-referential）研究，即认识的主体——脑对其自身的研究，存在固有的哲学上的困难，这不可避免地为这一领域的发展设置了障碍。

近年来，随着技术上的巨大进步和认识上的突破，我们对脑的工作原理和机制的认识发生了革命性的变化。人们清楚地认识到，人脑的高级功能（如感知、认知、思维、智力等）是多个神经环路相互作用所形成的脑的大型神经网络活动的结果。在这样一种神经网络中，单个神经细胞的活动都是处于不同区域、不同层次的众多神经细胞活动的综合，从根本上来说，各类信号在时间域和空间域中的分布模式，才对这些高级功能的实施具有关键的意义。这就好比一首交响曲，决定其产生听觉印象的，并非单个音符所发出的声音，而是一群音符组合起来所形成的旋律。在脑科学的其他领域，研究进展也十分迅速，认识到脑的可塑性是学习、记忆等生理过程的生物学基础，就是其中的突出成果。所有这些研究清楚地表明，对脑的活动及其工作原理和机制的认识，对于教育至关重要。这必然引起人们对教育神经科学研究的高度重视。

在这样的背景下，法国神经科学家斯坦尼斯拉斯·迪昂撰写的《脑与意识》《脑与阅读》《脑与数学》《精准学习》等著作相继出版。迪昂是法国科学院院士、国际著名的认知科学大家，在认知研究的许多领域中都有杰出的贡献。他的这些著作深入浅出、生动地阐述了教育神经科学的基础和研究进展，引起了社会各界的强烈反响。

《精准学习》一书，可谓教育神经科学的概论，对大脑如何进行学习做了全景式的系统阐述，用扎实的证据说明，为什么学习能力是人脑最伟大的才能，介绍了学习的四大核心支柱，同时也精当地阐述了与学习有关的其他方面，例如，注意和睡眠在学习过程中的重要性等。在另外三本书中，作者更是对“计算”“阅读”“意识”等三个迥然不同的专题，以一位认知科学家的视角，分别做了细致的剖析。

在《脑与数学》一书中，这位数学认知领域公认的权威科学家，综合对数学思维过程的认识，以及对人类计算能力、先天禀赋的理解，改变了我们数学学习的观念，改进了数学的教育方式。《脑与阅读》则涉及人类阅读之谜。作者对人脑阅读能力的形成、发展，以及对如何重塑大脑及其行为所作的深入思考，耐人寻味。

他在《脑与意识》一书中，对有着"世界之结"称谓的意识问题进行讨论，用丰富的实验资料，解析了人类主观意识的客观规律，对梦的神经机制作了引人入胜的分析。他以实证方法确定了意识现象涌现的必要条件，从而提出了有关意识的"全脑神经工作空间"的富有启发性的假说。特别需要指出的是，在这些著作中，作者自然地把自己的研究成果融入其中，从而在全景式的画面上展示了个人的特色。

他在这套书中就某些特殊问题提出了自己的观点，值得我们深思。例如，他对"人工智能"和人脑学习能力的比较是一个既有理论高度又有现实意义的重要问题。特别是机器人 ChatGPT 的问世，颠覆了人类固有的思维定势，引起了人类社会的恐慌。对这个问题作正确的引导，将会促进社会的进步，而误导性的舆论，则有可能引起灾难性的后果。作者适时地提出了自己的观点，促使人们尽可能以冷静的态度对这场炙热的讨论做出自己正确的判断。

另一个例子是关于"人脑并非白板"的论述。作者认为，在人脑中对应某种文化学习的神经结构和功能是由遗传和进化决定的，这些结构与功能联结在人类文明开启之前就已经存在。文化学习的过程，就是借助人脑的可塑性，把遗传、进化决定的有关神经资源重新分配给"文化学习"这一新功能，使之获得对高级文化进行编码的能力。这就意味着，由进化、遗传决定的神经结构和功能，会对后天的文化学习产生重大的影响。简言之，人脑并非白板，而是在出生时就携带着由进化、遗传所带来的痕迹，因此，要想使数学、第二语言、科学等学科的学习更有成效，都必须找到与之相应的“神经环境”。这些论述生动地体现了作者对论述主题的出色把握，以及对内容的精准驾驭，充分显示了一位科学大家的风采，这些著作在国际上所引起的热烈反响是完全可以理解的。

迪昂院士的这套书，架设起了脑科学与教育间的桥梁。脑科学研究所取得的大量成果，对教育显然具有重要的意义，而教育实践又会对脑科学研究提出更高的要求。这套书所显示的双向促进作用，赋予了这种交流更丰富的内涵。迪昂院士的这些著作，不仅对于从事脑科学及相关研究的专家们有重要的参考价值，对教育实践者有指导意义，对于广大读者提高知识素养也大有裨益。

丛书的主编周加仙研究员，二十多年来一直致力于教育神经科学的专业发展与研究工作。2010 年，她邀请迪昂院士来华东师范大学，担任该校教育神经科学研究中心的荣誉教授，双方从而建立了长期的合作研究关系。她本人就是教育神经科学领域中一位优秀的专家，在探索中国文字学习、数学学习对脑、认知与行为的影响，在运用人脑学习的规律提升教育的质量方面，卓有成绩，且对中文、英文均驾驭自如，是翻译此类著作的不二人选。她不仅组织了翻译团队，还亲自参与翻译，并校译了全部译文，保证了译文的准确流畅。相信这套丛书的出版，不仅会促进我国教育神经科学的基础研究，也将有力地推动教育实践和教育决策走向科学化的进程。

杨雄里

中国科学院院士，复旦大学教授

2023 年 2 月 28 日

人脑具有非凡的学习能力

“学习”一词每个人耳熟能详，学习的活动也贯穿每个人的整个人生。但是，学习究竟是什么？在人类已经冲出太阳系，探索原子、原子核、基本粒子奥秘的今天，这个问题仍然难以破解。迪昂的这本书通过揭开人脑学习的黑箱，来揭示人类学习的奥秘。本书以计算机科学、神经生物学和认知心理学的交叉学科视角，解释了学习的真正运作方式，描述了幼儿园、中小学、大学，以及日常生活中，不同年龄段的人怎样才能最好地利用人脑的规律来学习。本书展示了大量最新的神经科学研究证据，是一本极具创新价值的科学启蒙读物。

本书的作者斯坦尼斯拉斯·迪昂院士是法兰西学院（Collège de France）的认知神经科学教授，是研究人脑如何学习的世界顶尖专家。他根据长期以来对儿童的研究与观察，得出结论：出生几个月的婴儿，就具备获得语言、视觉和社会知识的能力，其学习速度已经“超过了任何现有的人工智能算法”。迪昂的研究表明，婴儿已经能够理解语法、数量和空间关系，并形成了抽象的思维；能够提出假设、验证假设，并根据感官所获得的新数据不断地调整思维。为了探索还没有具备语言能力的婴儿的脑与认知能力，研究者们设计了一系列精巧的实验，对不满一岁的婴儿的脑进行了大量的研究。在一个实验中，只有几个月大的婴儿看到一个球沿着一条直线自主移动时，他们不会感到惊讶，但是看到球跳过一堵墙继续移动时，他们就会感到非常惊讶，因为这不符合自主运动的原理。这些研究表明，婴儿的脑不是一块白板，而是已经拥有了复杂的认知结构，拥有先天的思维语言。对于人工智能来说，婴儿的这些推理能力已经过于复杂了。本书的研究表明，目前，机器还无法超越人脑的智慧。机器要达到婴儿这样的智力水平，仍然还有很长的路要走。这个结论应该会让那些担心人工智能即将接管世界的人心安神定。

本书对人脑的学习机制与人工智能的算法进行了深入的剖析：人工智能领域研究者可以从人脑学习机制中获得发展人工智能的灵感。这一方面启发了人工智能朝向揭示人脑规律的深处迈进，使得模仿人脑的人工智能机器仅仅依靠编程计算技术就已经达到了前所未有的机器智能高度。另一方面，借助人工智能所提供的高效、便捷、精准的工具，我们可以更好地研究人脑，通过挖掘数据、寻找信号中的模式，对人脑的活动进行解码。同时，我们还可以通过建立一个简化的包含数百万个神经元的向量空间的人脑模型，来比对计算模型和脑成像采集的数据之间的异同。机器之于人类的优势在于，人类会遗忘、会死亡，而机器不仅不会遗忘，还能通过迭代更新，进而获得信息的不断积累、算法的不断升级，最终实现能力的不断提升。现在的人工智能已经可以识别面孔和声音、转录语音、翻译外语、控制机器，甚至可以下国际象棋或围棋、与人类进行对话，而且在某些方面比人类做得更好。我们相信，人工智能最终会在很多领域成为我们的得力助手，比如，帮助我们设计方案、分析数据等。这将是一种愉快合作而不是相互取代的关系。

迪昂在定义学习、分析人工智能与人脑智能的基础上，详细地阐述了人脑学习的原理，提出学习的最重要机制是神经元的再利用，即人脑的学习再利用了原本用于其他用途的脑区。例如，识字者的脑中视觉词形区是将识别面孔和形状的脑区再利用来识别文字，专门用于面孔识别的部位会从大脑左侧移至右侧，以便为人脑新程序的运行留出空间。在此基础上，他提出了学习的“四大支柱”：注意、主动参与、错误反馈以及通过睡眠进行记忆巩固。“四大支柱”本身并不新颖，迪昂的创新之处在于：基于人脑的运行方式，从人工智能的发展与教育应用的视角对它们进行了系统的阐述。这些研究对于教师、家长以及受教育者的实践活动都会产生重要的影响。以“注意”为例，注意是人脑对特定对象的指向与关注，其目的是选择并放大相关信息。人工智能需要输入大量的数据，进行广泛的训练，才能够获得特定的注意能力，但是人脑可以迅速地对特定的内容集中注意，同时抑制分心脑区的神经活动。而一些人引以为傲的多任务处理能力，其实是一种“纯粹的幻觉”，因为神经科学的研究证据证明，人脑是按照顺序在关注的多个事件之间进行切换，并不能同时做多件事情。

人类能够自我教育。人类对世界的大部分认识并不是由基因传承下来的，而是通过实践和向他人学习获得的。为了培养人类非凡的学习能力，人类建立了专门的机构——学校。在人脑具有最大可塑性的时间段，教师在课堂上向人们传授知识，传递智慧。虽然幼儿在敏感期的脑的可塑性最强，但是人脑学习能力的提升可以持续终身。

本书是教育神经科学交叉学科领域的优秀著作。2010 年 12 月，我应邀与迪昂院士在华东师范大学共同为我国的第一个教育神经科学研究中心揭牌。在揭牌仪式上，迪昂院士说，华东师范大学成立教育神经科学研究中心，不仅对于中国教育神经科学的发展具有重要意义，而且也推动了国际教育神经科学的发展。

本书的译者、华东师范大学教育神经科学研究中心的创始人周加仙研究员在十多年的磨砺中成长为我国教育神经科学领域的著名学者之一。她在多个国际组织任职，并参与了多项国际组织的全球性研究项目以及国际脑研究组织–联合国教科文组织国际教育局主办的全球教育部长论坛，在国际上具有一定的话语权。在她的积极推动下，在教育神经科学支持者们的共同努力下，教育神经科学的学科发展得到了我国自然科学基金的持续支持。周加仙研究员具有神经科学、心理学、教育学的学习、研究与工作背景，是典型的交叉学科研究者，她的这种研究背景十分适合本书的翻译，因此，她和合作者出色地完成了本书的翻译工作。

本书就人脑学习的创新成果进行了详细阐释，内容具有重要的创新性，尤其对于教育而言，颠覆了传统教育研究中缺乏严谨、科学、可靠证据的局面，打开了人脑学与教的黑箱。本书语言浅显，内容深刻，面向读者广泛，适合不同学段的学校教师、家长和学生阅读，也适合教育神经科学、心理学、教育学的研究者与实践者阅读。

唐孝威

中国科学院院士，浙江大学教授

2022 年 12 月 16 日

你知道人脑是如何学习的吗？

扫码鉴别正版图书
获取您的专属福利

扫码获取全部测试题及答案，了解人脑的学习机制。

- 人脑遭受严重创伤后，学习能力会随之彻底丧失吗？（ ）

  A. 会

  B. 不会

- 学习的四大核心支柱是：（ ）

  A. 反省、主动参与、正确反馈、巩固

  B. 注意、被动参与、错误反馈、巩固

  C. 注意、主动参与、正确反馈、巩固

  D. 注意、主动参与、错误反馈、巩固

- 新生婴儿的脑如同一块白板，等待外界刺激来“填满”，这是对的吗（ ）

  A. 对

  B. 错

扫描左侧二维码查看本书更多测试题

HOW WE LEARN

目 录

HOW WE LEARN

导言

人脑中最伟大的才能：学习能力

2009 年 9 月，一个不同寻常的孩子彻底改变了我的学习观念。我当时正在参观巴西利亚的莎拉医院（Sarah Hospital）。这是一家神经康复中心，白色建筑的设计灵感来自奥斯卡·尼迈耶（Oscar Niemeyer），我的实验室已经与他们合作了大约 10 年。医院的主任露西娅·布拉加（Lucia Braga）带我去见了她的患者费利佩，一个只有 7 岁的小男孩。费利佩从出生起有一半的时间都是在医院的病床上度过的，露西娅向我讲述了他 4 岁时在大街上被枪击的全部过程。不幸的是，这在巴西并不少见。流弹切断了他的脊髓，使他近乎瘫痪。子弹还破坏了他脑中的视觉区域：费利佩完全失明了。为了帮助费利佩呼吸，医生为他做了气管切开术。3 年多来，费利佩一直住在病房里，被禁锢在他僵硬不动的身体这个“棺材”里。

在去往费利佩病房的走廊里，我为自己将要面对一个残缺的孩子做了很多心理准备。然后我见到了他……费利佩和其他 7 岁的孩子一样，是个可爱的小男孩——健谈，活力十足，对每件事都充满好奇。他的语言表达流畅、词汇量丰富，还淘气地问我一些关于法语单词的问题。我了解到费利佩一直对语言充满热情，他会说葡萄牙语、英语和西班牙语。费利佩从不错过丰富自己三语词汇量的机会。虽然双目失明、卧床不起，但费利佩热衷于写小说，沉浸在自己的幻想中，医院团队鼓励他走这条路。仅仅几个月的时间，他就学会了向助理医师口述自己的故事，然后使用联结电脑和声卡的特殊键盘自己记录下了这些故事。儿科医生和语言治疗师轮流陪在他的床边，把他的作品转译成了盲人专用的点字书，书中还配有浮雕插图。他自豪地用手指——他仅剩的一点触觉，摸着这些插图。费利佩在故事中讲述了他永远没有机会看到的英雄、山脉和湖泊，他和其他小男孩一样梦想着这些。

与费利佩的会面深深地触动了我，也驱使我更深入地研究人脑[①]中最伟大的才能：学习能力。这个孩子的存在本身就对神经科学构成了挑战。人脑的认知能力是如何抵御如此剧烈的环境变化的呢？既然我们的感官体验截然不同，为什么费利佩和我会有相同的想法呢？人脑是如何对相同的概念达成共识的？这几乎与如何学习以及何时学习这些概念无关。

许多神经科学家都是经验主义者：他们与英国启蒙运动哲学家约翰·洛克（John Locke）一样，认为脑只是从环境中汲取知识。这种观点认为，大脑皮层回路的主要特性是它们的可塑性，即它们适应输入的能力。事实上，神经细胞拥有一种非凡的能力——根据接收到的信号不断调整它们的突触。然而，如果这是脑的主要驱动力，小费利佩被剥夺了视觉和运动输入后就应该变成一个严重受限的人，那他又是靠什么神奇的力量发展出完全正常的认知能力的呢？

① 脑（brain）包括大脑、小脑与脑干。本书中涉及内容主要针对“脑”与“大脑”。——译者注

费利佩的情况绝不是个例。很多人都听过海伦·凯勒的故事，她 1 岁多时因病丧失了视力和听力，然而，在经历了多年与周围世界隔绝的生活后，她不仅学会了手语，还成了杰出的教育家和作家。[1] 接下来的内容中，我们会认识许多这样的人，希望他们能从根本上改变你的学习观。伊曼纽尔·吉鲁（Emmanuel Giroux）就是其中之一，他 11 岁双目失明，后来成长为一名顶尖的数学家。吉鲁借用圣·埃克苏佩里（Saint-Exupéry）的作品《小王子》（*The Little Prince*）中的狐狸的话说："在几何学中，本质的东西是用肉眼看不见的。只有用心，你才能看得清楚。"这位盲人在看不见的情况下，是如何在代数几何的抽象空间中畅游，操纵平面、球体和体积的呢？我们会发现，他和其他数学家使用的是相同的神经回路，而他的视皮层尤其活跃，实际上已经改变功能去学习数学了。

我还将向你介绍尼科，一位年轻的画家。他在参观巴黎的玛摩丹美术馆时，完美临摹了莫奈的著作《日出》（见彩图 1）。这有什么特别之处吗？并没有，他只是用他仅存的左脑就完成了这个任务——他的右脑在 3 岁时几乎被完全切除！尼科的大脑学会了将他的所有才华都挤进左脑：像常人一样说话、写作和阅读，甚至学会了绘画，而绘画通常被认为是右脑的功能。此外他还学会了计算机科学和轮椅击剑，并在这项运动比赛中夺得了西班牙的冠军。忘掉别人曾经告诉你的两个脑半球功能各异的观点吧。尼科的经历证明，任何人都可以在右脑缺失的情况下成为一名有创造力和才华的艺术家！人脑的可塑性似乎可以创造奇迹。

我们还参观了布加勒斯特臭名昭著的孤儿院，那里的孩子从出生起就被遗弃了。然而，他们当中在一两岁之前被收养的孤儿都能正常上学和社交。

这些例子都证明：人脑具有非凡的韧性。即使遭受严重创伤，如失明、大脑半球被切除或失聪，也无法熄灭其学习的火花。语言、阅读、数学、艺术，所有这些人类独一无二的、其他灵长类动物所不具备的才能，都能抵御这些严重的损伤。人脑具有极强的可塑性——通过学习自我改变、适应环境。当然，我们也会发现迥然不同的反例。在这些反例中，学习似乎没有任何进展，停滞不前。想想失读症患者，他们一个字都读不出来。我临床研究过几位成年患者，他们都曾是优秀的阅读者，但在他们遭受了轻微的中风、伤及一小块脑区之后，他们连“狗”或“垫子”这样简单的字词都无法认识和理解。我记得一位才华横溢、会讲三种语言的女士，她曾是法国《世界报》（*Le Monde*）的忠实读者，在她的脑部受伤后，报纸的每一个文字对她来说都像复杂的希伯来语，这一事实让她痛不欲生。她遭受的伤痛有多深，重新学习阅读的决心就有多强烈。然而，经过两年坚持不懈的努力，她的阅读能力仍然停留在幼儿园孩子的水平：读一个单词需要好几秒钟，必须逐个字母阅读，每个单词都读得磕磕巴巴。她为什么无法学会阅读呢？为什么有些存在阅读困难、计算困难或运用障碍的孩子在阅读、计算或书写方面会表现出类似的、令人绝望的状态，而有些孩子却在这些领域得心应手呢？

人脑的可塑性似乎是“喜怒无常”的：有时它可以克服巨大的困难，有时它又会让原本积极性很高、智力很高的儿童和成年人连生活都无法自理。这取决于特定的神经回路吗？这些神经回路是不是随着时间的推移失去了可塑性？可塑性可以重新开启吗？管理它的规则是什么？人脑是如何做到从人类出生到青年时期都高效运行的？什么样的算法可以让我们的神经回路形成对世界的表征呢？了解它们能帮助我们更好、更快地学习吗？我们能否从人脑汲取灵感，以制造更高效的机器和人工智能，最终模仿甚至超越人类？这些都是本书试图以多学科视角为基础，引用大量认知科学、神经科学以及人工智能与教育领域的最新科学发现，来回答的一些问题。

为什么要学习？

我们为什么一出生就要学习呢？学习能力的存在本身就为我们提出了这个问题。对我们的孩子来说，像雅典娜一样生来就会说话和思考不是更好吗？相传雅典娜是从宙斯的头颅中跃出的，在跃出之时，她就已经完全长大、全副武装。为什么我们不是编程软件，预先被装载了生存所需的知识呢？连达尔文学派的学者都很疑惑，先天成熟、较其他物种拥有更丰富知识的物种不应该最终获胜并延续它的基因吗？为什么物种会首先演化出学习这么一项技能呢？

答案很简单：人脑先天拥有完整的神经"布线"既不可能也不可取。不可能？这是真的吗？是的，因为如果我们的基因组必须包含我们需要的所有知识，它的容量会爆掉，根本没有足够的存储空间。我们的 23 条染色体包含 30 亿对碱基对，其碱基包括腺嘌呤（A）、胞嘧啶（C）、鸟嘌呤（G）和胸腺嘧啶（T）。它们可以代表多少信息？若用二元决策 0 和 1 来分析，则基因组的 A、C、G、T 可以编码为 00、01、10 和 11，因此，我们的 DNA 总共包含 60 亿位信息。而在今天的计算机中，我们是以字节来计算的，一个字节存储 8 位无符号数，存储的数值范围为 0 ～ 255。因此，人类基因组的容量可以换算为大约 750 兆字节，相当于一个老式 CD 或一个小型 USB 密钥的容量！然而，这个基本的换算还没有包含我们 DNA 中存在的大量冗余信息。

我们的基因组最初只存在于一个受精卵中，承载着从几百万年的进化中继承下来的少量信息，这些信息成功地勾画了整个身体的蓝图：我们的肝脏、肾脏、肌肉，当然还有我们脑中每个细胞的每个分子（860 亿个神经元，1000 万亿个联结）……我们的基因组怎么可能确定它们中的每一个呢？假设我们的每根神经联结只编码一位，那么我们的脑容量大约是 100 太字节，

约 10^{15} 位。或者说这个容量是我们基因组的容量的十万倍，而这还只是保守的估计。我们面临着一个悖论：我们的脑是一座奇妙的宫殿，它包含的细节比“建筑师”用来建造它的蓝图多出数十万倍！唯一的解决方法是：按照建筑师的指导方针（即我们的基因组）完成宫殿的结构框架，而细节则留给“项目经理”，他可以结合地形（即环境）调整蓝图。因此，将人脑的所有细节预先“布线”是完全不可能的，需要通过学习来补充基因组的工作。

然而，简单为脑算一笔账得出的结论并不能解释为什么学习在动物界如此普遍。即使是蚯蚓、果蝇和海参等没有任何大脑皮层的简单生物，也具备学习的能力。以线虫（*C. elegans*）为例，在过去的 20 多年里，这种几毫米大的动物成了实验室的明星，原因就在于它的结构几乎完全受基因的控制，研究人员可以分析到最小的细节。大多数线虫个体样本显示 959 个细胞构成，包括 302 个神经元，它们的联结路径已被完全破解，并且是可再生的，线虫会学习[2]。研究人员最初认为，线虫是一种只能来回游泳的“机器人”，但后来他们发现，它至少有两种学习方式：习惯性学习和联想学习。习惯性学习指有机体适应反复出现的刺激（如动物生活的水中的某个分子）并最终停止对其做出反应的能力。联想学习指发现并记住环境中的哪些因素可以预测食物的来源或危险的靠近。线虫是联想学习的能手。它可以记住与自己的食物（细菌）或厌恶的东西（如大蒜的气味）相关的气味或温度水平，并利用这些信息来选择它在环境中游走的最佳路径。

线虫的神经元数量很少，因此，它的行为有可能是完全预设好的吗？显然，事实并非如此。线虫适应自己的出生环境对它的生存是非常有利的，甚至是不可或缺的。即使是两个基因完全相同的生物也很难有机会生活在相同生态的环境里。线虫能够根据出生地的水的浓度、化学成分和温度快速调整它的行为，使它更高效地适应环境。更广泛地说，每一种动物都必须迅速适应其当前生存环境的不可预测情况。这就是自然选择（Natural Selection），达尔文的进化算法。它成功论述了每个有机体为何能够适应其所在的生态环境，但这个过程发生的速度出奇的慢。如果缺乏适当的适应性，整个生态的物种都注定会死亡，只有等到有利的基因突变出现才能够增加物种生存的机会。然而，学习能够加快这个过程，它可以在几分钟之内改变物种的行为。这就是学习的精髓：**能够快速地适应不可预测的情况。**

这就是物种进化出学习能力的原因。随着时间的推移，那些即使只拥有基本学习能力的动物都比那些行为固定的动物拥有更好的生存机会，而且它们更有可能将自己的基因组（这些基因包括学习算法）传递给下一代。因此，自然选择驱使学习能力出现。进化算法发现了一个很好的诀窍：**让身体的某些参数迅速改变，以适应环境中最不稳定的方面。**

诚然，物质世界有很多因素是严格不变的，比如万有引力是普遍存在的，光和声音的传播方式也不会在一夜之间发生改变。这就是为什么我们不需要学习如何长出耳朵、眼睛，形成前庭系统迷宫般的结构，或记录我们身体的成长，所有这些特性都是基因层面已经编码好的。然而，其他的许多参数，比如我们双眼的间距、手脚的重量和长度、声音的音调都会因人而异，这就要求我们的脑必须适应它们。正如我们在后文中将看到的，脑是妥协的结果——我们从漫长的进化史中继承了大量天生的神经回路（我们将世间万物细分成广泛而直观的类别，并进行编码：图像、声音、动作、物体、动物、人……）。也许在更大程度上，那些高度复杂的、可以根据我们的经验改进我们早期技能的学习算法，也有生而有之的神经回路。

教育智人

如果让我用一个词来概括我们人类的非凡才华，我会用“学习”来概括。我们不是简单的智人（Homo Sapiens），而是教育智人（Homo Docens），一种能够进行自我教育的物种。我们对世界的大部分认知并不是由我们的基因遗传给我们的，而是从环境或周围的人那里习得的。除人类以外，没有任何一个物种能够如此彻底地改变其生态环境，人类从非洲大草原迁移到沙漠、山脉、岛屿、极地、洞穴、城市，甚至太空，所有这些都是在几千年内完成的，学习为这一切推波助澜。从发现火种到制造石器、发展农业、探索世界，再到发现原子裂变，人类的故事是不断进行自我重塑的故事。所有这些成就的根源在于：**我们的脑有着提出假设并选择适合环境的假设的这种非凡能力。**

学习是我们人类的创举。在我们的脑中，数十亿的神经元参数可以自由地适应我们的环境、语言和文化，以及我们的父母和食物……这些参数是经过精挑细选的：在进化过程中，达尔文的进化算法仔细地勾勒出哪些神经回路应该预先“布线”，哪些应该留给环境去决定。对人类这个物种来说，学习的意义重大，因此人类的童年时期比其他哺乳动物的要长得多。由于我们拥有独特的语言和数学能力，我们的脑才能在广阔的假设空间中畅游，即使这些假设可能总是植根于我们从进化中继承下来的固定不变的基因基础之上，这些假设重新组合，形成潜在的无限可能的集合。

人类发现，在一种机构的帮助下，我们可以进一步提升这种非凡的能力，它就是学校。教育学是人类所独有的，其他动物不会留出特定的时间去教导并监督后代学习的进步，帮助其解决遇到的困难，纠正其所犯的错误。学校的出现使所有人类社会中的非正规教育系统化，极大地挖掘了我们的脑潜力。我们发现，我们可以利用儿童的脑丰富的可塑性，向他们灌输大量的信息，发展他们的才智。几个世纪以来，我们的学校系统在效率上不断提高，孩子上学的时间越来越早，教育持续时间更是长达 15 年，甚至更长。越来越多的人脑的发展受益于高等教育。大学是神经“精炼厂”，我们的脑回路在这里获得最优质的触发。

教育是我们脑的主要加速器。不难证明，教育支出在政府支出中位居前列是合理的：没有教育，我们的大脑皮层回路就会像一颗未经加工的钻石。我们的大脑皮层在阅读、写作、计算、数学、音乐、空间、记忆等方面带来的改善造就了社会的复杂性。你知道吗，一个受过教育的人的短期记忆，即他能重复的音节数量，是一个从来没有上过学的成年人的 2 倍左右。一个人每多接受一年教育，他的智商测试分数就会提升好几分。

学会如何学习

教育增强了人脑已经相当强大的能力，但它还能表现得更好吗？在学校和工作中，我们不断地改进脑的学习算法，但我们是凭直觉这么做的，而没有刻意学习。从来没有人向我们解释人脑记忆和理解事物的规则，或者遗忘和犯错的规则。这真的很可惜，因为这方面的科学知识已经很全面。英国教育捐赠基金会（Education Endowment Foundation，EEF）创建的网站[3]上列出了最成功的教育干预措施，其中元认知教学（了解自己脑的能力和限制）被给予了非常高的评价。**学会如何学习可以说是学业成功的最重要因素。**

幸运的是，我们现在知道了很多关于学习是如何运作的知识。30 多年来，计算机科学、神经生物学和认知心理学的合作研究在很大程度上阐明了我们脑运作的机制，包括使用的算法、涉及的回路、调节其有效性的因素，以及唯有人类能高效使用这些资源的原因。在本书中，我将依次讨论所有这些问题。当你合上这本书时，我希望你能更多地了解你自己的学习过程。在我看来，每个孩子和每个成年人都要了解自己的脑的全部潜力，当然，也要意识到它的局限性，这才是最重要的。当代认知科学通过系统地剖析我们的脑算法和机制，赋予苏格拉底的名言“认识你自己”以新的含义。**今天，学习的重点不再仅仅是加强内省，而是理解产生思想的微妙的神经元机制，使之能最佳地服务于我们的需求、目标和欲望。**

当然，关于我们如何学习的新兴科学对所有那些认为学习是一种专业活动的人，如教师和其他教育工作者都具有特别的意义。我深信，一个人如果不能对学习者的脑中正在发生的事情有一个或模糊或明确的心理模型，就不可能实施正确的教学。学生以什么样的直觉开始学习呢？他们必须按照哪些步骤学习才能有所进步？哪些因素可以帮助他们发展技能？

虽然认知神经科学并不能给出所有的答案，但我们开始了解到，所有孩子都拥有一个相似的脑结构：他们的脑都是智人的脑。它与其他类人猿的脑截然不同。当然，我不否认每个人的脑是不同的，我们基因组的瑕疵以及早期脑发育的无常性赋予了我们略微不同的学习强度和学习速度。然而，我们所有人的基本脑回路都是一样的，我们的学习算法的架构也是相同的。因此，每一位教师都必须遵守一些基本原则，才能最有效地发挥其教学作用。在本书中，你会看到很多例子。所有年幼的孩子在语言、算术、逻辑和概率领域都有抽象的直觉，这是高等教育立足的基础。所有学习者都会从集中注意力、积极参与、错误反馈以及反复进行每日训练和夜间巩固中受益。我将这些因素称为**“学习的四大核心支柱”**，正如我们将看到的那样，这些因素是所有人的脑中通用学习算法的基础，无论是儿童还是成年人都是如此。

同时，我们的脑确实表现出个体差异，在一些极端的情况下，脑可能会表现出病态，如阅读困难、计算困难、运动障碍和注意力障碍等。幸运的是，随着我们越来越了解产生这些缺陷的原因，我们也发现了很多应对策略来检测和弥补这些缺陷。本书的目的之一就是传播这些不断更新的科学知识，让每一位教师和家长都能采取最佳的教养策略。虽然孩子掌握的知识存在很大差异，但他们使用的是相同的学习算法。因此，**对正常孩子最有效的教学技巧也往往是对有学习障碍的孩子最有效的教学技巧**，只不过教师和家长必须以更加专注、耐心、系统的方式加以应用，对他们所犯的错误更加宽容。

宽容很关键。虽然错误反馈很重要，但许多孩子因为他们所犯的错误受到了惩罚，而错误本身没有被纠正，因此丧失了学习的自信和对知识的好奇心。在世界各地的很多学校，错误反馈往往是惩罚和耻辱的同义词。在本书的后面部分，我将谈到学校对学习成绩的过度关注助长了这种不良的风气。负面情绪粉碎了脑的学习潜力，而为脑提供一个无须感到恐惧的环境会重新打开神经元可塑性的大门。如果不同时考虑情感和认识对脑产生的影响，教育就不会进步。在今天的认知神经科学中，这两者都被认为是学习的关键。

机器的挑战

今天，人类智力面临着新的挑战：我们不再是最会学习的物种，学习算法正在各个知识领域挑战人类这一物种的独特地位。这些算法让智能手机可以识别面孔和声音、转录语音、翻译外语、控制机器，甚至可以下国际象棋和围棋，而且比我们做得更好。机器学习已经成为一个价值数十亿美元的产业，并持续受益于人脑的启发。这些人工算法是如何工作的？他们的工作原理能帮助我们理解什么是学习吗？它们是否已经能够模拟人脑，或者它们还有很长的路要走？

虽然目前计算机科学的进步令人着迷，但它们的局限性也是显而易见的。目前机器的深度学习算法只是模拟了人脑的一小部分功能，我认为，这一部分对应到我们知觉加工的第一阶段，即人脑以无意识方式处理信息的前两三百毫秒。当然，这种类型的加工绝不是肤浅的：我们的脑可以在几分之一秒内识别出一张人脸或一个单词，并将它放在上下文中去理解，甚至把它整合成一个短句子……然而，这个过程的缺陷是，它严格地遵从了自下而上的传输方向，没有任何反思的机会。只有在更慢、更有意识、更具思考的后续阶段，我们的脑才会设法发挥其所有的演绎、推理和灵活性能力。这些都是今天的机器远远无法比拟的。即使是最先进的计算机体系也无法拥有任何人类婴儿构建抽象世界模型的能力。

即使是在计算机的专长领域，例如对形状的快速识别，现代算法的效率仍然远远低于人脑。机器学习的最新前沿涉及在计算机上运行数百万，甚至数十亿次训练尝试。事实上，机器学习已经成为大数据的代名词：没有海量数据集，算法很难提取并概括新情况中的抽象知识。换句话说，机器并没有最高效地利用数据。

在这场比赛中，婴儿的脑轻而易举地获胜了：婴儿不需要超过两次的重复就能学习一个新单词。他们的脑可以最大限度地利用极其稀少的数据，这一能力在今天的计算机中仍然难以实现。神经元的学习算法通常接近最优化的运算：它们设法从最细微的观察中提取出本质。如果计算机科学家希望在机器上实现同样的效能，他们的灵感只能来自脑中的许多学习技巧。例如，注意帮助我们选择并放大相关信息，睡眠帮助我们的脑通过算法整合前几天学到的东西。具有这些特性的新机器正在开始涌现，它们的性能也在不断提升，在不久的将来，它们无疑将与我们的脑竞争。

根据一项新兴的理论，人脑之所以仍然优于机器，是因为它扮演着统计学家的角色，通过不断关注概率和不确定性优化自己的学习能力。在进化的过程中，我们的脑似乎获得了复杂的算法，这些算法不断追踪与所学知识相关的不确定性。从精确的数学观点上讲，如此系统地关注概率是最大限度地利用每一条信息的最佳方式。[4]

最近的实验数据支持了这一假设。即使是婴儿也能理解概率。从出生起，概率理论似乎就深深地植根于他们的脑回路中。孩子的行为就像初露尖角的小科学家，他们的脑中充满了类似于科学理论的假设，通过生活经验来检验这些假设。概率推理允许我们逐渐排除错误的假设，只保留对数据有意义的理论。而且，与其他物种不同的是，人类似乎可以利用这种对概率的敏感从外部世界获取科学理论。**只有智人才能系统地生成抽象思维的符号，并在面对新的观察时更新这些思维的可能性。**

创新的计算机算法开始融入一种新的学习愿景，即“贝叶斯算法”。这种算法以牧师托马斯·贝叶斯（Thomas Bayes）的名字命名，早在18世纪贝叶斯就勾勒出了这一算法的雏形。我的预感是，贝叶斯算法将引起机器学习的革命。事实上，它已经能够以接近人类科学家的效率来提取抽象信息。

当代学习科学之旅由三部分组成。

在第一部分“什么是学习”中，我们首先探讨学习对人类或动物意味着什么，包括学习的所有算法或机器的学习。学习的定义很简单：**学习就是在脑中逐步形成外部世界的内部模型**。当我初次来到一个陌生城镇时，我会在脑海中形成它的布局地图——一个由街道和小巷构成的微缩模型。同样，一个正在学习骑自行车的孩子在他的神经回路中正在塑造一个潜意识的模型，即对踏板和车把施加的作用力如何影响自行车的稳定性。类似的，学习识别人脸的计算机算法正在获取各种可能形状的眼睛、鼻子、嘴巴及其组合的模板模型。

但是我们如何建立合适的心理模型呢？正如我们将看到的那样，学习者的脑可以被比作一台拥有数百万个可调参数的巨型机器，这些参数的设置共同定义了学习者所学到的东西，如某条街道可能在我们的心理地图中的什么位置。参数就是脑中的突触，也就是神经元之间的联结，它们的强度可能会因人而异。而在大多数现代计算机中，它们是一系列可调节的权重或概率，反映了每个可能成立的假设的可靠程度。因此，无论是在脑中还是在机器中，**学习都需要寻找参数的最佳组合**，这些参数一起定义了心理模型的每一个细节。从这个意义上说，学习是一个巨大的搜索问题，理解学习算法在当今计算机中如何运行对揭示学习在人脑中如何工作非常有帮助。

通过比较计算机算法和脑算法，即硅基系统和活体系统中的性能，我们将逐步对学习在脑层面的意义有一个更清晰的认识。可以肯定的是，数学家和计算机科学家还没有设计出像人脑那样强大的计算机算法，至少现在还没有。但他们开始研究一种最优学习算法的理论，如果它的目标是最高效学习的话，任何系统都应该使用这种算法。根据这一理论，最好的学习者是一个合理使用概率和统计的科学家，他的脑对应统计学家，脑回路对应概率计算的模型。这一理论明确了先天和后天之间的分工，**基因首先建立巨大的先验假设空间，然后环境来决定与外部世界最匹配的假设。**假设是由先天基因决定的，它们的选择依赖于后天的经验。

这一理论是否与脑的工作原理相符？学习是如何在我们的神经回路上实现的呢？当我们获得一种新的能力时，我们的脑会发生什么变化？在第二部分“人脑如何学习”中，我们将转向心理学和神经科学。我将把重点放在婴儿身上，因为他们是真正的学习机器，无可匹敌。最近的实验数据表明，正如该理论所推测的一样，婴儿确实是初出茅庐的统计学家。他们在语言、几何、数字和统计领域的非凡直觉证明，他们绝不是一块一无所知的白板。从出生起，婴儿的脑回路就已经组织好了，并将假设带入外部世界。但它们也有相当大的可塑性，这反映在脑的突触变化上。在这台“统计机器”里，先天和后天不是对立的，而是联合起来的。其结果就是造就了一个结构化但可塑的系统，它们在面对脑损伤时具有无与伦比的自我修复能力，并再次利用脑回路获得进化没有预料到的技能，如阅读或数学计算能力。

在第三部分“学习的四大核心支柱”中，我详细介绍了使我们的脑成为当今已知的最有效的学习设备的诀窍。四种基本机制（或称“支柱”）在很大程度上调节了我们的学习能力。第一大核心支柱是注意，即一组神经回路，它选择、放大和传播我们认为有用的信号，将这些信号在我们记忆中的影响放大 100 倍。第二大核心支柱是积极参与，即被动的有机体几乎什么都学不到，因为学习需要动机和好奇心，主动地产生各种假设。第三大核心支柱，也就是积极参与的另一面，即错误反馈。每当我们因为世界违背了我们的期望而感到惊讶时，错误信号就会传遍我们的脑。错误反馈纠正了我们的思维模式，消除了不恰当的假设，并稳定了最准确的假设。第四大核心支柱是巩固。随着时间的推移，我们的脑将所获得的东西汇总起来，并将其转化为长期记忆，从而释放神经资源，为进一步学习做好准备。重复在巩固过程中起着至关重要的作用。即使是睡眠，也远不是一段不活动的时期，而是脑以更快的速度重温过去的状态并记录白天获得的知识的特权时刻。

这四大核心支柱具有普遍性。无论是婴儿、儿童还是不同年龄段的成年人，只要他们锻炼学习能力，就会不断地使用它们。这就是为什么我们都应该掌握这四大核心支柱，它们是学会学习的方式。在结论中，我将总结这些科学进步的实际成果。**改变我们在学校、家里或工作中的做法并不一定像我们想象的那样复杂。玩耍、好奇心、社交、注意和睡眠等非常简单的行为，都可以增强人脑最伟大的才能——学习。**

HOW WE LEARN

第一部分

什么是学习

从本质上讲，智能可以被视为将非结构化的信息转化为有用的、可操作的知识的过程。

——德米斯·哈萨比斯（Demis Hassabis），
人工智能公司 DeepMind 创始人

什么是学习？在拉丁语系的许多语言中，“学习”与“理解”有着相同的词根：法语为 apendre，西班牙语和葡萄牙语为 aprender……的确，学习就是抓住现实的一个碎片，捕捉它并将它带进我们的脑。在认知科学中，学习是在脑中逐步形成外部世界的内部模型。通过学习，那些触动我们感官的原始数据被转换成经过深思熟虑之后产生的想法，抽象到足以在新的场景下被重复使用，成为描绘现实的微缩模型。

脑和机器中这样的内部模型是如何生成的？在接下来的章节里，我们将回顾人工智能和认知科学关于这个问题的研究。当我们学习时，信息的表征形式是如何变化的？我们如何才能在任何有机体、人类、其他动物或机器所共有的水平上理解它呢？通过回顾工程师为了让机器学习而设计的各种策略，我们将逐步勾勒出婴儿在学习看、说和写时必须进行的惊人计算能力的清晰图景。事实上，正如我们将要看到的那样，婴儿的脑拥有非凡的能力：尽管目前的学习算法取得了成功，但它也仅仅捕捉到了人脑能力的一小部分而已。通过了解机器为什么不能理解“隐喻”，以及人脑的什么地方使婴儿胜过了最强大的计算机，我们就能准确地定义学习是什么了。

HOW WE LEARN

第 1 章

学习的 7 个定义

什么是学习？我的第一个，也是最笼统的关于学习的定义是：**学习是在脑中形成外部世界的内部模型。**

你可能没有意识到，但是你的脑已经存储了数以千计的外部世界的内部模型。它们就像微缩模型，或多或少地忠于它们所代表的现实。打个比方，我们所有人的脑中都有一张关于自己家和附近街区的思维地图。我们要做的就是闭上眼睛，调动思维来回想它们。当然，没有人生来就拥有这种思维地图，我们必须通过学习来获得它。

这类心理模型非常丰富，而且绝大多数是在无意识中生成的，超出了我们的想象。例如，你有一个庞大的英语心理模型帮助你理解你所阅读的词语，你可以猜测出来 plastovski 不是英语单词、swoon 和 wistful 是，而 dragostan 有可能是。你的脑中还有多个有关身体的模型，用于绘制你四肢的位置，并引导它们保持平衡。某些模型编码了你对物体的认知和你与他们的互动，比如如何握笔、写字或骑自行车。你的脑中甚至还有记录别人思想的模型，类似一个庞大的心理目录，里面有与你关系密切的人的信息，包括他们的外形、声音、品味和他们的怪癖。这些模型可以对我们周围的“宇宙”进行非常逼真的模拟。你有没有注意到，你的脑有时会投射出最真实的虚拟世界，在那里，你可以走动、跳舞、去到新的地方、进行愉快的对话或者感受到强烈的情感？这些都是你的梦境！令人着迷的是，我们梦境中出现的所有想法，无论它们多么复杂，都只是我们内在心理模型随意呈现的产物。

我们醒着的时候也在做真实世界的梦，脑不断地向外界投射假设和解释构成的框架。这是因为透射到我们视网膜上的每一个影像都是模棱两可的。例如，每当我们看到一个盘子时，投射到视网膜上的影像就与无限多的椭圆形兼容。我们看到的盘子是圆形的，事实上原始的感官数据是椭圆形，这是因为我们的脑提供了额外的数据，它已经了解到圆形是最有可能的解释。在幕后，我们的感官区域在不停地计算概率，只有最可能的模型才会进入我们的意识。正是脑的投射赋予来自我们感官的数据流以意义。假如没有内部模型，原始的感官输入是没有任何意义的。

学习使我们的脑能够抓住之前被遗漏的现实片段，并利用它来构建新的世界模型。这个现实片段可以是历史、生物学或城市地图等任何真实世界的存在。但我们的脑也会学习绘制我们身体内部的现实情况，就像我们学习协调我们的动作、集中注意力去拉小提琴一样。在这两种情况下，我们的脑都将一个新的外在现实内化了进来，它调整自己的回路，以适应一个之前没有接触过的领域。

当然，这样的调整必须恰到好处。学习的内核就在于它适应外部世界和纠正错误的能力。但是，当学习者在家附近迷路、从自行车上摔下来、输掉一盘棋或者拼错 ecstasy 时，他的脑怎么“知道”如何去更新内部模型呢？我们接下来将讲述 7 个关键的观点，它们是当今机器学习算法的核心。这些观点同样适用于我们脑的学习，是对“学习”的 7 个不同定义。

学习就是调整心理模型的参数

调整心理模型有时非常简单。例如，我们怎样才能把手伸向我们所看到的物体并抓住它呢？笛卡尔（René-Descartes）在 17 世纪时就已经推测出，我们的神经系统一定包含将视觉输入转化为肌肉命令的加工回路（见图 1-1）。你可以尝试亲自体验一下：戴上别人的眼镜，最好是一副高度数的眼镜，抓东西；更好的方式是，戴一副能使你的视线向左偏移十几度的棱镜，然后试着抓住物体。[1] 你会发现你的第一次尝试完全失败了，因为戴着眼镜，你的手会伸到你瞄准的物体的右边。多尝试几次，向左逐渐调整你的动作。通过不断地尝试和失败，你的动作会变得越来越精准，因为脑已经学会了纠正视线的偏差。现在，摘下眼镜试着抓住物体，你会惊讶地发现你的手伸错了方向，太靠左了！（见图 1-1）

到底发生了什么事？在刚刚短暂的学习期间，脑调整了它的内在视觉模式。此模式中对应视觉和身体方向之间偏移的参数被重新设置了。在这个通过试错进行重新校准的过程中，脑所做的事情与猎人为了调整他的步枪瞄准镜所做的事情类似：通过试射来调整他的瞄准镜，最终精准瞄准猎物。这种学习非常快，几次尝试就足以校正视觉和动作之间的偏差。然而，这个新的参数与旧的并不兼容，因此当我们摘掉眼镜恢复正常视力时，又会犯错。

不可否认，这种类型的学习有点特殊，因为它只需要调整与视觉角度相关的一个参数，大部分的学习比这精细得多，需要调整数十个、数百个甚至数千个参数，而我们的脑回路中有几百万个参数（每一个突触就是一个参数）。不过原则是相同的，即学习是在无数可能的内部模型中寻找最符合外部世界状态的可能性。

调整一个参数：视觉-动作的偏差

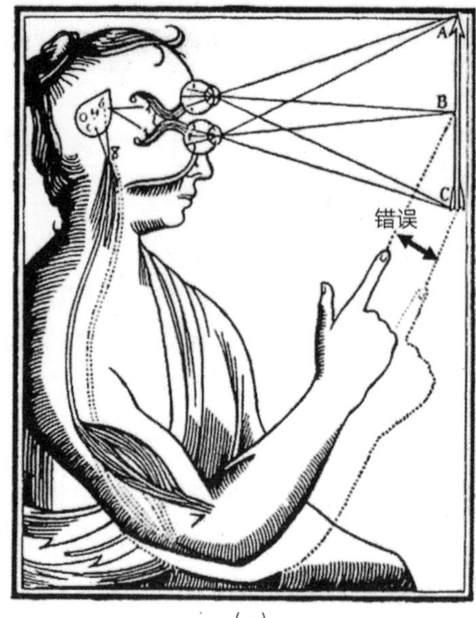

输入 =
视网膜上的目标

输出 =
手指所指的方向

(a)

调整几百万个参数：支持视觉的神经联结

输入 =
要辨识的图像

输出 =
10 个可能的数字

2
8

(b)

学习是什么？学习就是根据外部反馈调整脑心理模型的参数。例如，a 图中，学习用手指去瞄准以校正视觉和动作之间的偏差。每一次瞄准的错误都提供给脑有用的信息，继而慢慢缩小偏差。在神经回路中，虽然要校正的数字更大，但原理是一样的，辨识一个符号需要精细地调整几百万个神经联结。b 图中，类似“8”的错误输出会回过头去反向传播，进而调整神经联结的数据，在下一次的尝试中改进输出。

图 1-1　学习就是调整心理模型的参数

一个在东京出生的婴儿，在往后的两三年里，他的语言内部模型将不得不调整为符合日语的模型。这个婴儿的脑就像一台机器，内含数以百万计的回路设置。听觉层面的设置决定了日语中使用的辅音和元音，及其允许的组合规则。一个出生在日本家庭的婴儿必须知道哪些音素构成了日本语言，以及这些音素之间的区别。例如，有一个参数是区分 R 和 L 之间的发音，这在英语中非常关键，在日语中却无关紧要。在日语中，"Bill Clinton's election"（比尔·克林顿的选举）和"Bill Clinton's erection"（比尔·克林顿的勃起）没有任何区别……每个婴儿必须掌握一组固定的参数，而这些参数共同指定哪些类别的语音与他的母语相关。

从语音到词汇、语法到语义，每个层面的学习都重复了类似的过程。脑的组织结构是多层级的，一个模型嵌套在另一个模型中，就像俄罗斯套娃一样。学习就是用输入的数据去设置每一个层级结构中的参数。让我们看一个高级范例——语法规则的习得。在英语和日语的学习中，婴儿必须学会的一个关键是词序。在一个有主语、谓语和直接宾语的标准句子中，英语句式为"主语 + 谓语 + 宾语"："John+eats+an apple（约翰吃了一个苹果）。然而在日语中，最常见的句式为"主语 + 宾语 + 谓语"："约翰 + 一个苹果 + 吃"。值得注意的是，这个日语句式中还会因介词而改变。比如，"My uncle wants to work in Boston"变成了"Uncle my，Boston in，work wants"。这句话就变得与《星球大战》中尤达大师所说的话一样难懂。[①] 但对一个讲日语的人来说，这句话一点问题也没有。

有趣的是，这种倒装句并不是相互独立的。语言学家认为它们来自一个名为"中心词位置"的参数：一个短语的中心词，在英语中总是位于第一位（在巴黎，我的叔叔，想生活），但在日语中被放在了最后（生活想，叔叔

① 尤达大师喜欢用倒装的语序说英语。例如，Much to learn, you still have.（很多需要学，你还有。）——译者注

我的，巴黎在）。这个二元参数可以区分许多语言，甚至包括一些历史上没有关联的语言，例如纳瓦荷语遵循的规则就与日语相同。孩子为了学习英语或日语，必须学会如何设置他内部语言模型中的中心词位置参数。

学习是在利用组合爆炸

语言的学习真的可以被简单地归结为一些参数吗？如果这很难让人信服，那是因为我们无法想象当我们增加可调参数的数量时，会产生如此多的可能性。这就是所谓的“组合爆炸”（combinatorial explosion）——**当你将极少数的可能性参数组合在一起时，参数的数量就会呈现指数级的增长。**假设世界上所有语言的语法可以用大约 50 个二元参数来表示，就会产生 2^{50} 种组合，也就是超过 1 000 万亿种可能的语言，或者说 1 后面跟着 15 个 0！目前世界上的 3 000 种语言的句法规则都能很轻松地被放入这个巨大的空间。然而，在我们的脑中，可调节的参数不只有 50 个，其数量大得惊人：80 多亿个神经元，每个神经元大约有 1 万个突触相互联结，联结的强度各不相同，所创造的心智表征空间可以说是无限大的。

人类语言的各个层级都在大量利用这些组合。例如，脑词库是我们掌握的单词以及它们的内在模式。英语母语者一般会掌握大约 5 万个单词。这些单词构成了一本巨大的词典，但我们只花了大约 10 年时间就学会了它们，这是因为我们可以分解学习问题。假设这 5 万个单词中的每个单词平均只有 2 个音节，每个音节由 3 个音素组成，这些音素来自英语的 44 个音素的组合，那么这些单词的二进制编码需要不到 200 万个基本的二元选择（即“位”，其值是 0 或 1）。换句话说，我们脑词库中的所有知识都可以放在计算机中一个 250 千字节（每个字节包含 8 个位）的小文件夹中。

如果我们排除掉单词的多义的问题，脑词库可以被压缩到更小的容积。

随机抽取 6 个字母，如 xfdrga，它们无法组成英语单词，真正的单词是由多个音节按一定规则组成的，像构建金字塔一样。语言的各个层级都是如此，句子是词的规则集合，词是音节的规则集合，音节是音素的规则集合。组合既是巨大的（可以在几十个甚至数百个元素中选择），同时又是有限制的（只有某些特定组合才会成立）。**学习一门语言就必须要知道在各个层级上界定这些组合的参数。**

总而言之，**人脑通过创建一个多层分级的模型来分解学习问题。**这在语言学习中尤其明显——从基本的音素到整个句子，甚至是一整段话。但所有的感觉系统中都能重现同样的层级分解原理。一些脑区只负责低层级的形态，它们在非常短的时间内通过一个非常小的空间窗口来观察世界，从而分析最细微的形态。例如，初级视觉区域是大脑皮层中第一个接受视觉输入的地方，该区域每个神经元只分析视网膜的一小部分。它通过“针孔”窥视外面的世界，因此只能发现非常低层级的规律，如是否存在会移动的斜线等。数以百万计的神经元在视网膜的各个地方做着同样的工作，它们的输出成为下一个层级的输入，从而检测“规则的规则”，以此类推。在每下一个层级上，规模都在扩大。人脑由此逐渐在越来越大的时间和空间范围内寻找规律，从这种层级结构中衍生出检测日益复杂的对象或概念的能力，从一条线、一根手指，到一双手、一个手臂，到一个人的身体……两个，两个人面对面，两个人面对面在握手……原来这是特朗普和马克龙的第一次会面！

学习就是将错误降到最低

被我们称为“人工神经网络”的计算机算法，其灵感源自大脑皮层级性组织。它有着和大脑皮层一样的金字塔般的连续层级结构，每一层都具有比前一层更深层次的规律。这些连续的层级以越来越深的方式处理输入的数据，因此它们也被称为“深度网络”。每一层级本身只能侦察外部世界的极其微小的一部分，比如在数学家们经常谈论的一个线性分类的问题中，每1个神经元只能将数据分成A和B两类，通过画一条直线串起它们。然而，当你将各个层级组合在一起时，你就会得到一个非常强大的学习工具，它能够侦察复杂的结构并通过调节自己以处理各种不同的问题。从这个意义上说，计算机芯片的进步使得今天的人工神经网络变成了深度网络，它们包含了几十个连续的层级。而距离感官输入越远的层级，其洞察力就越强，识别抽象本质的能力也就越强。

让我们来看一下法国卷积神经网络之父杨立昆（Yann LeCun）创造的LeNet算法（见彩图2）[2]。早在20世纪90年代，卷积神经网络在识别手写字符方面就取得了非凡的成绩。多年来，加拿大邮政部门用它实现了手写邮政编码的智能化处理。那它是如何工作的呢？该算法将书面字符以像素影像的形式输入其中，再以10个可能数字或26个可能字母中的最佳选择输出。这个人工神经网络包含了许多联结在一起的层级结构，类似我们脑的神经网络。第一层级直接与影像相连，应用简单的过滤器识别直线和曲线。更高的层级则包含更广泛和更复杂的过滤器，可以识别图像中越来越多的构成，比如：2的曲线、O的环、Z的平行线……如此直至输出层。LeNet算法可以对字符做出反应，但它不管位置、字体或大小写，只管神经元之间的联结，而且这些过程是自动化的。一旦这些联结被算法自动调整，每个神经元就会用它的过滤器去界定要处理的内容。这就是为什么一个神经元对数字2有反应而另一个对数字3有反应。

那么，这数百万个联结是如何调整的呢？它就像前面提过的棱镜的例子一样。**在每一次试验中，网络都会给出一个是否出错的反馈，它再尝试调整参数，以便在下一次试验中避免同样的错误。**每一个错误的答案都提供了有价值的信息。通过类似前文提到的手太靠右或太靠左这样的正负反馈，系统会逐步确认怎么做才能成功。通过回溯错误的根源，机器会校正参数的设置，以避免错误的发生。

让我们再来看看猎人是如何调整步枪瞄准镜的，这个过程简单原始。猎人射击，发现他瞄准的方向距目标向右偏离了 5 厘米，由此他获得了关于误差幅度（5 厘米）和误差方向（向右偏）的重要信息。这些信息给了他调整步枪瞄准镜的方向。只要他稍微聪明一点儿，就能推断出修正方向：子弹偏右了，他应该把瞄准镜向左偏移一点儿。他也可以随意调整，看看把瞄准镜向右调时偏差是增加还是减少。以这种方式反复试错，猎人就会逐渐发现减小目标和实际射击点之间的差距的规律。为了最大限度地提高准度，猎人在调整瞄准镜的过程中不自知地应用了一种学习算法，他的脑计算了数学家所说的系统的“导数”或“梯度”，即“梯度下降算法”（gradient descent algorithm）：**将步枪的瞄准镜朝最有效的方向移动，以降低出错的概率。**

尽管现代人工智能使用的人工神经网络大多有数百万的输入、输出和可调整的参数，但其运行模式跟前面提到的猎人一样：先观察到自己的错误，然后用错误校正内在模式，使之朝着它们认为错误减少的方向发展。在许多情况下，这样的学习受到严密的监控。我们明确地告诉人工神经网络它应该在输出端激活哪个答案（比如“这是 1，而不是 7”），我们也很清楚如果参数引发错误，应该朝哪个方向调整它们（通过数学计算，可以准确地知道当人工神经网络频繁地将数字 1 激活输出为 7 时，应该修改哪些联结）。在机器学习的术语中，这种情况被称为“监督学习”（人被看作机器的监督者，知道机器必须给出的正确答案）和“误差反向传播”（错误信号会被发送回人工神经网络得以修改其参数）。

程序很简单：我试着回答，被告知我的答案是错误的，我测算错误偏差，然后调整参数以纠正错误，逐步调整，每一步只往正确的方向上做一点小小的修正。这就是为什么计算机的学习会很慢：学习一项复杂的活动，比如玩“俄罗斯方块”，计算机需要运行这套程序数千次、数百万次，甚至数十亿次才能学会。在一个包含大量可调参数的空间中，计算机可能需要很长时间才能找到每个“螺母”和“螺栓”的最佳设置。

最早的人工神经网络出现在20世纪80年代，那时的网络就已经按照这种逐步纠错的规则运行了。现在，计算技术的进步已经将这一运行规则扩展到了包含数亿个可调联结的深度神经网络。这些深度神经网络由一系列连续的层级组成，每个层级对应处理它的问题。例如彩图2展示的LeNet系统，该系统派生于杨立昆最先提出的LeNet体系结构，杨立昆因此赢得了最知名的国际影像识别大赛的冠军。在接触数十亿张影像后，这个系统将它们分成了1 000个不同的类别，包括脸、风景、船、车、狗、昆虫、花、路标等。系统结构周边的每个层级都与真实世界的某个具体的层面相对应：低层级的单位会选择性地对线条或质地做出响应，层级越高，就会有越多的神经元对复杂的输入起反应，如对几何图形（圆形、曲线、星形……）、物体的部件（裤子口袋、车门把手、一双眼睛……），甚至对整个物体（建筑物、脸、蜘蛛……）做出响应。

梯度下降算法的研究者发现，将误差最小化这些模式对影像分类是最有用的。但是，如果同样的网络接触到书本段落或乐谱，它就要重新学习识别字母、音符或任何在新环境中出现的形状。彩图3展示了这种类型的网络如何自发调整以识别数千个手写数字。[4] 在最低级别，数据是混合的：有些影像表面上相似，但应该加以区分，如3和8；而一些看起来完全不同的影像最终却必须放在同一个分类中，如数字8的许多不同字体（最上面的环有些是打开的，有些是闭合的）。人工神经网络在每个层级运行过程中不断抽象化，直到同种字符的所有实例被准确地分组。通过将误差降低，它发现了与手写数字识别问题最相关的表征的层级结构。事实上，仅仅通过纠正自己的错误，就能发现一整套解决周边问题的侦察方法，这是相当了不起的。

今天，通过误差反向传播进行学习仍然是许多计算机应用程序的核心。它是驱动智能手机轻松识别声音、智能汽车快速感知行人和路标的引擎。在这方面，人脑也在使用类似的算法。但是，误差反向传播有多种形态。人工智能领域在过去 30 多年里取得了巨大的进步，研究人员发现了许多促进计算机学习的技巧。我们现在就来回顾它们——正如我们将看到的，它们也告诉了我们很多关于我们自身及我们的学习方式的知识。

学习就是探索各种可能性

前面讲述的纠错过程的问题之一是，它可能会卡在一组不是最优的参数上。想象一下，一颗高尔夫球在草坪上沿着最陡峭的斜坡滚动，它可能会被卡在草地上的一个小凹陷里，无法到达整个场地的最低点，这个最低点就是全局最优解（absolute optimum）。同样，梯度下降算法有时会卡在一个它无法退出的点上，这被称为“局部最小值”（local minimum），它是参数空间中的一口井，是学习算法被困住后无法逃脱的陷阱，此时，学习陷入停滞，因为所有的改变似乎都适得其反，每一次的改变都会增加错误率。这个系统觉得它已经学到了所有它能学到的东西，以至于对仍然存在的更好的设置视而不见，哪怕这些设置在参数空间中近在咫尺。梯度下降算法无法“看到”它们，因为它拒绝上坡，不愿意越过眼前的山到达另一个下坡。由于“目光短浅”，它只在距离起点一小段距离的地方探险，因此错过了更遥远但更好的参数配置。

这个问题对你来说是不是太抽象了？来看一下具体的情况。你去食品市场购物，在那里你花了一些时间寻找最便宜的特卖品。沿着过道，你走过第一个卖家摊位（他家产品的价格似乎过高），避开第二家（他家产品一直都很贵），最后停在了第三家，他家产品似乎比前两家便宜得多。但是，谁能说隔着一条过道，别家产品的价格会不会更诱人呢？专注于当下最优价格并不能保证找到全市场最优价格。

计算机科学家经常面临这一困难，他们会使用一整套的算法解决它。这些算法中的大多数都是在寻找最佳参数的过程中引入一点随机性（randomness）。原理很简单，与其只关注市场的一条通道，何不随意逛一逛；与其让高尔夫球随意地沿着斜坡滚下来，何不拿起来摇晃一下再扔下去，以减少落入陷阱的概率。有时，随机搜索算法（stochastic search algorithms）会尝试一个更远且部分随机的设置，这样，如果有更好的解决方案可以触及，就会被算法找到。在实践中，人们可以通过各种方式引入一定程度的随机性到设定中，或更新参数使训练范例的呈现顺序多样化，或在数据中添加一些噪声，或随机选择一部分联结来用，所有这些方法都会使学习的算法更加健全。

一些机器学习算法也会从达尔文的进化算法中去寻找灵感。比如在参数优化的过程中，基于之前的解决方案引入**突变和随机交叉**。在生物学中，必须小心控制突变的速度，才不会浪费时间或制造出危险的物种来。

机器学习算法亦是如此，灵感来自锻造技术。为了锻造一把坚不可摧的剑，铁匠会通过退火来优化金属的性能。他们将金属多次加热，每次加热的温度依次降低，以增加原子按规则结构排列的机会。这个技术现在已经被用到了计算机科学中，研究者采用虚拟的“温度”逐渐降低的方式，模拟退火的算法，在参数中引入随机性。随机性的概率起初会很高，但会逐渐下降，直到系统固定在一个最佳设置上。

计算机科学家发现这些算法非常有效，所以一些算法在进化过程中被内化到我们脑中也就不足为奇了。**随机的探索、随机产生的好奇心和频繁的神经元放电都在智人的学习中扮演着重要的角色**。无论我们是在玩“石头剪刀布”、在即兴创作爵士乐，还是在研究数学问题的可能解法，随机性都是至关重要的。孩子玩耍时就是在用大量的随机性在探索各种的可能性，那时他们已经进入学习模式了。而在晚上睡觉时，他们的脑会继续胡思乱想，直到突然想出一个最能解释他们白天经历的说法。在本书的第三部分，我将讨论半随机算法（semi-random algorithm），这种算法控制着孩子非凡的好奇心以及少数成年人的赤子之心。

学习是一种优化的奖励函数

还记得可以识别数字的 LeNet 系统吗？这种人工神经网络学习的前提是为其提供正确答案。对于每个输入的图像，它需要知道它对应的是 10 个可能数字中的哪一个。人工神经网络只能通过计算其响应和正确答案之间的偏差来进行自我纠正，这个过程被称为“监督学习”（supervised learning）。系统之外的监督者知道正确答案，并试图将其传输给机器。这种方法是有效的，但应该注意的是，这种提前知道正确答案的情况相当罕见。当幼儿学习走路时，没有人确切地告诉他们应该收缩哪块肌肉，他们收到的只有一次又一次的鼓励，直到不再跌倒。幼儿的学习完全是基于对结果的评估：我摔倒了，或者我终于走到了房间的另一边。人工智能面临着同样的“无监督学习”（unsupervised learning）问题。当一台机器学习玩电子游戏时，它被告知的唯一一件事情就是它必须努力获得最高分。没有人事先告诉它可以采取哪些具体行动来实现这一点。那么，它是如何迅速找到正确方法的呢？

科学家们发明了“强化学习”（reinforcement learning）来应对这一挑战。我们不向系统提供任何关于它必须做什么的细节（也没人知道该做什么），只是提供“奖励”，即一种量化分数形式的评估。[5] 但更糟糕的是，机器可能会在延迟很长一段时间后才收到分数，远远滞后于它做决定的那一刻。谷歌的子公司 DeepMind 研发了一款能够下国际象棋、跳棋和围棋的机器，它使用的就是强化学习的原理。这个任务很艰巨，因为只有到最后一刻，系统才会收到唯一的表明输赢的奖励信号。在棋局进行过程中，系统不会收到任何反馈。那么，系统如何才能计算出每一步要做什么呢？而且，一旦揭晓了最终分数，机器如何回溯评估它前面做的决定呢？

计算机科学家发现的技巧是给机器编程，让它同时做两件事：行动和自我评估。自我评估被称为“评论者”，它的目标是尽可能准确地评估游戏的状态，以便预测最终的奖励。我是赢了还是输了？我处于势均力敌的状态还是快要输了？评论者可以让系统时时刻刻评估自己的行动，而不仅仅是在结束的时候得知结论。“行动者”的目标是使用这个评估来纠正自己。等等，我最好不要这么做，因为评论者认为这会增加我失败的概率。

一次又一次的反复试验后，行动者和评论者一起进步：一个专注于最有效的行动，另一个学习更敏锐地评估这些行动的结果。这个“行动者—评论者”组合被赋予了一种非凡的先见之明：在浩瀚的棋局海洋中，预测哪些行为可能会赢，哪些行为只会导致失败。

行动者与评论者的结合是当代人工智能最有效的策略之一。在层级化的神经网络的支持下，它创造了奇迹。早在 20 世纪 80 年代，它就使人工神经网络赢得了五子棋世界杯冠军。最近，DeepMind 运用它研发了一个多功能人工神经网络，该网络可以学会所有类型的电子游戏，如超级马里奥和俄罗斯方块。[6] 人们只需将图像的像素作为输入、可能的动作作为输出，并将游戏得分作为奖励函数，机器自己就能学会其他所有的细节。当它玩俄罗斯方块时，它会发现屏幕是由形状组成的，坠落的那个砖块是最重要的元素，各种动作可以改变它的方向和位置，最终将自己变成一个超级人造玩家。当它玩超级马里奥时，输入和奖励的变化教会它注意完全不同的设置：马里奥身体的像素是什么，他是如何移动的，敌人在哪里，墙壁是什么形状的，什么是门，什么是陷阱，什么是金币以及如何与每个元素互动。通过调整其参数，调节将各层级联结在一起的数百万个联结……这个人工神经网络掌握了所有游戏的需求，学习识别俄罗斯方块、吃豆人或刺猬索尼克里的各种形状。

教一台机器玩电子游戏有什么意义？2 年后，DeepMind 的工程师利用他们从玩游戏中学到的东西解决了一个至关重要的经济问题：谷歌应该如何优化其计算机服务器的管理以获得更大效益？二者所需的人工神经网络的结构基本相似，唯一需要改变的是输入（日期、时间、天气、国际事件、搜索请求、联结到每台服务器的人数等）、输出（在各大洲打开或关闭这个或那个服务器）和奖励功能（消耗更少的能源）。其结果是谷歌的电力消耗得以大幅缩减。在无数专业工程师已经优化了这些服务器的基础上，该神经网络还能替谷歌缩减高达 40% 的能源消耗，节省数千万美元。人工智能已经真正达到可以颠覆整个行业的水平了。

DeepMind 之后又取得了更令人惊叹的成就，它的 AlphaGo 程序在围棋人机大战中击败了共获得 18 个世界冠军的李世石。直到现在，该事件依然被认为是人工智能领域的珠穆朗玛峰。[7] 围棋比赛在一个 19 × 19 的方格棋盘上进行，有 361 个位子可以下黑白棋子，它的排列组合的数量如此之大，以至于系统地探索每个棋手未来可以落子的所有行动严格来说根本不可能。然而，强化学习让 AlphaGo 程序比任何人类棋手都能更好地识别有利和不利的组合。其中一个诀窍就是让程序与自己对打，就像棋手通过同时下白棋和下黑棋来进行训练一样。如此，在每一场比赛结束时，获胜的程序会强化自己的行动，而落败者会削减其步骤，但两种做法都让程序学会了更有效地评估自己的行动。

我们嘲笑电影《吹牛大王历险记》（The Adventures of Baron Munchausen）

中的男爵，他愚蠢地试图通过提拉自己靴子上的扣带使自己飞起来。然而，在人工智能领域，蒙克豪森男爵的疯狂催生了一种神奇的“自举法”（bootstrapping）算法策略。该算法从缺乏知识支撑的毫无意义的架构开始，一点一点地慢慢成长为世界冠军，它所做的一切只是与自己较量而已。

通过让两个人工神经网络合作或者竞争来提高学习速度的方法使人工智能获得了长足的进步。最新的一个想法被称为“对抗性学习”（adversarial learning）[8]，通过训练两个系统对抗让其中的一个系统成为专家（比如凡·高的画的鉴定专家），而另一个的唯一目标是让第一个系统失败（通过学习成为一个出色的伪造凡·高的画作的赝品大师）。第一个系统只要成功识别出凡·高的真迹就会获得奖励，而第二个系统只要成功骗过了第一个系统的“眼睛”就会获得奖励。这种对抗性学习算法同时产生了两种人工智能，一种是研究凡·高的权威，擅长通过最小的细节来鉴定一幅真正的画作；另一种是天才伪造者，能够绘制能愚弄最好的鉴赏专家的画作。

这种方法适用于人脑吗？我们的两个脑半球和众多的皮层下基底神经核也聚集了一大批“专家”，他们相互争斗、协调和评估。脑中的某些区域会模拟别人在做什么，它使我们可以预见和想象自己行为产生的结果，这些预想无比真实，堪比最好的伪造者，比如我们的记忆和想象可以让我们看到去年夏天游泳的海湾，或者我们在黑暗中抓住的门把手。有些脑区会学习批评其他脑区，它们不断地评估我们的能力，预测我们可能得到的奖惩，促使我们采取行动或保持沉默。我们还将看到元认知这个认识自我、评估自我、在心理上模拟如果我们这样做或那样做会发生什么的能力，元认知在人类学习中发挥着根本作用。我们自己形成的观点帮助我们进步，在某些情况下又会将我们锁在一个失败的恶性循环中。因此，**将脑视为一群协作和竞争的专家的集合并无不妥。**

学习限定了搜索空间

当代人工智能仍然面临着一个重大问题，那就是内部模型的参数越多，系统就越难找到最佳的调整方法。而在目前的人工神经网络中，搜索空间是巨大的。因此，计算机科学家不得不处理大规模的组合爆炸：在每个层级都有数以百万计的选择，而它们的组合是如此之多，系统不可能探索所有的选择。因此，学习有时会非常缓慢，需要在这片广阔的可能性地图中进行数十亿次尝试才能将系统推向正确的方向。在巨大的空间中，无论数据有多少，都会变得稀缺。这个问题被称为“维度诅咒”（curse of dimensionality），当你有数百万个潜在的杠杆需要撬动时，学习就会变得非常困难。

神经网络拥有的大量参数往往还会导致另外一个问题，这就是所谓的“过度拟合”（overfitting）或“过度学习”：系统拥有如此多的自由度，以至于它发现记住每个例子的所有细节比找出一个更普遍的规则来解释这些细节更容易。

正如计算机科学之父约翰·冯·诺伊曼（John von Neumann）的名言：“用 4 个参数我可以画出一头大象，用 5 个参数我可以让它甩动鼻子。”他认为拥有太多的自由参数可能是一种诅咒，因为仅仅通过记住每个细节来“过度拟合”各种数据太容易了，你不需要对大象这个物种有太多深入的了解，就可以将其归类为皮厚的动物。但这并不意味着系统捕捉到了所有重要的东西，自由参数过多不利于抽象化。**虽然这个系统很容易学习，但它不能类化到新的情境中去，实现举一反三。**然而，这种泛化正是学习的关键。一台机器能够识别它之前看过的画面，或者赢得它曾经下过的围棋游戏，但这有什么意义呢？显然，真正的目标是它可以识别任何一张照片、战胜任何一名围棋玩家，无论情境是熟悉的还是陌生的。

当然，计算机科学家正在研究这些问题的各种解决方案。**简化模型是既能加速学习又能提高泛化能力的最有效的干预措施之一。**只要需要调整的参数数量减少，就可以迫使系统寻找更普遍的解决方案。这是杨立昆发明卷积神经网络的关键灵感，卷积神经网络是一种人工智能学习设备，在图像识别领域中应用颇广。[9]他的想法很简单，为了识别图片中的物体，需要在图片的各个位置进行同样的加工。例如，要识别一张照片中的所有人脸，就应该对图片的每个部分应用相同的算法，包括寻找椭圆形、一双眼睛等。没有必要在视网膜的每个点上学习不同的模型，在一个地方学到的东西应该可以在其他地方重复使用才对。

在学习过程中，杨立昆的卷积神经网络将它们从给定区域学到的东西应用到了整个网络的每个层级，以及更大的范围。因此，需要学习的参数数量就少了很多。总的来说，系统只需调整它应用于所有地方的单个过滤器，而无需为图像中的每个位置调整过多不同的联结。这个简单的技巧极大地提高了图像识别系统的性能，特别是对新图像的泛化。原因很简单，在一张新图像上运行的算法得益于它从所见过的每一张照片的每个点上获得的庞大经验。泛化还加快了学习的速度，因为机器只需要探索视觉模型的一个子集即可。在学习之前，它已经知道关于这个世界的一个重要原则：**相同的对象可以出现在图像的任何位置。**

此技巧可推广到许多其他领域。比如，要识别语音，就必须对说话人的具体声音进行抽象化。实现方法是通过强制人工神经网络在不同声音频段使用相同的联结，不管这个声音是低还是高。减少必须调整的参数数量有两个好处，即加快学习速度和更好地对新语音的泛化。这就是你的智能手机能够响应你的声音的原因。

学习是投射先验假设

杨立昆的策略诠释了一个更普遍的概念：利用先天知识。卷积神经网络之所以比其他类型的神经网络学习得更好更快，是因为它不会学习所有东西。它在自己的架构中融入了一个强有力的假设，那就是**在一个地方学到的东西可以推广到其他地方。**

图像识别的主要问题在于它的不变性：我要识别一张脸，不管它的位置和大小，也不管它移动到了右边或左边、更远或更近。这是一个挑战，但同时也是一个非常严格的限制，即我可以期待同样的线索帮助我在空间的任何地方识别出一张脸。通过在任何地方复制相同的算法，卷积神经网络有效地利用了这一限制，并将其集成到了自己的结构中。在开始学习之前，系统就已经“知道”了视觉世界的关键属性。它无须学习不变性，而是将其作为先验假设，并以此来缩小学习空间，真的很聪明！

这里我想说的是，先天和后天本不应该对立。纯粹的、没有任何先天限制的情况下的学习是根本不存在的。任何学习的算法都或多或少包含着一些关于要学习的领域的先验假设。与其试图从头开始学习所有东西，不如依赖先验假设，这些假设清楚地描述了必须探索的领域的基本规律，并将这些规律集成到系统的体系结构中，这要高效得多。先验假设越多，学习速度就越快（当然，前提是这些假设是正确的），这是普遍真理。如果你认为 AlphaGo 程序是从零开始训练自己跟自己下围棋的，那就大错特错了。它最初的表征包括棋盘的形貌和对称性，将搜索空间缩小到了原有的 1/8。

我们的脑也是由各种各样的假设塑造的。我们在后面将看到，婴儿出生时，脑已经井然有序，而且储备了渊博的知识。他们隐约地知道，物体只有在被推动时才会移动、固体之间不会相互穿透，他们还知道世界上有许多陌生的实体，如会说话和移动的人。这些知识不需要学习，因为它们在人类生活的任何地方都是如此，我们的基因组将它们作为固定回路置入脑，从而规范和加快了学习。婴儿不必学习世界的一切，因为他们的脑中充满了先天的规范，只有无法预测的具体参数（如脸型、虹膜颜色、语调和个人品位）才有待后天习得。

再说一次，先天和后天不必对立起来。婴儿的脑之所以知道人和无生命物体的区别，那是因为它已经学会了这一点。不是在出生的最初几天学会的，而是在数百万年的进化过程中学会的。自然选择实际上是一种学习算法，一个令人难以置信的强大程序，它已经运行了数亿年，置入了数十亿台学习机器（即曾经存在过的每一种生物）。[10] 我们是这个深不可测的智慧的继承者。通过进化的试验和失败，我们的基因组已经将我们之前几代人的知识内化。这种与生俱来的知识与我们在有生之年学到的具体事实是不同的，它更抽象，因为它使我们的神经网络偏向于尊重基本的自然规律。

简而言之，在怀孕期间，我们的基因奠定了脑架构的基础，通过对探索的空间大小施加限制来指导和加速随后的学习。在计算机科学术语中，我们可以说基因预置了脑的“超参数”：指定层数、神经元类型、它们相互联结的一般形状、它们是否在视网膜上的任何一点复制等高水平变量。因为这些变量中的许多都储存在我们的基因组中，我们不再需要学习它们：我们的物种在进化过程中已将它们内化。

因此，我们的脑不是简单被动地接受感官输入。从一开始，它就已经拥有了一套抽象的假设，一套通过达尔文进化算法筛选积累起来的智慧，现在它把这些智慧投射到外部世界。并非所有的科学家都同意这一观点，但我认为这是一个中心论点：当今许多人工神经网络背后的幼稚经验主义哲学是错误的。他们认为我们的脑回路生来就是杂乱无章的，没有任何知识，这些回路之后会受到环境的影响，这根本是不正确的。在人和机器中，**学习总是从一组先验假设开始**，这些假设被投射到输入的数据上，系统从这些假设中选择最适合当前环境的假设。正如让-皮埃尔·尚热（Jean-Pierre Changeux）在他 1985 年出版的畅销书《神经人》（*Neuronal Man*）中所说："学习就是消除不对的信息。"

HOW WE LEARN

第 2 章

为什么人脑的学习能力比目前的人工智能机器更强

人工智能近几年的迅猛发展，也许意味着我们已经发现了如何复制甚至超越人类学习能力和智力的奥秘。一些预言家甚至认为，机器即将统治人类。然而，这与事实相去甚远。事实上，许多认知心理学家在赞赏人工神经网络最近的发展的同时，也清楚这些机器的能力仍然十分有限。大部分人工神经网络实际上只能进行人脑在前零点几秒内进行的无意识的运作，比如接收、识别、分类一个图像并理解其含义。[1]但是，我们的脑法力无边，它能有意识地、仔细地、一步一步地，在几秒钟内搜索这个图像，它还能构建这个图像在真实世界的符号表征，并通过语言与他人分享。

这样缓慢地、理智地、符号化地运作是人脑的特权。现有的机器学习无法进行这样的运作。虽然机器翻译与逻辑推理领域的研究一直在进步，但关于人工神经网络的一个常见批评是它们尝试在同一水平上学习所有事物，就好像任何问题都属于自动分类一般。这就好比对一个拿着锤子的人来说，任何东西看起来都像钉子！但是我们的脑要灵活得多，它能够很快掌握信息并分清主次，它还能在任何可能的时候提取具有普遍性、逻辑性的明确的原则。

人工智能缺少了什么

找到人工智能的缺陷是个有趣的任务，因为这也是分辨人类独特的学习能力的方法。下面是一份简短的，可能还不完整的功能清单。这些功能甚至连婴儿都具备，而目前的大多数人工智能却缺乏这些能力。

学习抽象概念。大部分人工神经网络只能掌握信息处理的初级阶段，就像脑的视觉区域在 1/5 秒内解析一幅图。深度学习算法的运算深度也远不及一些人宣称的那样。深度学习算法的发明者之一约书亚·本吉奥（Yoshua Bengio）认为，深度学习实际上更倾向于学习数据中浅显的统计规则，而非高层次的抽象概念。[2] 比如说，在识别一个物件时，它们经常依赖于视图中几个浅显特征的呈现，如具体的颜色或形状等。改变这些细节，深度学习算法就会崩溃。因为现在的卷积神经网络无法识别物件的核心组成，它们很难理解一张椅子不管有四只脚还是一只脚，不管是由玻璃、金属还是可伸缩塑料做成的，它都只是一张椅子。倾向于关注肤浅的特征使这些网络更容易产生大规模的差错。有许多关于如何忽悠人工神经网络的文献，比如用一根香蕉的图像，对像素做些许改变或贴上一个特殊标签，人工神经网络就会误以为该图片是一台烤面包机！

当你将一张图在某人眼前快速闪过时，人们大概率会像机器一样犯下相同错误——把狗当成猫。[3] 但是，只要给他们多一点时间，他们就会纠正自己的错误。与电脑不同，我们具有质疑自己所相信的并将注意力重新聚焦到图像中与我们第一印象不相符的部分的能力。这样的二次分析是有意识且聪慧的，它利用了我们推理与提取抽象概念的综合能力。人工神经网络忽视了一个核心要点，即**人类学习并不是图像识别过滤器的装置，而是对世界抽象模式的构建**。比如，通过阅读学习，我们掌握了每一个字母的抽象概念，从而能够认出它的各种形态，还可以创造出它的各种新的形态（见图 2-1）。

A A A A 𝒜 A A A A A

图 2-1　字母的各种形态

认知科学家侯世达①曾经说过，人工智能的真正挑战在于识别字母 A！这一嘲讽无疑是夸张的，但也触及了问题的核心，即便在这最微小的问题背景下，人类都能施展自己无与伦比的抽象化本领。这个壮举来源于日常生活中的一个有趣物件——验证码，即一小段字母，一些网站会让你识别它，来证明你是人类而不是机器。但计算机科学迭代迅速，2017 年，一个人工智能系统以几乎拟人的程度成功识别了验证码。[4] 不出所料，这种算法从多个方面模仿了人脑。这绝对是一次精心的杰作，因为它能够提取每个字母的架构，如字母 A 内部的短横线，并使用了所有统计推理资源来认证一个抽象概念是否适用于当前的图像。然而，无论这个算法多么精密，也只能运用于验证码。**我们的脑则能将抽象化本领用于日常生活的方方面面。**

高效的数据学习。每个人都同意，当今的人工神经网络的学习速率缓慢，它们需要成千上万甚至上亿的数据来发展一个领域的直觉。我们甚至还有其行动缓慢的实证。比如，DeepMind 设计的神经网络至少要玩 900 小时才能在雅达利（Atari Consale）游戏中达到一个合理等级，而人类达到相同等级只需要 2 小时[5]。另一个例子是语言学习方面的。心理语言学家伊曼纽尔·迪普（Emmanuel Dupoux）推测，在大多数法国家庭中，儿童每年会听到 500 ～ 1 000 小时的对话。这个数据比掌握笛卡尔式的方言，包括拗口的 soixante-douze（法语意为 72）或 s'il vous plaît（法语意为请求）要多得多。

---

① 侯世达（Douglas Hofstadter）：1979 年出版《哥德尔、艾舍尔、巴赫：集异璧之大成》（*Gödel, Escher, Bach: An Eternal Golden Braid*），通过对哥德尔的数理逻辑、艾舍尔的版画和巴赫的音乐进行综合论述，介绍了数理逻辑、计算理论、人工智能、语言学、遗传学、音乐、美术等领域的理论及其相互之间的结合。2018 年出版《表象与本质》（*Surfaces and Essences*），该书中文简体字版由湛庐引进、浙江人民出版社出版。——编者注

但是，对玻利维亚丛林里的提斯曼原住民来说，他们的儿童每年只会听到60小时的对话。令人惊奇的是，这有限的经验并不会阻碍他们说一口流利的提斯曼语。相比之下，当前来自苹果、百度和谷歌的最好的计算机系统需要其20到1 000倍的数据来获得些许语言技能。在学习领域，人脑的高效性仍然无与伦比。**机器渴求数据，而人类可以高效地运用数据。人类的学习可以将最少的数据实现最大化运用。**

社会学习。人类是唯一会主动分享信息的物种。**我们通过语言向其他人学习。**这一本领是目前的人工神经网络无法企及的。在这一模式中，知识被加密，在数以亿计的突触权重值（synaptic weights）中被稀释。在这个隐蔽的形式下，它无法被提取并选择性地分享给他人。相反，我们的脑可以有意识地感知最高级的信息，从而使我们能明确地向他人说明。有意识的知识与口头表达相辅相成，每当我们足够清楚地理解某件事物时，头脑中一个公式与想法的语言就会形成呼应，然后用语言表述我们的理解。我们在与他人分享信息时会使用最少的词汇（如“教堂后面那条小路右转就到市场了”），这样非凡的效率仍是动物界和计算机界无法企及的。

一次性测试学习。一个极端例子是我们通过一次测试就能学会一项新东西。如果我们介绍一个新动词，就拿purget[①]来说，哪怕只介绍一次，你就学会如何运用它了。当然，一些人工神经网络也能储存一个具体的片段。机器尚无法做到而人脑能够轻而易举地做到极致的，是将新信息综合到已存在的知识系统里。你不仅会记住purget这个新词，你还能立马知道它的时态变化形式以及如何把它放入其他句子：Do you ever purget? I purgot it yesterday. Have you ever purgotten? Purgetting is a problem. 当你说“Let’s purget tomorrow”时，你不仅仅是在学习一个单词，你也在将它插入一个符号与规则的巨

① 作者为举例编造的词，没有具体含义。——译者注

大系统，即它是一个具有不规则过去分词的动词（过去式和过去分词分别为 purgot、purgotten），并且在现在时中具有规则的变化（I purget、you pueget、she purgets 等）。**学习就是成功地将新知识纳入已有的知识网络的过程。**

系统性以及思想的语言。人脑能够在具体事例背后发现普遍规律，语法规则只是这独特天分中的一个例子。不论是在数学、语言、科学领域，还是在音乐领域，人脑都能从中提取抽象原则、系统规律，从而再运用到不同情境中。以算数为例，我们将两个数相加的能力是非常普遍的，一旦我们学习了较小数字的加法，便可以将之系统化，并任意运用到更大的数字的加法。更为出色的是，我们可以得出非常普遍的推论。许多五六岁的儿童就能发现任意一个数字 n 都有一个后续数字 $n+1$，那么所有整数的序列是无限的，且没有最大的整数。我仍感怀自己第一次发现这个规律的时刻，实际上那是我知道的第一个数学定律。抽象化的力量是卓越的！我们脑中的神经元是有限的，那么它是如何构建出无限的概念的呢？

如今的人工神经网络无法表达“每个数字都有一个后续数字”这样简单的抽象定律。总结绝对真理不是它们所擅长的。系统性[6]是在符号规则基础上进行总结的能力，而不是肤浅的同质化。它仍然困扰着现行人工神经网络的运算。具有讽刺意义的是，所谓的深度学习算法几乎完全无法进行任何深刻的思考。

然而，我们的脑似乎具有用一种思维语言构建方程式的流畅本领。比如，它可以表达无穷集的概念，因为脑具有一个内部语言，其天生就具有否定（negation）和量化的抽象功能（无穷 = 非有限 = 超越任何数字）。美国哲学家杰里·福多尔（Jerry Fodor）根据这项能力发展了一个理论，他认为，我们的思考包含了会根据“思想的语言”的系统规则来组合的符号。[7]这一语言的力量源于其循环往复的天性，即每个新创造的客体（比如“无限”这个概念）都可以不受限地立刻被重新使用在新的组合里。有多少无限可能存在着？数学家格奥尔格·康托尔（Georg Cantor）问了他自己这个看似荒谬的问题，却引导他构建了超限数理论。威廉·冯·洪堡（Wilhelm von Humboldt）认为，对有限方法进行无限使用的能力就是人类思维的特征。

一些计算机科学模式尝试掌握儿童对抽象数学规律的习得。但是它们不得不结合一种完全不同的学习方式，这是一种涉及规则和语法，并能在最短时间内选择出最合理规律的学习方式。[8] 在这一观点中，学习变得与编程相似，即它包括了**从思维语言的所有选项里选择出符合数据的最简单的内部公式。**

现行的人工神经网络大部分无法表达人脑模拟世界时所运用的一系列抽象词组、公式、规则和理论。这大概不是巧合，因为这当中涉及人特有的一些东西，一些不曾在动物脑中发现的、也尚未被现代神经科学解释的、人类独有的面貌。在灵长类动物中，似乎只有人脑能根据一个复杂的树状句法的组合来表征一组符号。[9] 比如，我的实验室数据发现，人脑在听到一连串的声音，如“哔哔哔啵”时，会不由自主地将其背后的抽象结构（3 个相同的声音之后是一个不同的声音）理论化。在同样情况下，猴子探测到了连续的 4 个声音，发现最后一个声音的不同，但似乎不会把这样的片段性知识整合到一个单独的公式里。我们认识到这一点，是因为在检测猴子的脑活动时，我们看到数字和序列回路明显地活跃起来，但从来没有在被称为“布罗卡区”的人类语言区 [10] 观察到整合性激活。

类似地，猴子需要几万次测验才会理解如何将序列的顺序颠倒（从 ABCD 转变成 DCBA），而对一个 4 岁的孩子而言，尝试 5 次即可 [11]。甚至几个月大的婴儿就已经能够用抽象和系统的规则编码外部世界。这是人工神经网络和其他灵长类物种完全无法企及的能力。

组合。一旦我们学会了两个数字相加这样的本领，这个能力就会变成我们的整体才能中的一部分，即刻就能被用于达到其他目标。我们可以在各种情况下把它用作子程序，比如在餐厅付钱时，或检查我们的税表时。最重要的是，我们能把这项能力与其他习得的技能重组，比如，我们可以轻松地根据一个运算指令，在一个数字上加上 2，然后判断其结果大于还是小于 5。[12]

令人惊讶的是，当下的人工神经网络尚未显示出这样的灵活性。它们习得的知识还局限于隐秘的、无法获取的联结中，从而很难将它重新运用于其他更复杂的任务中。将之前所学技能进行组合的能力，也就是重组技能并运用于解决新问题的能力，超越了当下的人工神经网络模型。如今的人工智能只能解决极其有限的问题：AlphaGo 程序虽然打败了所有围棋冠军，却是一个固执的“专家”，它无法将其才能运用到其他的游戏中，哪怕这个游戏只与围棋有些许差异，如使用 15 × 15 的棋盘，而不是 19 × 19 的标准棋盘。**而在人脑中，学习几乎总是代表着使知识显性化，从而使之被再次使用、重组，并能向他人解释。**我们再次看到了人脑独有的本领，与语言相关且已证实无法被机器复制。早在 1637 年，笛卡尔在其名著《方法论》（*Discourse on Method*）中就预测了这个问题：

> 如果存在与我们的身体相似并尽可能真实地模仿我们行动的机器，总有两条确凿的途径来识别他们不是真正的人类。第一条途径是，机器绝不可能像人一样，能通过讲话或组建其他符号来向他人表达自己的想法。我们能很容易地想象，一台机器的制造方式使它能够说话……但它无法将词语以不同方式排列以回应在其面前所说的一切话，而最愚笨的人都能做到这一点。第二条途径是，即便它们能与人类媲美，把许多事做好，甚至比任何人都做得更好，它们也绝对会在其他事情上失败。由此我们可以发现，机器的行动不是以知识为基础的，而仅仅只是由其零件的属性决定的，因为理性是

一种能被用于各种情况的普遍工具，而机器零件需要对每一个特定的行为作出特定的处置。

理性是思维的普遍工具……笛卡尔列举的思维能力指出了第二个学习系统，它是基于规则和符号的，并在层级上高于前一个系统。在这个学习系统的早期阶段，我们的视觉系统与现行的人工神经网络有些许相似：它学会过滤收到的图像并识别常见的结构。这个能力足以帮助我们识别一张脸、一个单词或围棋的局面。但是，这个学习系统的处理风格接着会发生根本性的改变：**学习向推理靠拢，即尝试去掌握领域规则的逻辑推断。**创造出具有这第二层智能的机器，对现代人工智能研究是巨大挑战。让我们看看定义人类在这个层级中如何学习的两个要素。它们超越了当下大部分的机器学习运算。

学习是对领域语法的推理

人类的特征之一是不懈地搜寻抽象规则，从一个具体情况及随后在新情况的测试观察中提取出高级别的总结。尝试构建这样的抽象定理可谓非常有力的学习策略，因为大部分抽象定理恰恰就是适用于最多观察的规则。大规模加快学习的终极方法，就是**找出能解释所有已知数据的合适定理或逻辑规则**，而人脑深谙此道。

我们来看一个例子。想象一打不透光的盒子，里面装满了各种颜色的球。我随机抽选了一个从没有被动过的盒子，伸手进去抽出了一个绿色的球。你能推断盒子里的内容吗？下一个球的颜色会是什么？

第一个进入脑海的答案大概是：我不知道。你没给任何有用信息，我怎么可能知道下一个球的颜色？这可以理解，但是想象一下，我曾从其他盒子里抽取了一些球，你注意到了如下规则：在一个既定盒子里，所有球都是一个颜色。那么这个问题就变得容易了。当我向你展示一个新盒子，你只需要抽出一个绿球就能推断出其余所有球都会是绿色。有了这个普遍规律，仅通过一次测试就能判断结果。

这个例子阐释了高级别知识，常常在所谓的“元”级别中形成，能引导一整个系列的低级别观察。“在一个既定盒子里，所有球的颜色都相同”这一抽象的元规则，一旦被人脑习得，便能大规模地加速学习。当然，它也可能是错的。如果第四个盒子里有所有颜色的球，你会非常震惊（或许我该说“元”震惊）。如果错误发生，你就得修正自己的思维模式，质疑所有盒子都有相同颜色的球的假设。也许你会提出一个更高级别的假设，一个“元-元”假设，比如，你可能会猜测这些盒子有两种：单色的和多色的。这样，要得出任何结论，你就必须至少从每个盒子里抽取两次。在任何情况下，构建一个层级式抽象规则都能帮你省下宝贵的学习时间。

因此，在这一情境下，**学习意味着管理内部规则层级，并尝试尽快推导出能归纳整个系列观察的最普遍规则。**人脑似乎从儿童时期就开始运用这个层级原则了。就拿一个两三岁的孩子来说，他与父母走在花园里学习新词，比如蝴蝶。通常情况下，只需要听这个词一两次，这个孩子就足以记住它的意思了。这样卓越的学习速度超过了当今任何已知的人工神经网络。这个问题为什么如此困难？因为说出每个词的时候不会完全限制其意义。说出蝴蝶的时候，通常是当一个孩子身处复杂环境中时，周遭是花、树、玩具和人，所有这些因素都是这个词潜在意义的候选项。还有其他较不明显的意义，如我们生活的每个时刻里充斥的声响、味道、活动、行为，还有那些抽象背景。正如我们所知，蝴蝶可以代表颜色、天空、移动或对称性。抽象词汇的存在使这个问题越发令人不解。如果无法感知或体验参照物，那么儿童是如何学习“思考”“相信”“不”“自由”“死亡”这些词的意义的？每当孩子们听到演说者谈到自己用“我”这个字时，他们是如何理解“我”的意思的？

抽象词的快速学习与巴甫洛夫的经典条件反射（Pavlovian conditioning）[①]或斯金纳的操作性条件反射（Skinnerian association）[②]一样，与单词学习的天真观点不相容。仅仅试图将输入与输出、图像与单词联系起来的神经网络，通常需要进行数千次试错，才能开始理解蝴蝶这个词指的是图像角落里的那只颜色鲜艳的昆虫……而这种将单词与图片联系起来的肤浅做法，永远不会发现没有固定参照物的单词的含义，比如“我们”“总是”或“气味”。

词汇习得的机制对认知科学来说是一项巨大挑战。我们知道，解决方案的一部分在于儿童建构非语言的、抽象的、逻辑性的表述能力。甚至在他们学会第一个单词之前，儿童就已经拥有一种思想的语言，他们可以在其中建构并测试抽象的假设。他们的脑不是白板，而他们投射到外部世界的先天知识可以极大地限制他们所处的学习的抽象空间。此外，儿童很快就能学会单词的含义，因为他们在选择假设时，会以一整套高层次的规则作为指导。这种元规则会极大地加速学习，与盒子里的彩色球问题异曲同工。

帮助词汇习得的一个准则在于选择符合数据的最简单、最小的假设（见图 2-2）。比如，当一个婴儿听到母亲说“看这只狗”时，理论上，没什么理由会妨碍我们将“狗”这个字指代那只特指的狗（史努比），抑或将其指代任何哺乳动物、有 4 只脚的生物或活体。儿童如何发现词语的真实意义，比如“狗”代表且只代表所有狗？实验发现，儿童会通过测试所有假设，但只保留符合他们所听到的最简单的那个假设来进行逻辑推理。因此，当儿童听到“史努比”这个词时，他们总是处在这个特定宠物的语境下，符合环境特征的最小范围的假设则局限于这只特定的狗。而且，当儿童第一次听到

① 源于巴普洛夫对狗的喂养实验，指个体在被多次展示一项条件（摇铃）与结果（食物）后，产生行为反射，以后每当条件产生，就会期待相同结果（狗流口水）。——译者注

② 条件反射的行为主义理论核心之一，认为个体学习在刺激与反应的联合作用下产生。——译者注

“狗”这个词时处于单一具体环境中，他们可能暂时会认为这个词只代表了那只特别的动物。但是只要他们在不同环境下再次听到这个词两遍，就能够推断出这个词指代的是狗这整个类别。这个过程的数学模型预测，三四个实例就足够汇聚出一个词的合适意义。[13] 这样的儿童推理比当下的任何人工神经网络都要迅速。

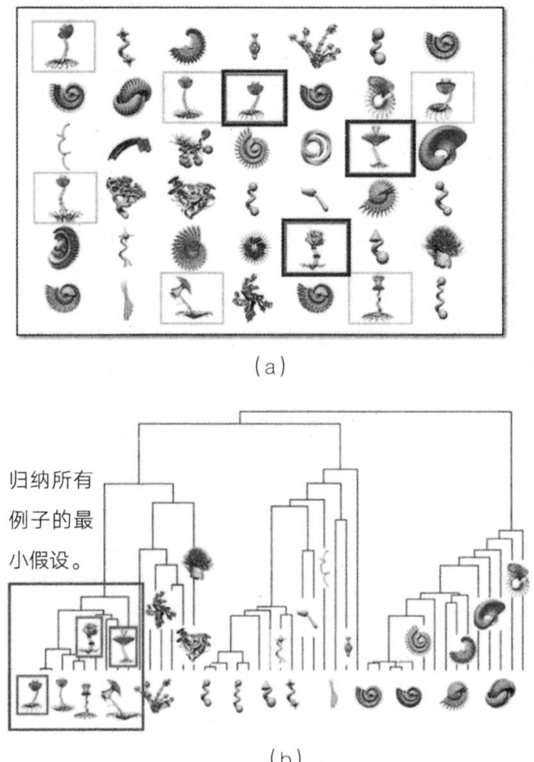

学习意味着尝试选择符合数据的最简模型。假设我向你展示 a 图并告诉你那 3 个被黑色实线包围的物体就是“石灰花”。在缺乏数据的情况下，你怎么找出其他石灰花呢？你的脑会产生一个模型来解释这些形态是怎么产生的，即建一个层级式属性树状图（b 图），然后从分支中选择符合数据的最小支。

图 2-2　脑解释形态的基本原理

还有一些其他的诀窍使得儿童比当今人工智能系统能够更快速地学习语言。其中一个元规则是，通常情况下，说话者会专注于自己说话的内容。一旦婴儿理解了这个规律，他们就可以极大地缩小自己搜寻意义的抽象空间。在孩子们获得足够数据证明每当听到“蝴蝶”这个词时都有一种小巧的彩色的昆虫出现以前，他们不必像计算机一般将每个词都与视觉情境中的物体相关联，孩子会随着母亲的视线方向或所指的方向来推断她在说什么。这项语言学习的基本原则被称作“共享关注”（shared attention）。

有一个简单的实验：向一个两三岁的孩子展示一个玩具，然后让一个成人盯着玩具说：“噢，一个沃格（Wog）①！”一次实验就可以让这个孩子领会到“沃格”是那个玩具的名字。现在来重复这个情境，但是成人不再说话，而是由一个安装在屋顶的扬声器播放“噢，一个沃格”。孩子在这种情境下基本上学不到任何东西，因为他无法理解说话者的意图。[14] 共享关注这一原则使得孩子学会了抽象概念的全部词汇。这需要他们将自己置身于说话者的视角，去理解说话者指代的具体想法或词语。

儿童还会使用其他许多元规则来学习词语。比如语法背景。当有人对他们说“看那只蝴蝶”时，定冠词“那只（the）”的出现意味着接下来会是一个名词。这也是他们必须学会的元规则。儿童并非生来就知道每门语言的所有冠词，但研究显示他们对这类语言的学习非常迅速。幼儿在 12 个月大时就已经学会了最常见的定冠词和其他功能性词，并用它们来指导自己后续的学习。[15]

儿童能做到这一点是因为这些语法词汇频繁出现，且它们几乎是固定出现在名词或名词词组之前。这看起来像循环论证，但并非如此。婴儿从 6 个

① 作者为举例编造的词，没有具体意义。——译者注

月大时开始学习名词，比如最常见的奶瓶和椅子……然后他们会注意到这些词之前有一个常用冠词……他们便推断这些词大概属于同一个类别——名词。这些名词通常又指代物件……当孩子听到一个新读音，比如蝴蝶时，元规则就驱使他们从周围物体中搜寻一个可能的含义，而不是把它当作一个动词或形容词。每个学习情境都在强化这个规则，并推动后续的学习，在每天的大范围实践中加速学习。发展心理学家认为，儿童依赖自举法，通过一系列小型且系统化的推理步骤，逐渐自行发展出语言学习运算能力。

“互排性假设”（mutual exclusivity assumption）是儿童用来加速词汇学习的另一个元规则，被简洁地表述为“一物一名”。这个元规则认为两个不同的词通常不会指代同一个概念，一个新词只能指代一个全新的物体或概念。有了这条规则，儿童只要听到一个不熟悉的词，他们就会限制对自己尚不清楚名字的物体的含义搜索，一般 16 个月大的儿童就能敏捷地使用这个规则。[16] 试试下面这个实验：拿两个碗，一个是蓝色的，另一个的颜色新颖，比如橄榄绿。要求孩子“给我那个淘滴①（towdy）碗”。他通常会给你那个非蓝色的碗，因为他认为如果你说的是蓝色的那个碗，你就会用“蓝色”这个词。既然没用，说明你要的是另一个未知颜色名字的碗。而这一次的经历就足以让他记住这个奇怪的颜色叫做“淘滴”了。

我们再次见证了掌握元规则是如何大规模加速学习的，而这些元规则很有可能是后天习得的。的确，一些实验指出，双语家庭的儿童比单语家庭的儿童更少地使用这些元规则。[17] 双语环境使孩子意识到自己的父母能用不同的词来指代同一件东西。单语家庭的孩子则发现无论父母何时使用新词汇，大概都是想让他们学习一个新物体或概念。如果我们在一个放满类似物件的房间说：“给我这个嘉利士。”孩子们会到处寻找我们说的这件谜一样的东西，

① 作者为举例编造的词，没有具体意义。——译者注

而且他们不会认为我们可能指的是一件他们已经知道的东西。

所有这些元规则都阐释了所谓的“抽象之福”（blessing of abstraction）——最抽象的规则是最容易学的，因为儿童听到的每个词语都为之提供了支持证据。因此，类似“名词前一般要加定冠词”的语法规则可能在儿童发展早期就被习得了，并会指导随后的名词词汇的学习。因为抽象之福，儿童在两三岁时会进入一个“词汇爆炸”时期。在这期间，他们能够在只基于有限线索的情况下，每天轻松学会 10 ～ 20 个新词，而这些简单的元规则却正是阻碍机器算法进步的关键。

使用元规则似乎需要足够的智能，但这并非人类物种独有的。从某个程度上来说，其他动物也能进行抽象推理。就拿牧羊犬里克来说，它的训练包括捡起各式各样的物体。[18] 你只需要说：“里克，去捡那个恐龙。”这只动物就会进入游戏房间，几秒后嘴巴里叼着恐龙毛绒玩具回来了。测试他的动物行为学家发现，里克知道大约 200 个词。最令人振奋的发现是，里克也会使用元规则来学习新词。如果你告诉他：“里克，去捡那个斯克里德（sikirid）①。”它总是能叼回一个他不知道名字的新物件。它也会使用“一物一名”这样的元规则。

数学家和计算机科学家已经开始尝试让机器学习层级式规则、元规则和元-元规则，直至任意水平的运算。在这些层级式运算学习中，每一个学习情境不仅会限制低级参数，也会规范高级的抽象参数，从而引导后续的学习。虽然它们的效率尚无法媲美人类的语言学习，但也有了值得赞赏的表现。例如，彩图 4 显示了最近研发的机器算法如何像寻找外部世界最佳模型的科学家一样行事，[19] 这个系统具有一套抽象原始参数，还有能通过重组基

① 作者为举例编造的词汇，没有具体意义。——译者注

础规则使之制造出无限更高阶结构的语法。比如，它能够将一条线性链定义为一组紧密相连的点，这个定义的特征是“每个点有两个相邻的点，一个在左，一个在右”；这个系统还能够自己去发现这条线性链是代表一组整数（从零到无限）的最佳方式。该语法的一个变形会产生一个二元树状结构，每一个茎节点都有一位家长和两个孩子。这样的树状结构是在当系统被激活时被自动选出来的。这个机器就如人工达尔文一般，会自动自发地去重新发现生命之树！

组合这些规则还会制造出平面、圆柱体、球体，其算法还能让这些结构符合地球的地理结构。这个算法的升级版本还能表达更抽象的概念。例如，美国计算机科学家诺亚·古德曼（Noah Goodman）和乔希·特南鲍姆（Josh Tenenbaum）设计了一个可以得出因果关系原则的系统。[20] 构建该系统的是一个深奥的数学公式；在一个直接、非循环的联结各个变量的图形中，存在着一个变量子集，其他子集也都依赖于这个子集。这句话很难理解，我引用它是因为这个例子完美描述了这种思维语法所能够表达和测试的一种抽象的内部公式。这个系统会测试上千个公式并保留那些符合输入资料的，从而快速演绎出了因果原则（假如输入的感知经验一部分是原因，而其他的都是结果）。这个例子也论证了抽象之福：这样的高层级假设可以大规模加速学习，因为它将可选假设的搜索范围大幅缩小了。由此，一代又一代的孩子不断地追问着“为什么？”以搜寻可能的解释和原因，这也为人类不断追寻科学知识提供了燃料。

根据这个看法，学习包括从一组众多的人脑思维语言数据中，选出最符合外部事物对应的那一个。我们很快就会看到，这是儿童所拥有的一个卓越模式。他们就像一个个刚出道的科学家，构建理论并将之与外部世界进行比较。这意味着儿童的思维表征比当下的人工神经网络要结构化得多。从出生起，儿童的脑中就已经具备了两个核心成分：**能使制造出丰盈的抽象公式成**

为可能的所有机械装置（即思维语言的组合），以及根据数据的合理性明智选择出合适公式的能力。

这就是脑的新版本[21]：一个巨大的假设生产模型，制造层级式假设的规则和结构并实现大规模的结构化，同时又能逐渐限制自己以符合现实。

学习就是像科学家一样推理

脑是怎么选择最佳假设的？外部世界的模型应该基于怎样的标准来被接受或被拒绝？事实上，有一个理想策略来回答这些问题。此策略的关键在于近些年发展出的一些有效学习理论的核心，即“脑像一个刚出道的科学家一样行事”这一假设。根据这个假设，**学习就是像一个优秀统计学家一样在几个备选理论中选择正确率最高的一个，因为它最能解释既有数据。**

科学推理的原理是什么？当科学家构建一个理论时，他们不只是写下数学公式，还要做预测。一个理论的优势在于其原始预测的丰富性。随后对这些预测的确认或推翻决定了这个理论的有效或失败。研究者会运用一个简单逻辑：陈述几个理论，揭示他们的一系列预测，然后排除那些预测不被实验和观察确证的对应理论。当然，单一实验不足以论证，为了区分真实结果与误差，不同实验室进行几次复制实验通常是必要的。重述哲学家卡尔·波普（Karl Popper）的话：随着一系列推断与驳斥对一个理论的推进性完善，无知就会逐渐衰落。

科学缓慢的进展与我们的学习相似。随着我们的脑通过观察越发准确地构建关于外部世界的理论，每个人思想里的无知会逐渐消退。但是，“孩子是刚出道的科学家”难道不是一个模糊的比方吗？不，它实际上是一个关于人脑如何运作的精准表述。而且，在过去的 30 年间，“刚出道的科学家”这个假设引领了一系列关于儿童如何推理和学习的重大发现。

数学家及计算机科学家很早以前就已经从理论上说明了在不确定性面前推理的最佳方式。这一精准理论被称为“贝叶斯”，是以其发明者托马斯·贝叶斯的名字命名的。贝叶斯是一位英国长老教会的牧师，也是一位数学家，后来成为皇家学会的成员。或许我们得称这个理论为“拉普拉斯式理论”（laplalian theory），因为是伟大的法国数学家皮埃尔-西蒙·拉普拉斯（Pierre-Simon Laplace）将其第一次正式推出的。不论它的古老源头为何，这个观点直到最近 20 年才开始获得认知科学及机器学习领域的重视。越来越多研究者开始意识到，只有扎根于概率理论的贝叶斯理论才能确保从每个数据点中提取信息的最大化。**学习就是要从每一个观察中提取尽可能多的推断**，即使这个推断是很不确定的。而这正是贝叶斯理论管用的原因。

贝叶斯和拉普拉斯究竟发现了什么？简单来说，推理的正确方法就是通过概率来推理，从而追溯每个观测结果最有可能发生的原因，无论观测结果多么微小。让我们先回到逻辑的基础。古时起，人类就已经知道如何基于真相进行推理，真或假。亚里士多德发明了被我们称为三段论的推理准则，我们或多或少都会通过直觉运用它们。比如，*modus tollens*[①]（直译为“否定的方法”）认为，如果由 P 可以推出 Q，而 Q 被发现是假的，那么 P 一定也是假的。这就是福尔摩斯在《福尔摩斯探案集·银色马》（*Silver Blazer*）中所使用的原理。

> “还有其他什么地方需要我注意的吗？”伦敦市警察厅的格雷戈里警官问道。
>
> 福尔摩斯：“我很好奇当晚那只狗干了什么。”

① 拉丁语。——译者注

格雷戈里："那只狗那天晚上什么都没做。"
福尔摩斯："那正是有趣的地方。"

福尔摩斯推断，如果那只狗看到了陌生人，那他一定会叫。由于他没有叫，犯罪者就一定是狗熟知的人……推理帮助这位知名侦探缩小了搜索范围并最终揪出了罪犯。

“这与学习有什么关系？”你也许会这样问。好吧，因为**学习也像侦探推理一样，为了能推导出最能解释现象的模型，它需要追溯隐藏的源头**。但在现实世界里，观察从来无关对错，它们具有不确定性和概率。这也正是贝叶斯和拉普拉斯的核心贡献所在。贝叶斯理论告诉我们如何以概率来推断，当数据不完美、对错有一定概率时，我们必须运用什么样的三段论。《概率论：科学的逻辑》（*Probability Theory: The Logic of Science*）是统计学家杰恩斯（E. T. Jaynes）写的关于贝叶斯理论的一本非常好的著作[22]。他在书中展示了**所谓的概率不过就是我们对不确定性的表达罢了**。这个理论用精确的数学理论表述了当我们进行新的观察时，不确定性的演绎所必须遵从的规则。它是逻辑在概率和不确定性领域中的完美延伸。

下面这个例子与贝叶斯在 18 世纪建立其理论时所用的例子相似。假设我看到某人投掷一枚硬币，这个人用的是普通硬币，没有作弊，那么投掷出字面或花面的可能性就是平等的，即 50 对 50。根据这个前提，古典概率理论告诉我们如何计算观察到一定结果的概率（比如连续获得 5 次花面的概率）。贝叶斯理论则让我们穿越到相反的方向，从结果反推原因。它用数理知识精确地告诉我们如何回答“几轮投掷过后，我应该改变对硬币的看法吗”这样的问题。原始假设是，这个硬币是“公正”的……但是，如果我观察到已经有 20 次都投出了花面，我就得修改我的假设：这个硬币基本上可以肯定是被动过手脚的。很明显，我的原始假设已经变得不可能，但是有多不可能呢？这个理论准确解释了如何在每次观察后更新我们的观点。**每个假设都被附上一个与可能性或置信等级相对应的数值。对每一次观察来说，这个数值会根据观察结果的不可能性程度而改变一个数值。**就像在科学中，一次实验性观察的不可能性越高，它就越发违背最初理论的预测，我们便能更自信地推翻这个理论并寻找其他解释。

贝叶斯理论是非常有效的。第二次世界大战期间，英国数学家艾伦·图灵（Alan Turing）曾用贝叶斯理论来破解恩尼格码。那时，德国军事信息用恩尼格码密码机加密，它是一个由齿轮、转轴及有线电组成的复杂精细仪器，可以制造出上亿种不同字母组合。每天早晨，编码者会按照当天长官的特殊指令编码，恩尼格码密码机就会形成一组字母排列，只有拥有加密口令的人才会解码。对其他人来说，这组字母看上去完全没有顺序可言。图灵的聪明之处就在于：他发现如果两台机器的初始设定是一样的，输出的字母分布就只有些许差异，这个差异非常小，以至于没有任何单一字母能得出确切结果。然而，通过大量积累这些不可能性，在对比一个又一个字母之后，图灵得以搜集越来越多证据证明被使用了两次的是同一设定。基于此，加上当时被称为“炸弹”（电脑的前身，一个大型的、发出滴答声的电子机械设备）的装置的帮助下，他和他的团队频繁破解了恩尼格码。

这与我们的脑又有什么关系呢？有，因为同一种推理似乎也发生在大脑皮层中。[23] 根据贝叶斯理论，脑的每个区域会构建一个或多个假设并将对应的预测发送到其他区域。这样，每个脑模块会通过交换关于外部世界的概率性预测信息，限制下一个脑模块的假设。这种信号处理方式被称为“自上而下”，因为它们始于高层级的脑区，比如前额叶皮层，然后向下到达低层级的感觉区域，比如初级视皮层。这个理论认为，这些信号就是脑认为可行的并且愿意去测试的假设。

在感觉区域，这些自上而下的假设会与来自外部世界的“自下而上”的信息，比如从视网膜进入的信息碰面。这时，模型会与现实相切磋。贝叶斯理论认为脑应该计算出一个误差信号，即模型预测出的与实际观察结果之间的差异。然后，贝叶斯理论会指出如何使用这个误差信号来改善关于外部世界的内部模型。如果没有错误，就意味着这个模型是正确的。否则，误差信号会将脑区链提升并调节模型的参数。很快地，这个运算就会整理出一个符合外部世界的心理模型了。

根据这个关于脑的观点，成人的判断包括两个层级的观点：人类物种天生具备的知识（贝叶斯派学者称之为先验，通过进化继承的一系列可能假设），以及我们个人掌握的知识（后验：基于生命中积累的所有推理，修正后的先验假设）。这个观点终止了关于“先天与后天”的经典争论。脑的结构为我们同时提供了有力的始发工具和同样强大的学习机能。所有知识都必须基于两个部件：**一是我们与环境互动前就存在的一组先验假设；二是一旦我们经历过真实数据，就能够根据后验可能性来区分这些先验假设的能力。**

我们可以从数理的角度来阐释贝叶斯理论是最佳的学习方法。它是提取学习情境的核心及从中获得最多信息的唯一方法。哪怕只有一点儿信息，就像图灵从恩尼格码中发现的可疑巧合一样，也足够学习了。一旦系统开始处理信息，就像一个优秀统计学家耐心收集数据一样，最终都必然会带来足够的数据以推翻一些理论，以及证实另一些理论。

脑真的是这样工作的吗？它能够从出生起就提出大量的假设并学习从中进行选择吗？它会根据观察到的数据有多符合假设来对其进行消除和选择吗？婴儿从出生起就像聪明的统计学家一样吗？他们会从每次学习经验中提取尽可能多的信息吗？让我们来近距离探究一下关于婴儿脑的实验数据。

HOW WE LEARN

第二部分 人脑如何学习?

关于先天论与后天论的争论已经持续了数千年。婴儿真的如一张白纸、一块白板或者一只空瓶一样，等待着经验来填满吗？早在公元前400年，柏拉图就在《理想国》（*The Republic*）中反驳了我们的脑生来一无所知的观点。他认为，从出生开始，每个人的灵魂都具有两种精密机制：知识的力量和我们获取指令的器官。

正如我们看到的，两千年后，我们从机器学习领域的发展中得出了一个惊人相似的结论。如果机器具备这两种机制，学习就会非常高效：大量的假设空间、一组有多种设置可供选择的心理模型以及能根据外界接收的数据来调整这些设置的精细算法。我的一位朋友曾经说过："在先天论与后天论的争论里，两者都被低估了！"学习需要两种机制来根据现实调整这些模型，即大量的潜在模型和一个高效的算法。

人工神经网络用自己的方式做到了这一点，它把心理模型的表征委托给了数以百万计的可调联结。然而，这些系统在捕获快速、无意识识别的图像和语音时，还无法表征更抽象的假设，例如语法规则或数学运算逻辑。

人脑似乎在以不同的方式运作，即我们掌握的知识通过符号的组合不断增加。根据这个观点，我们刚出生时，脑中有大量潜在思想的可能组合。这种思想语言具有抽象假设和语法规则，早在学习之前就已经存在了。它产生了广泛的假设以得到检验。根据贝叶斯理论，检验这些假设时，我们的脑必须像一名科学家一样，收集统计数据，并且用这些数据来选出最合适的模型。

这貌似与我们的直觉是相悖的。这种观点认为，每一个人类婴儿的脑潜在地包含了它将遇到的世界上所有的语言、物体、面孔以及工具，还有它将记住的所有的单词、事实以及事件。这个脑的组合学意味着所有思考对象已经预先存在，它们还有各自的先验概率，以及通过经验对其进行更新的能力。那么婴儿真的是这么学习的吗？

HOW WE LEARN

第3章

看不见的婴儿知识

从表面上看，没有谁能比新生儿更无知了。洛克的话似乎很有道理，婴儿的脑中一片空白，需待环境去填补这片空白。让-雅克·卢梭在他的著作《爱弥儿》（*Emile,* or *On Education*）中表达了同样的观点："我们生而具有学习的能力，但是生来却一无所知，一无所感。"近两个世纪后，当代计算机之父艾伦·图灵支持了这一观点："儿童的脑就像是文具店里买来的笔记本，没有什么机制，而有很多的空白。"

现在我们知道了这种观点是完全错误的，与事实大相径庭。外表具有欺骗性，尽管新生儿的脑还未成熟，但是它已经拥有了大量从悠久的进化历史中获得的知识。只是大部分知识都没显现出来，因为它们无法从婴儿的原始行为中表现出来。认知科学家的大量创新和重大方法上的突破，为我们揭示了婴儿天生具有的各种能力，识别物体、数字、概率、面孔、语言……婴儿的先验知识范围非常广阔。

物体概念

我们都默认世界是由实体物件构成的，事实上，世界是由原子构成的。但从我们生活的角度看，这些原子堆积在一起形成了一个整体移动的连贯实体，即使碰撞也不会失去其内聚力……这些聚合在一起的原子就是我们所说的“物体”。物体的存在是我们环境的基本属性。那么这是我们需要学习才能知道的吗？并不是。数百万年的进化似乎已经将这项知识铭刻进我们的脑中了。早在几个月大时，婴儿就已经知道世界是由移动的连贯物体组成的，物体占据着空间，不会无缘无故地消失，也不会同时出现在两个不同的地方[1]。某种意义上，婴儿的脑已经知道了这个物理定律：**物体的移动轨迹在空间上和时间上都是连续的，不会突然跳跃或消失。**

我们是怎么确定这一点的呢？因为婴儿会对违反物理定律的情况表现出惊讶。在如今的认知科学实验室中，实验人员变成了魔术师（见彩图 5）。在为婴儿专门设计的小剧场里，实验人员玩各种把戏：他们在“舞台”上让物体出现、消失、增加、穿墙而过……隐藏的摄像机记录下了婴儿眼睛的注视情况。结果很清晰：就算是几个月大的婴儿也注意到了这个魔术。他们已经具有对物理世界的深刻直觉，而且就像所有成人一样，会对意料之外的结果感到惊讶。将镜头拉近观察婴儿在看什么和看了多久，认知科学家就能精准地测量出他们的惊讶程度，从而推断出他们所期望看到的是什么。

我们把一个物品藏在书后面，然后突然把书压扁，藏起来的物品不见了（事实上这件物品已经通过暗门藏起来了），婴儿看到后会目瞪口呆！他们不能理解一个固体为什么能在空气中就这么消失了。当一个物品在一处屏幕后消失，没有经过与另一个屏幕之间的空隙，却又出现在另一处屏幕后时，他们完全傻眼了；当一辆小火车从坡道上滑下，穿过一堵无缝硬墙时，他们也会感到惊奇。因为在他们的认知中，物体是一个连贯的整体，所以当他们看到一根棒子的两端在屏幕的两边连贯地运动时，他们会认为这属于同一根棒子的两端。把屏幕降下并露出两根独立的棒子之后，他们也表现出了震惊（见图 3–1）。

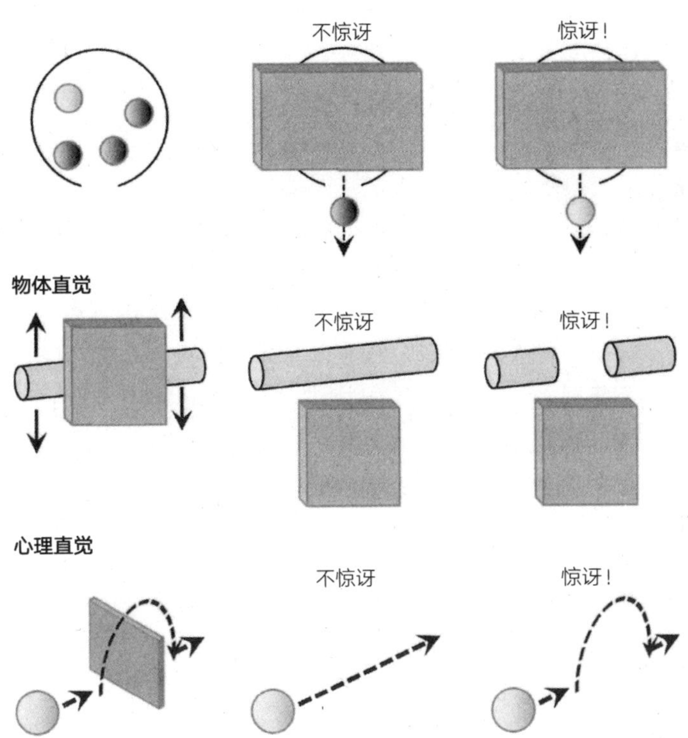

婴儿很早就拥有数学、物理学甚至心理学直觉。为了评估这些直觉，研究者进行实验并探究，相比一个不那么令他们惊奇的场景，婴儿是否对一个令他们惊奇的场景看得更久。当一个盒子里大部分是黑球时，婴儿会对拿出来一个白球感到惊讶（对数字和概率的直觉）。如果棒子的两端连贯地运动，婴儿会对揭示出有两根棒子感到惊奇（物体直觉）。如果婴儿看到一个自主移动的球，跃过了墙，跳到右侧，他们就会推测，这个球是有自主意识的生命体，他们也会对这个球离开墙壁后继续跳跃感到惊奇（心理直觉）。

图 3–1　数字和概率直觉

因此，**婴儿拥有大量关于外部世界的知识，但是他们一开始并不知道这一切。**婴儿需要花几个月时间才能理解两个物体如何相互支撑。[2]一开始，他们不理解为什么我们丢下一个物品时，它会掉落。渐渐地，他们了解了导致物体掉落或停留的所有因素。他们首先意识到物体失去了支撑就会下落，但是任何形式的接触都足以使物体保持静止，比如一个放在桌子边缘的玩具。接下来，他们意识到玩具不仅要和桌子接触，而且还要放在桌子上面而不是下面或侧面才不会掉落。再过了几个月，他们发现这条规则也是不充分的，物体的重心必须位于桌子上。

请记住，当你因为宝宝第 10 次从桌子上丢下汤勺而感到绝望时，他们只是在做实验！像任何科学家一样，婴儿需要完整的系列实验来排除所有错误的理论，通常遵循以下的顺序：（1）物体在空中保持静止；（2）物体必须碰到别的物体才不会掉落；（3）物体必须在另一个物体上面才不会掉落；（4）物体体积的大部分必须在另一个物体上面才不会掉落，以此类推。

人类会一直保持这种实验探究的态度到成年。我们都对那些看上去违反了物理法则的小玩意儿（如氦气球、处于平衡状态的运动物、重心偏移的不倒翁等）感到着迷，也喜欢看魔术表演（消失在帽子里的兔子、被“锯成两半”的女人）。这些场景会给我们带来乐趣，因为它们违反了人脑自出生就开始建立的，并在生命早期不断完善的直觉。麻省理工学院的人工智能与认知科学教授乔希·特南鲍姆提出了这样一个假说：婴儿的脑主导着一个游戏引擎，它是一种对物体典型行为的心理模拟，类似电子游戏用来模拟不同虚拟现实的游戏引擎。通过在脑海中模拟，并将之与现实比较，婴儿很早就知道哪些动作在物理学上是可能的，哪些是不可能的。

数感

让我们再举一个例子：算术。还有什么能比婴儿不懂数学更明确的观点呢？然而，从 20 世纪 80 年代起，陆续有实验证明了相反的结论。[3] 在一个实验中，婴儿重复观看着展示在幻灯片上的 2 件物品，看了一会儿，他们开始感到无聊，直到幻灯片上变成 3 个物品时，他们又开始盯着看了很久。这表明他们检测到了变化。实验者通过调整物体的性质、大小和密度得以证明，儿童天生对数量本身敏感，即对抽象的、整个集合的基数而非具体的物理参数敏感。婴儿有抽象的“数感”的最好证据，就是他们对声音与图像的对应反馈：当他们听到“突、突、突、突”4 下声音时，比起有 12 个物体的图片，他们会对有 4 个物体的匹配图片更感兴趣，反之亦然。[4] 这种反馈明确的实验还有很多，它们所得出的结论令人信服：**婴儿虽然不会数数，但他们从出生起就已经具备根据图像识别数量的直觉能力。**

那么，婴儿会计算吗？假设婴儿看见一个物体被藏在了屏幕后面，接着藏了第二个。结果屏幕撤去后只有一个物体，婴儿会对这一预料之外的场景表现出惊奇，并进行长时间的研究。[5] 可如果他们看到的是预期中的两件物体，他们只会看一眼就不看了。这种对违反心理运算结果做出的反应被称为“认知惊奇”（cognitive surprise），该反应表明，早在几个月大的时候，婴儿就理解了 1+1 应该得到 2。他们建立了一个对隐藏场景的内部模型，并且知道如何通过增加和减少物体进行操控。这些实验不只用于 1+1 和 2−1，还用在了 5+5 和 10−5 中。如果误差足够大，九个月大的婴儿在看到错误结果时会表现出惊讶，即他们能分辨 5+5 不可能等于 5，10−5 不可能等于 10。[6]

这项技能真的是天生的吗？难道生命的前几个月就足以让婴儿学会计算这种能力了？尽管婴儿确实需要时间去提高他们感知数量的准确性[7]，但数据同样清晰地显示，婴儿的起点绝不是一张白纸。新生儿在生命的前几个小时就已经在感知数量了。而猴子、鸽子、乌鸦、小鸡、鱼，甚至蜥蜴也同样具备这项技能。在对小鸡的实验中，实验者控制了它们所有的感觉输入，确保小鸡破壳后看不到任何物体，但小鸡仍然识别出了数量。[8]

这些实验显示，**计算是进化赋予人类以及其他许多物种的天生技能之一。**研究者已经在猴子甚至乌鸦的脑中发现了数量的脑回路，它们的脑回路中包含“数量神经元”，并以非常相近的方式活动：它们对物体的特定数量敏感。一些神经元更喜欢 1 个物体，另一些则喜欢 2 个、3 个、4 个，甚至 30 个物体。重点是，这些神经元在没有受到过任何特殊训练的动物身上就存在。[9]我的实验室曾通过神经影像技术发现，在人脑的相同位置，也有对一个具体的集合数敏感的神经回路。随着单细胞记录技术的进步，最近，研究者在人脑海马中看到了被记录的这类神经元。[10]

这些发现还顺带地推翻了瑞士心理学家让·皮亚杰（Jean Piaget）提出的儿童发展理论的核心原理。皮亚杰认为，婴儿只有长到一岁时才能理解“物体恒常性”（object permanence），即物体即使看不到了也依然存在。他还认为，儿童在生命的前几年无法掌握数量的抽象概念，他们从更具体的大小、长度和密度的测量中逐渐掌握数量的抽象概念。而事实恰恰相反。理解物体和数量的抽象概念是人类思想的根本，是我们生而就有的、带到这个世界的“核心知识”的一部分，正是这两种概念的组合促使我们形成了更加复杂的思想。[11]

数感仅仅只是看不见的婴儿知识的一个例子，是婴儿从出生开始就拥有的、引导他们后续学习的直觉之一。研究者还在几周大的婴儿身上发现了更多婴儿知识。

对概率的直觉

从数量到概率，只需要一步。最近，研究者们通过探究几个月大的婴儿是否可以预测彩票的抽奖结果，开始了这一步。在这个实验中，研究者先是向婴儿展示了一个透明的箱子，里面装着随机运动的四颗球，三红一绿。箱子底部有一个出口。箱子在某个时刻被遮盖住，然后一个绿色或红色的球就会从底部滚出来。值得注意的是，婴儿的惊讶程度与他所看到的东西的“不可能性”直接相关：如果是红球，就是最可能事件，因为盒子里大多数球都是红色，婴儿就只会简短地看一眼红球。但如果是绿球，就是比较不可能的事件，因为绿球出现的概率仅有 1/4，婴儿就会注视绿球更久。

后续的实验证实，婴儿的小脑袋中会对事件和相关概率进行详细思维模拟。当通过把球用隔板分开、把球向箱子底的出口挪近或挪远以改变球从箱子里出来的时间时，婴儿都能把这些参数整合进他们的思维概率计算中。他们凝视的时间反映了观察到的情况的不可能性，就好像他们根据物体的数量在心里计算了一样。

婴儿的这些技能都超过了当下的人工神经网络。婴儿的惊讶反应表明他们的脑能估算潜在的概率，并得出受观察事件会发生但概率很小的结论，因此这个反应非常重要。由于婴儿的注视是显示其惊讶程度的精细信号，所以他们的脑一定具有计算概率的能力。当前最流行的脑功能理论认为，**人脑是一台会计算概率的计算机，能够操纵概率分布并且运用它们来预测尚未发生的事件。**

最近的一系列研究进一步表明，婴儿的脑生来具备进行复杂概率计算的所有机制。还记得贝叶斯的数学概率理论吗？它为我们追溯观察结果的可能原因提供了依据。即使几个月大的婴儿似乎就已经可以根据贝叶斯理论进行推理了。[12] 确实，正如我们所见，他们不仅知道如何从装满彩球的箱子推算出可能的概率（正向推理），还能从观察到的结果倒推出箱子里的球都是什么颜色（反向推理）。在另一个实验中，我们首先给婴儿展示了一个不透明的箱子，里面装的东西是未知的。然后，我们带一个蒙着眼的人进来，这个人从箱子里随机依次拿出一连串的球，其中大多数是红色的。婴儿会推断出箱子里一定装着大量的红球吗？是的！当我们最终打开箱子发现大多数竟然是绿球的时候，他们非常惊讶，注视时间比看到箱子里装了大量红球时更久。他们的逻辑简单严谨：当盒子里装的大多是绿球时，为什么会随机抽出如此多的红球呢？

这种行为看起来似乎并不起眼，但是它暗示了一种非凡的内隐、无意识的双向推理能力：给定一个样本，婴儿可以从样本中猜测出该集合的特征；反之亦然，给定一个集合，他们可以设法猜测出随机样本应该是什么样子。

因此，**生命伊始，我们的脑就被赋予了逻辑直觉。**现在，这项实验有了许多变式。这些变式都证实了婴儿在很大程度上可谓是刚出道的科学家，他们像优秀的统计学家一样推理，排除假设的最小可能性，并搜索各种现象背后隐藏的原因。[13] 美国心理学家徐绯（Fei Xu）通过实验证明，如果 11 个月大的婴儿先是看到有人从一个容器中取出大量的红球，然后却发现这个容器中装的大多数是绿球，他们当然会惊讶，但同时他们还会做出另一个推断：这个人喜欢红球！[14] 如果他们发现取球不是随机的，而是遵循了特定的规律，例如绿球和红球交替出现：绿球、红球、绿球、红球、绿球、红球……这时他们会推测取球的是一个人而非机器。[15]

逻辑和概率是紧密联系的。正如福尔摩斯指出的："当你排除了所有不可能发生的事情，剩下的，不管它多么不可能发生，一定是真相。"换句话说，人们能够通过推理来排除一些可能发生的情况，从而将可能性变成确定性。如果一个婴儿能通过可能性进行判断，他一定是个逻辑专家，因为逻辑推理是将概率推理限制为 0 和 1 的唯一概率[16]，这正是发展心理学家卢卡·博纳蒂（Luca Bonatti）的最新发现。在他的实验中，首先给一个 10 个月大的婴儿看一朵花和一只恐龙，然后将它们藏在屏幕后面。接下来将其中一个物体装进屏幕前的罐子里，而婴儿只能看见其顶部。随后，一只恐龙从屏幕的另一端被拿了出来，且婴儿能够清楚地看到。此时，婴儿就能够做出如下推断：藏在罐子里的不是花就是恐龙，但它不可能是恐龙，因为我刚刚看到恐龙了，所以罐子里的一定是花。如果婴儿看到罐子里装的确实是花时，他不会惊讶，但若看到的是恐龙时，便会非常惊讶。

此外，**婴儿的注视时长反映了其逻辑推理的投入程度**。与成年人相同，婴儿的瞳孔会在他进行推理时放大。那一刻的婴儿就像一个如假包换、穿着尿不湿的福尔摩斯，他们从一些假设开始（不是花就是恐龙），然后排除其中的一些假设（不可能是恐龙），最终由概率推断转向确定（一定是花）。

统计学家杰恩斯说："概率理论是科学的语言。"而婴儿早在牙牙学语前就学会这门语言了。他们操控概率，并将之与精密的三段论结合起来。他们的概率直觉使他们能够从自己的观察中进行逻辑推理。他们不停地试验，这些刚出道的科学家们的脑不停地为自己的研究积累结论。

关于动物和人的知识

婴儿对无生命物体有一套很好的反应模式，同时，他们还知道另一类完全不同的实体——生命体。从生命的第一年开始，婴儿就了解到动物和人有着特定的行为，他们具有自主性，可以掌控自己的行为。因此，他们不必等待另一个物体来撞击自己以移动，就像撞球一样。生命体的运动是由内部驱动的，而不是外部引发的。

因此，婴儿看到动物自己移动并不会感到惊讶。实际上，对于他们来说，任何物体自行移动，甚至是三角形或正方形，都会被标记为“动物”。从那一刻起，一切都不一样了。这个婴儿知道，所有的生命体都不必依物理定律而动，它们的运动受自己的意图和信念支配。

让我举个例子：如果向婴儿展示一个沿直线运动的球体，它跳过一堵墙，然后一点点地朝右行进，婴儿会渐渐觉得无聊。他们只是看腻了这个特定的动作吗？不，实际上，他们知道得更多。他们推断这是一个有特定意图的“动物”：它想移动到右边！还有，他们看出这个动物是有动机的，因为它会为了到达右边而跳过墙体。现在，让我们去掉墙体。在这个情境下，如果婴儿看到球体以最简单的方法达到目标，即无须跳跃，沿直线朝右移动，他们不会表现出惊讶。但是，如果墙体消失后，球体毫无缘由地继续跳跃时，婴儿就会瞪大眼睛！在没有墙体的情况下，球体的轨迹与第一种情况相同，这让婴儿感到惊讶，因为他们不明白球体怎么会有这么奇怪的意图。[17]其他实验也表明，婴儿会本能地推断人们的意图和偏好。在球体情境中，他们了解，为了跳过墙体，这个动物的动机会随着墙体变高而变强。研究发现，**婴儿不仅可以推断周围人的目标和意图，还可以推断他们的能力和偏好。**[18]

婴儿的生命体概念并没有到此结束。他们会在大约 10 个月大时开始对人的个性进行归类。例如，如果他们看到一个人将孩子扔到地上，他们就会推论这个人是不怀好意的，便会远离他。显然，他们更喜欢帮助孩子站起来的人。[19]早在能说出“刻薄”和“好人”以前，婴儿就能在自己的思维语言中建立这些概念。这样的判断相当微妙，即使是 9 个月大的婴儿也能分辨出故意伤害他人的人、不小心伤害他人的人、有意拒绝帮助他人的人以及没有机会帮助他人的人。[20]我们会在之后的章节中看到，这种社交技能在他们的学习中起着根本的作用。的确，一岁的孩子就能够判断出某个人是否正在努力教自己某件事。他可以分辨普通动作与以教授知识为目的的动作之间的区别。匈牙利心理学家捷尔吉·盖尔盖伊（György Gergely）认为，**一岁的孩子就已经具备了与生俱来的教学感知。**

面孔感知

婴儿社交技能的最早体现之一就是对面孔的感知。对成人来说，最轻微的提示就足以触发其对面孔的感知：卡通脸、笑脸、面具……值得注意的是，这种对面孔的敏感在婴儿刚出生时就有了：几个小时大的婴儿向笑脸图像转头的速度比向颠倒的笑脸图像转头的速度更快（研究者确定新生儿未曾有机会见过面孔）。有一个研究团队甚至设法透过子宫壁为胎儿呈现出光的图案。[21] 令人惊讶的是，像面孔的三个点“∵”比像金字塔的三个点“∴”更吸引胎儿。人脸识别似乎在子宫内便开始了！

许多研究者认为，这种被面孔吸引的现象在依恋的早期发展中起着至关重要的作用，尤其考虑到孤独症的最早症状就是避免眼神接触，这一点更加证实了以上假说。我们的眼睛容易被脸吸引，这一先天偏好会迫使我们学习如何识别它们。的确，早在才几个月大时，右脑的视皮层区域对面孔的反应就比对其他图像（比如空间图像）的反应多。[22] 脑中针对面孔的专业化发展是先天与后天和谐合作的最好例子之一。在这个领域，婴儿表现出完全的先天技巧（被类似人脸的图片吸引），以及学习感知面孔细节的非凡本能。正是这两个因素的结合，使得不到一岁的婴儿，就可以在人脸和其他灵长类动物的面孔（如猴子和黑猩猩）的比较中，更偏向于人类的面孔。这不只是对一双眼睛和一个嘴巴的天真反应。[23]

语言本能

低龄儿童的社交技能不仅表现在视觉方面，也表现在听觉领域。口语对他们来说，就像面孔感知一样容易。正如史蒂芬·平克（Steven Pinker）在其畅销书《语言本能》① 中指出的："人类对语言具有明显的天赋，他们无法抑制自己学习和使用语言的能力，这种本能甚至超越了触碰到滚烫的物体表面时缩回手的本能。"我们不要误解这句话。显然，婴儿虽然不是生来就熟练掌握了词汇和语法，但他们拥有以最快的速度获得它们的能力。**婴儿生而具有的并非语言本身，而是获得语言的能力**。

许多证据证实了上述论点。比起外语，婴儿对母语天生就有偏好。[24] 这个特别的偏好暗示了语言学习是从子宫里开始的。事实上，在怀孕的第三个妊娠期（妊娠晚期），胎儿便能听到声音。语言的旋律透过子宫壁传递给胎儿，胎儿开始对它们有了记忆。在孕期的最后几个月，正在成长的胎儿脑已经能够识别某些听觉模式和旋律，这种识别可能是无意识的。[25]

这种与生俱来的能力在早产儿身上比在胎儿身上显然更容易研究。在子宫外，我们可以在他们的小脑袋上装置微型脑电图设备以及脑血流传感器，从而窥探他们的脑。通过这些方法，我的太太吉丝蕾·迪昂-兰伯茨（Ghislaine Dehaene-Lambertz）教授发现，即使是早产两个半月的婴儿仍然能够对口语做出反应。他们的脑虽然尚未发育成熟，但是他们已经能对音节和嗓音的变化做出反应了。[26]

长期以来，研究者认为，语言习得直到一岁或者两岁才开始。这是为什么呢？因为婴儿的拉丁文"infans"暗示新生儿不会说话，由此便隐藏了他

① 《语言本能》（*Language Instinct*）是当代伟大思想家、TED 演讲人、世界语言学家和认知心理学家史蒂芬·平克经典力作。该书中文简体字版由湛庐引进、浙江人民出版社出版。——编者注

们的天赋。但是，在语言理解方面，婴儿的脑确实是统计学天才。为了证实这个发现，科学家开发了一整套的方法，包括测量婴儿对语音和非语音刺激的偏好和他们对变化的反应，以及记录他们的脑信号……这些研究就婴儿对语言的掌握程度给出了一致的结果。在出生时，婴儿就能够区分出世界上所有语言的大部分元音和辅音。他们已经能够将它们感知为不同类别。尽管有些声音，如音节 ba、da、ga 发出的声音是连续变化的，婴儿仍然将它们视作不同类别的声音并划分了清晰的边界，就像成人一样。

生命第一年的语言环境影响了婴儿的这些早期天赋。婴儿迅速地注意到某些声音没有在他们的语言中使用，例如说英语的人从来不会发出法语中的元音 u 和 eu，日语母语者无法分辨 R 和 L 的区别。在短短几个月的时间里（对元音来说是 6 个月，对辅音来说是 12 个月），婴儿的脑通过其原始假设对音素进行分类，并保留与他们生活环境中的语言相关的音素。

但这还不是全部，婴儿可以快速开始学习他们的第一个单词。他们是怎样识别单词的呢？首先，婴儿依靠音韵，即口语的韵律和声调，也就是我们嗓音上升、下降、停止的方式，在单词和句子之间划出界线。其次，婴儿可以识别语音之间的顺序。正如之前所说，婴儿的行为就像刚出道的科学家。例如，他们意识到音节 bo 后面总是跟着 t^1。快速的概率计算告诉他们这并非偶然，因为 t^1 跟在 bo 后面出现的概率太高了。这两个音节在一起一定会组合成一个单词“bottle”（意为瓶子，此处特指奶瓶），于是，这个单词被添加到婴儿的词汇表里，并且与某个特定的物体或概念联系起来。[27]

早在 6 个月大的时候，婴儿已经从他们的环境中提取出出现频率较高的单词，如 baby（宝贝）、daddy（爸爸）、mommy（妈妈）、bottle（奶瓶）、foot（脚）、drink（喝）、diaper（尿不湿）等。这些单词深深印刻在他们的记忆里，以至于到了成年时这些词汇仍然占据着特殊的地位，[28] 并且比起在生命后期习得的具有相似意思、发音和词频的其他单词，这些单词将得到更高效的加工。

概率统计使得婴儿能够识别某些出现频率更高的词汇：小型语法词，比如冠词（a，an，the）、代词（I，you，he，she，it 等）。在一周岁时，婴儿已经知道了许多单词，并利用它们去寻找其他单词。例如，如果他们听到父母其中一人说“I made a cake”，他们就能够分析出小的功能词 I 和 a。利用消除法，他们得知 made 和 cake 也是单词。他们已经知道名词经常在冠词后面出现，动词经常在代词之后出现，以至于到了 20 个月大时，婴儿对一些错误的短语会做出惊讶的反应，例如 I bottle 或者 the finishes。[29]

当然，这样的概率分析并非万无一失。当法国儿童听到 un avion（飞机）的发音（un 中的 n 与 avion 中的 a 融合在一起）时，他们会推断出一个错误的单词 navion（船）。相反，英语单词引入了法语单词 napperon（餐具垫），那是因为英语母语者错误地拆解了 un napperon（桌布），而发明了单词 apron（围裙）。

但是，这种错误很少出现。在几个月时间里，孩子很快便设法超越了所有现有的人工智能算法。当他们吹灭了第一支生日蜡烛时，他们已经从如下几个层次奠定了主要母语原则的基础：基本的声音（音素）、韵律（音韵）、词汇（语义）和语法规则（句法）。

其他灵长类动物可不具备这种能力。有一个特殊实验已经被尝试了很多次：几位科学家试图收养黑猩猩，像对待家人一样对待它们，用英语、手语、视觉符号等与它们交流。几年后发现，这些动物没有掌握任何一种名副其实的语言，它们最多只知道几百个词。[30]

因此，语言学家诺姆·乔姆斯基（Noam Chomsky）也许是对的，他推测，人类天生就具有一种“语言习得装置”，这种特殊装置在出生后的第一年被自动激活。正如达尔文在《人类起源》（*The Descent of Man*）中写的，语言“当然不是真正的本能，因为每种语言都必须被习得”，但是“获取语言的倾向是一种本能”。我们的天赋是学习任何一种语言的本能，这是一种不可抑制的本能，即使是被剥夺了说话能力的人，也会在几代人之后自发发展出其他形式的语言。在聋人群体中，高度结构化的、具有普遍语言特征的手语从第二代就开始出现了。[31]

HOW WE LEARN

第 4 章

脑的诞生

婴儿出生时脑发育尚未完工，而非像旧时的教育学断定的那样尚未被开发。

——加斯顿·巴舍拉尔（Gaston Bachelard），

《否的哲学：新科学思维的哲学》

（*A Philosophy of the New Scientific Mind*）

未接受教育的天才就像矿山中的银子。

——富兰克林

新生婴儿很快就会展示出他对物体、数量、人和语言的复杂认知，这一事实反驳了新生儿脑中一片空白的假设，他们更像一块吸收所有环境强加给他们的事物的海绵。随之而来的是一个简单推测：如果我们可以剖析新生儿的脑，就会在其出生时，甚至更早的时候观察到那些组织良好的神经元结构，及其对应的主要知识领域。

这个观点一直备受争议。直到大约20年前，人们仍然认为新生儿的脑是一个未知领域。那时，脑成像技术刚刚问世，还没有被用于研究发展中的脑。占据主导地位的理论均来自经验主义，认为脑在出生时是没有任何知识的，只受到后天环境的影响。在精确的磁共振成像技术出现后，我们才终于将人脑的早期组织可视化，与我们的预期一致，**几乎所有成人的脑回路都已经存在于新生婴儿的脑中**。

婴儿的脑是组织有序的

我的妻子和我，以及我们的同事、神经学家露西·赫兹-帕尼耶（Lucie Hertz-Pannier）是最早一批采用磁共振成像对两个月大的婴儿脑进行研究的人。[1]当然，我们高度依赖于儿科医生以往的经验。15年的临床经验使他们相信，磁共振成像对任何年龄的个体来说都是无害的检测手段，包括早产儿。但是，临床工作者仅仅将这项技术用于诊断发现儿童早期脑损伤。没有人将磁共振成像用于观察正常发展的儿童的脑回路是否能够被某种刺激选择性地激活。为了做到这一点，我们必须克服一系列的困难。我们设计了一个降噪头盔来确保婴儿不受机器噪声的伤害，我们用一个契合磁共振成像线圈形状的襁褓把婴儿紧密地包裹起来以免他们移动，我们帮助他们慢慢适应这个不寻常的环境，并安抚他们的情绪，我们还在机器外面全程监控着他们的一切。

最终，我们的努力获得了丰硕的成果。我们选择聚焦在他们的语言能力上，因为我们知道在婴儿生命的头一年，他们的语言学习速度非常快。果然，我们观察到两个月大的婴儿在听到母语时，被激活的脑区与成人完全相同（见彩图6）。

当我们听到一句话时，大脑皮层中首先被激活的区域是初级听觉区域

（primary auditory area），这是所有声音进入人脑的门户。这对你来说也许是显而易见的，但在当时对婴儿的研究中，这并非不证自明的。一些研究人员曾认为，婴儿的脑的感觉区域在出生时是混乱的，他们的感官趋于融合。根据这些研究者的观点，在出生后几个星期的时间里，婴儿的脑混合了听觉、视觉和触觉，他们需要一些时间来学会分离这些感觉通道。[2] 现在我们知道，这个观点是错误的——从一出生，根本不需要学习，声音就会自动激活脑的听觉区域，视觉刺激会激活视觉区域，而触碰会激活触觉区域。是基因将大脑皮层细分为这些不同的知觉区域。所有的哺乳动物都是如此，但这种现象的起源已经无从考证了（见彩图 7）。

让我们回到婴儿在磁共振成像里听句子的实验。当信息进入初级听觉区域后，皮层的活动会迅速地扩散。仅几分之一秒的时间，其他区域以固定的顺序被点亮：首先是与初级听觉区域相邻的次级听觉区域，然后是整个颞叶区域，形成一个渐进的流，最后流到位于左侧额叶底部的布罗卡区，同时与颞叶顶部联结。婴儿这个向左脑偏侧化的复杂的信息处理链与成年人的非常相似。在两个月大时，婴儿已经激活了与成年人相同的语音、词汇、句法和语义的层级结构。与成年人一致的还有，信号到达的皮层的层级越高，脑的响应就越慢，这些脑区就越多地在更高层级整合信息（见彩图 6）。

当然，两个月大的婴儿还无法理解他们听到的句子，他们还没有发现单词和语法规则。即便如此，在他们的脑中，这些语言信息已经被传送到高度专业化的、类似于成人的脑回路中去了。婴儿之所以能够快速地学会说话和理解语意，可能是由于他们的左脑预先配备了专门探测语音各个方面（声音、单词、句子和篇章）的统计规律的回路。这是其他灵长类动物无法做到的。

语言通路

由于各个脑区之间互相联结，因此各皮层区域会以特定顺序被激活。在成人中，我们开始了解到哪些神经元的通路互相联结语言区域。神经学家发现了一条由数百万条神经纤维组成的大型电缆，并将其称为“弓形束”（arcuate fasciclus），它将位于脑后部的颞叶和顶叶的语言区与位于脑前部的额叶区域（即著名的布罗卡区）相连。这个联结束是语言演化的标记。弓形束在左脑中更大，96% 右利手的人都用左脑来加工语言。这一不对称性是人类所特有的，在其他灵长类动物中没有被观察到，甚至在与我们关系最近的黑猩猩中也没有发现。

同样，这种解剖学特征并不是学习的结果，而是从出生就出现了。实际上，当我们检查新生儿的脑联结时，我们不只发现了弓形束，所有联结皮层和皮层下区域的主要纤维束都在出生时就已经存在了（见彩图 8）。[5]

这些“脑通路”是在第三孕期发育出来的。在大脑皮层的构建过程中，每个兴奋性神经元都会发出轴突以探索周围区域，这些轴突最长会延伸几厘米远，我们的脑中仿佛存在哥伦布一样。这个探索是由化学信息所引导的，这些化学信息分子的浓度在不同区域有所不同，并充当空间标记。轴突的头部“嗅”出了基因所建立的化学路径，推测出它必须走的方向。因此，无须任何来自外界的干预，脑就会自动形成纵横交错的网络联结，其中有几种是人类特有的。稍后我们会看到，学习可以进一步完善这个网络，但它的最初结构框架是先天的，在子宫内就已形成。

我们应该感到惊讶吗？仅在 20 多年前，许多研究者还认为脑中只有大量的杂乱无章的随机联结。[6] 他们无法想象，虽然我们的 DNA 仅含有有限数量的基因，却可以设计出详细的支持视觉、语言和运动技能的高度专业化的回路蓝图。但这是不恰当的推理。我们的基因组包含了人体的所有细节，它知道如何使 4 个心腔组成一颗心脏，通常会构造出 2 只眼睛、24 个椎骨、内耳及其 3 个互相垂直的管道、10 个手指及其指骨……而且这些细节具有极高的可复制性。所以，基因组能够设计出脑中的多个内部子区域也就不奇怪了。

生物影像学的最新发展表明，早在母亲怀孕的最初两个月，当胎儿的手指还没有发育出来时，他们就已经具备了三根神经：桡神经、正中神经和尺神经，每根神经定位特定端点（见彩图 8）。[7] 因此，同样高精度的机制可能存在于脑中：就像手的发育会划分出 5 个手指，大脑皮层也划分成几十个高度特异化的区域，并被鲜明的边界分隔开（见彩图 9）。[8] 在母亲怀孕的最初几个月中，胎儿的许多基因被选择性地表达在不同的皮层区域。[9] 在母亲怀孕大约 28 周时，胎儿的脑开始出现褶皱，标志着脑特征的脑沟开始出现。在 35 周大的胎儿的脑中，皮层中的所有主要褶皱已经形成，也可以看到语言区所在的颞叶的不对称性特征。[10]

皮层的自组织

在整个孕期，随着皮层联结的发展，胎儿脑中相应的皮层褶皱也开始发育。在第二妊娠期，胎儿的大脑皮层起初是平滑的，然后出现了第一组褶皱，这让人联想到猴脑；之后出现人脑特有的二级和三级褶皱，即褶皱的折叠再折叠。这些褶皱的表观结构越来越依赖于神经系统的活动。根据脑从感觉系统接收到的反馈信号，一些回路逐渐稳定下来，而另一些没有用的逐渐退化掉。因此，最终在左利手和右利手的人脑中，运动皮层的褶皱会稍有不同。有趣的是，那些在童年时期被迫使用右手写字的左利手的人表现出一种折中的情况，他们的运动皮层的形状具有左利手的特征，但其大小表现出与右利手的人脑相似的左右不对称性。[11] 正如这项研究的作者得出的结论：**成**

人的皮层形态是基因组和早期生长环境的不断累积的记录。

胎儿的大脑皮层的褶皱是由于生化自组织过程而自发形成的，这个过程依赖于基因和细胞的化学环境，只需要极少的遗传信息，且完全不需要学习。[12] 实际上，这种自组织并不像想象般矛盾，它在地球上无所不在。将大脑皮层想象成一个沙滩，随着潮汐的涨落，沙滩上形成了规模不同的波痕和坑洼；或者将其想象成一片沙漠，在风的作用下沙漠出现沙波纹和沙丘。实际上，不同规模的条纹、斑点和六角形的细胞都会出现在各种生物和物理系统中——指纹、斑马的条纹、美洲豹的斑点、玄武岩、沙丘以及夏日天空中的朵朵云彩。英国数学家艾伦·图灵是第一个解释这种现象的人，他认为，这种现象只需要一个局部兴奋和远程抑制的过程。当风吹过沙滩，沙粒开始累积，自我放大的过程就开始了：新出现的沙堆往往会捕获其他沙粒，而风卷起它后面的沙子，几小时后，一个沙丘诞生了。只要出现局部兴奋和远程抑制，我们就可以看到一个高密度的区域（沙丘），围绕它的是一个低密度的区域（凹地面），紧接着出现另一个沙丘，如此反复。根据实际环境，自组织的样式有斑点、条纹或六边形。

自组织在发育的脑中无处不在：我们的大脑皮层充满纵列、条纹和清晰的边界。空间分隔可能是基因安排神经元模块专门处理不同类型的信息的机制之一。例如，视皮层处理来自左右眼的信息的交替带状结构覆盖，它们被称为“眼优势柱”（ocular dominance columns），利用来自视网膜的固有活动产生的信息，在脑发育过程中自发形成。但是类似的自组织机制可以发生在更高的水平，不一定只覆盖皮层的表面，而涵盖更多抽象空间。最惊人的例子之一就是“网格细胞”（gridcell）的存在，它们是通过铺设三角形和六边形的网格空间而编码老鼠位置信息的神经元（见彩图 10）。

网格细胞是位于老鼠的一个特定脑区的神经元，这个脑区叫作“内嗅皮层”。爱德华·莫泽（Edvard Moser）和迈-布里特·莫泽（May-Britt Moser）在 2014 年因发现其卓越的几何特性而获得了诺贝尔奖。他们是最先研究动物在一个巨大的房间里行动时其内嗅皮层神经元活动的科学家。[13] 我们已经知道，在内嗅皮层附近的海马中，有一些神经元表现为“位置细胞”，即当动物在房间的某个特定位置时它们才会放电。这两位科学家的开创性发现在于网格细胞不仅对单个位置有反应，还会对一系列位置做出反应。此外，那些使某个细胞放电的特定位置是有规律的：它们形成等边三角形进而组合成正六边形，有点像长颈鹿皮肤上的斑点或者火山岩中的玄武岩柱！每当老鼠四处走动时，即使在黑暗中，每个网格细胞的放电也会告诉老鼠它在相对于整个三角形空间网络的哪个位置。诺贝尔奖委员会将此系统恰当地称为“脑的定位系统”：它提供了可以映射出外部空间的一个高度可靠的神经元坐标系。

但是为什么神经元地图的映射是三角形和六边形的，而非我们通常使用的图表中的矩形和垂直线呢？自笛卡尔以来，数学家和制图师一直依靠两个相互垂直的轴，即笛卡尔坐标（x 轴和 y 轴、横坐标和纵坐标、经度和纬度）。为什么老鼠的脑喜欢依赖一组三角形和六边形呢？最有可能的原因是网格细胞神经元在发育过程中进行了自组织。在自然界中，这种自组织经常产生六边形，从长颈鹿的皮肤到蜂巢，再到火山岩柱都是这样。物理学家证实了六边形为什么无处不在：每当一个系统由杂乱无章的“热”的状态开始并逐渐冷却下来，最终凝固成为一个稳定的结构时（见彩图 10），六边形就会自发地形成。研究者提出了一个脑发育期间内嗅皮层中出现网格细胞的相似理论：杂乱无章的神经元群组会逐渐稳定下来形成一组有组织的网格细胞，在这个过程中六边形自发形成大脑皮层动态平衡的吸引子。[14] 根据该理论，老鼠脑中网格状地图的出现是不需要教的。实际上，这个回路的建成不需要任何的学习，它在大脑皮层发育的动态过程中自然而然地出现。

脑地图的自组织这一理论正开始被验证。实验表明，脑的定位系统确实很早就在老鼠脑中出现了。两组独立的研究者成功在刚出生甚至还不会走路的幼鼠脑植入了电极。[15] 利用这套装置，他们检验了内嗅皮层中是否已经出现了网格细胞。他们同时也对位置细胞（对单个位置做出响应的细胞）和定向细胞进行检测。定向细胞是第三种神经元，它的功能类似船上的罗盘，当动物朝向某个方向运动的时候（例如西北或东南），相应的细胞会激活。研究者发现，这整个系统实际上是与生俱来的，定向细胞一开始就存在，并且在幼鼠开始运动一两天后，位置和网格细胞也会陆续出现。

这些数据虽然有趣，但也不足为奇。对大多数动物，无论是蚂蚁和鸟类，还是爬行动物和哺乳动物来说，形成脑地图都是一件大事。幼犬、小猫或婴儿一旦离开家去探索世界，脑地图对他们的生存至关重要，他们随时随地都知道自己怎样找到回家的路，母亲在那里等着他们。远古时代以来，进化似乎找到了一种方法为新生儿的脑提供指南针、地图，以及其访问过的地方的记录。

这种脑的定位系统是否存在于人脑中呢？存在。如今，我们通过间接方式知道，在与老鼠的脑完全相同的位置（内嗅皮层），成人的脑中也包含带有六边形对称性神经元的地图。[16] 我们也知道，年龄很小的孩子就已有空间感，蹒跚学步的孩子能在房间里轻易定向：如果将他们从 A 点移动到 B 点再移动到 C 点，他们就知道该如何沿直线从 C 点返回到 A 点。值得注意的是，即使是天生就失明的婴儿，也仍然拥有这样的能力。因此，婴儿就像老鼠一样，具有用于空间导航的思维模块。[17] 因为操作限制，我们很难获取这个年龄段孩子的脑活动图像（如为爬行中的婴儿进行磁共振成像扫描），尚且无法直接看到婴儿脑中的这张地图，但是可以确信，当可移动脑成像设备出现时，我们就会找到它。

下面继续探讨婴儿脑的其他特异化模块。例如，前面提到早在婴儿出生几个月时（虽然可能不是刚刚出生时），视皮层中就有一个区域比起对房屋图像，更倾向于对面部图像做出反应。[18]这个区域的建立似乎是部分学习的结果，但被脑的连通性所规划、指引、约束。这些联结确保了所有人的面孔特异性存在于相同位置或仅相差几毫米的位置，最终形成了大脑皮层最专门化的模块之一。这一区域中多达 98% 的神经元专门用于面部信息加工，且几乎不对其他任何图像做出反应。

再举一个例子，我们已经知道婴儿的顶叶能够对物体数量做出反应，[19]这个区域与成人在计算 2 + 2 时激活的区域一致，也与猴子记忆一组物体时激活的区域一致。德国神经科学家安德烈亚斯·尼德（Andreas Nieder）在对猴子的研究中成功地证明了该区域包含对物体数量敏感的神经元：一些神经元专门加工一个对象，另外一些神经元专门加工两个对象、三个对象，依此类推……即使猴子从来没有接受过数量计算的训练，这些神经元仍然存在。因此，虽然后天的环境能够塑造这些模块，但它们是具有先天基础的。我和我的同事提出了一个数量神经元自组织的精确数学模型，这个模型是基于发育中的皮层表面活动波浪状的传播而建立的，从细节上解释了数量神经元的性质。在这个模型中，相关神经元最终形成一个数字线——一条线性链自发地在随机联结的神经元网络中产生，而 1、2、3、4 等数字连续地排列在这条线性链上。[20]

这个自组织的概念与经典理论完全不同。经典理论错误地将人脑视为一块白板，几乎不存在初始结构，而依赖于环境的塑造。与此观点相反，人脑发育出地图或数字链基本上不需要数据。自组织也将人脑与目前统治人工智能领域的工程化人工神经网络区分开来。如今，人工智能实际上已成为大数据的代名词，因为这些网络非常需要数据，只能在获得千兆字节的数据后才能够变得智能化。但是，与它们不同，我们的脑不需要太多的经验。与之相反，脑的主要节点，即存储我们的核心知识的模块，似乎在很大程度上是自发发展的，也许纯粹是通过内部模拟来发展的。

只有包括乔希·特南鲍姆教授在内的少数当代计算机科学家正在认真地尝试将这种自组织纳入人工智能。特南鲍姆和他的同事正在开发一个“虚拟婴儿”系统，该系统将具有自动生成数百万个想法和图像的能力。这些内部生成的数据将用于系统其他部分的学习，而无须任何其他外部数据。根据这个激进的观点，甚至在出生之前，我们的核心脑回路就通过自组织形成，并利用系统内部生成的数据库进行自举。[21] 开始的基础工作大多数是从内部产生的，与外界世界没有任何互动；只有最终的调整是需要学习的，被从外界环境中接收的额外数据所塑造的。

从这方面的研究得出的结论强调了基因和自组织在人脑发展中的联合力量。出生时，婴儿的大脑皮层几乎像成人的一样被折叠，已经被细分为专门的感觉区域和认知区域，这些区域通过精确且可复制的纤维束相联结。它包含了一系列部分专门化的模块，每个模块都对外部世界投射了特殊的表达。内嗅皮层的网格细胞形成二维平面，非常适合编码空间导航信息。我们稍后会看到，其他区域，如顶叶会画线，非常适合编码线性数量信息，包括数量、尺寸和时间的流逝。而布罗卡区投射树状结构，适合对语言的语法进行编码。在进化过程中，我们继承了一系列的基本规则，我们稍后将展示那些最具代表性的，一生中不得不学习的情景与概念的规则。

个体差异的起源

我认为人类的本性存在普遍性，即脑天生具有被基因和自组织所规划的回路，这并不是否认存在个体差异。无论我们放大观测哪个区域，每个人的脑甚至从一开始就展现出独有的特征。例如，我们的皮层褶皱就像指纹一样，在出生前就出现并以独特的方式发展，即使是同卵双胞胎，他们的皮层褶皱也不同。同样，相距甚远的皮层联结的强度和密度也是不同的，甚至它们的确切轨迹也有很大的差异，使我们的每个“联结组”都独一无二。

然而，重要的是要认识到这些变化基于一个共同主题。人脑的布局遵循固定方案，类似爵士音乐家在学习新歌时要记住的一连串和弦。只有在这个人类通用的网格之上，基因组的变化莫测和孕期的独特习惯才变成了个体的即兴发挥。我们的个性是真实的，但不应被夸大。我们每个人都是智人旋律的变奏。无论我们是黑人还是白人，是亚洲人还是美洲原住民，在地球上任何地方的人类，人脑结构总是具有一致性。在这方面，任何人的皮层和与现存人类关系最近的黑猩猩的皮层都是不同的，就像对爵士名曲《我的可爱情人》（*My Funny Valentine*）的即兴发挥与对《我的罗曼史》（*My Romanc*e）的即兴发挥效果永远不同一样。

因为我们都拥有相同的初始脑结构，相同的核心知识和同样的学习算法使我们获得更多潜能，我们常常最终共享相同的概念。每个人都有相同潜能——无论是阅读、科学还是数学，无论我们是盲人还是聋哑人。英国哲学家培根在 13 世纪时观察到，“人脑对数学事物的知识几乎是天生的……是最简单的科学，是无法拒绝的明显的事实，即使是外行和文盲也知道如何计数和估算”。显然，语言也是一样的，几乎没有孩子不具备掌握周围环境语言的先天的强大能力，但是如前所述，没有一只黑猩猩能够多说几个单词或创造出几个手势，哪怕是刚出生时就被人类家庭收养的黑猩猩。

简而言之，**个体差异是真实存在的，但这些差异是程度上的而不是类别上的**。仅在脑组织正态分布的极限情况下，神经生物上的变异才会最终导致真正的认知差异。越来越多的证据表明，发展性障碍儿童处于正态分布的末端。他们的脑似乎在发展的道路上走错了路，而走错路的原因在于孕期中，神经元未按照基因遗传的正确路径迁移，导致脑回路的自组织出错了。

科学家在具有阅读障碍的群体中发现了越来越多的科学证据。阅读障碍会影响学习阅读的能力，但不影响智力和其他能力。这种发展性障碍具有强大的遗传性，如果你有阅读障碍，那么你的兄弟姐妹有50%的概率也会患有阅读障碍。目前，至少有4个基因被表明与阅读障碍有关。而有趣的是，这些基因大多会在母亲怀孕期间影响神经元迁移到它在皮层中的最终位置的能力[22]。磁共振成像的结果也显示，阅读障碍患者支持左脑阅读功能的联结深度异常。[23]至关重要的是，这些异常可以在早期被发现：具有阅读障碍遗传易感性的儿童在6个月大时就表现出区分口语音素方面的缺陷，这已经将那些将出现阅读障碍的人与那些将会发展为正常阅读者的人区分开来。[24]众所周知，语言缺陷是阅读障碍出现的一个重大原因，但并不是唯一的原因。阅读的环路非常复杂，以至于很多地方可能会出现问题，包括注意缺陷导致的混淆相邻单词中的字母[25]和视觉缺陷造成的镜像混淆[26]。阅读障碍似乎处于视觉、注意和语言能力的钟形正态分布曲线连续的极端，此连续体的范围是由完全正常到严重缺陷。[27]我们都具有智人的构造，但我们受到遗传影响的程度略有不同，这可能是由于神经回路的早期布局中的半随机变化导致的。

事实上，其他发展障碍也可以用相同的理论来解释。例如，计算困难与支持计算和数学的背侧顶叶与额叶回路中的早期灰质和白质缺陷有关。[28]那些可能遭受支持数感的顶叶脑梗死的早产儿患计算困难的风险更大。[29]早期的神经系统紊乱可能通过两种方式导致计算困难，一是直接影响关于数量的核心知识，二是断开它与其他负责数词习得、数学符号习得的脑区的联结。无论哪种情况，结果都是使儿童数学学习出现困难。这些儿童可能需要特殊的帮助来加强他们对数量的初始直觉。

如果我们用非黑即白的思维考虑，就会夸大遗传基因在这些发展缺陷上的决定性影响。没有一个与阅读障碍、计算困难或者其他发展性综合征（包括孤独症和精神分裂症）有关的基因有 100% 的决定性。它们至多会“加重砝码”，环境因素在儿童最终的发展轨迹中也占据了很大的份额。我从事特殊教育的同事非常确定，在足够的努力下，阅读障碍或计算困难是可以康复的。是时候讲第二个脑发育的主要影响因素了——脑的可塑性。

HOW WE LEARN

第 5 章

养育的作用

所有人都知道，成为钢琴家需要经历多年心智和肌肉的训练。要想了解这一重要现象，我们必须认识到，除了强化与生俱来的有机体的神经通路以外，树突终端与轴突进程的影响和成长也会生成新的路径。

——圣地亚哥·拉蒙·卡哈尔

（Santiago Ramón Cajal）

在前面的内容中，我持续强调了先天因素对脑回路的影响，即基因与自组织的交互作用。但是，后天养育也同等重要。**脑的早期组织并不是永恒不变的，经验会改善及丰富它们。**这就是硬币的另一面：学习是如何改变儿童的脑回路的？要了解这一点，我们不得不穿越到百年以前，一起回顾伟大的西班牙解剖学家圣地亚哥·拉蒙·卡哈尔的重大发现。

卡哈尔是神经科学领域的英雄之一。他是第一个运用显微镜绘制出脑微组织图谱的人，是一位天才绘图者。卡哈尔在没有照相机等拍照设备的情况下，绘制出了简单但真实的神经回路图（见图 5-1），这些作品是重大科学绘图中的杰作。但更重要的是，他能够以惊人的判断力刻画出超越观察和解剖的解释与功能。虽然显微镜只向他展示了人离世之后的神经结构及其回路，卡哈尔却能够在这个基础上对神经元的功能进行大胆且精准的推断。

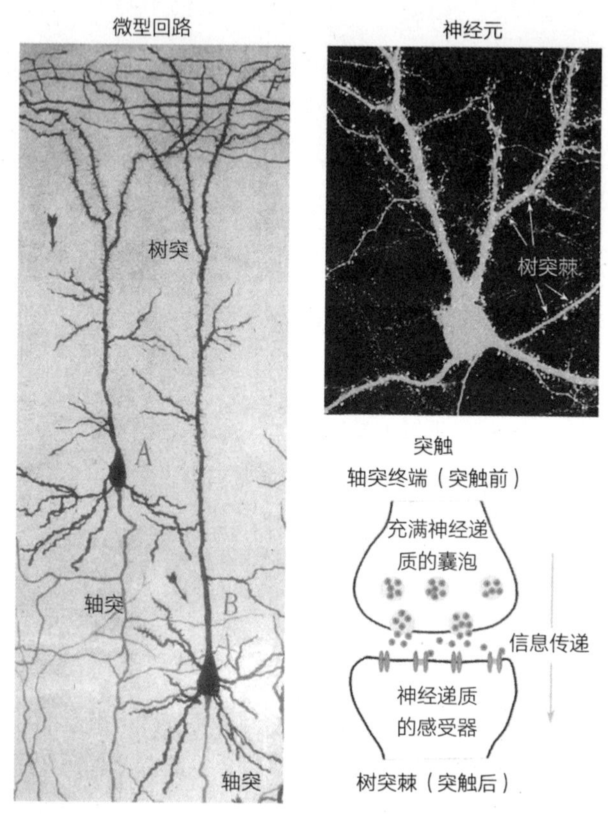

神经元、突触以及它们所形成的微型回路是脑可塑性的材料硬件。每次我们学习时，它们都会进行调整。每个神经元都是一个独特细胞，带有它的“树”，被称为“树突”（左图上），用于从其他神经元处收集信息；每个神经元还有一个轴突（左图下），用于将信息发送到其他神经元。显微镜可以轻易分辨出树突棘，它呈蘑菇形，承载着突触，即两个神经元相连之处。当我们学习时，所有这些组成都会改变，包括突触的形状、数量和强度，树突棘的大小，树突和轴突分支的数量，甚至是包裹轴突并决定其传递速度的髓磷脂的层数。

图 5-1　神经元突触以及它们所形成的微型回路

卡哈尔的伟大发现让他获得了 1906 年的诺贝尔奖。他发现脑是由独特的神经细胞（神经元）组成的，而非之前以为的网状组织。他还发现，血红细胞等大部分细胞是紧凑的近似圆形，而神经元则具有更复杂的形状。每个神经元都是一个巨大的树状体，由几千条分支组成，大小递减，被称为“树突”（dendron，在希腊语中意为“树”）。这些神经元聚集起来组合成一个无法分离的神经元“森林”。

这一复杂性并没有让这位西班牙神经科学家止步。在那幅被称为神经科学史上的传奇的皮层与海马示意图上，卡哈尔添加了一个非常简单却清晰指出其巨大理论意义的东西——箭头！该箭头指出了神经冲动的走向：从树突传递到神经元的细胞体，最后到达轴突。这是一个大胆的猜想，但最后它被证明是正确的。卡哈尔认为神经元的形状与它们的功能是对应的：一个神经元会通过树突收集其他细胞的信息，再将所有信息汇集到细胞体内，神经元会在此将它们整合成一条信息发送出去。这条被称为“动作电位”（action potential）的信息随后被传送到轴突，即一条像藤蔓般能到达其他几千个神经元的长枝，有的轴突甚至有几厘米长。

卡哈尔还指出，神经元会通过突触彼此交流。他是第一个发现每一个神经元都是独立存在的人，这些细胞会在某一个点上汇集，这个交汇处现在被我们称为“突触”——卡哈尔是其发现者，但在 1897 年由英国生理学家查尔斯·谢林顿（Charles Sherrington）命名。每一个突触都是两个神经元会面的地方，更准确地说，是一个神经元的轴突与另一个神经元的树突交汇的地方。一个突触前神经元会将它的信息透过轴突送到另一个突触后神经元的树突上，两个神经元完成联结。

在突触处到底发生了什么？另一位诺贝尔奖得主、神经生理学家托马斯·苏德霍夫（Thomas Südhof）将毕生精力投入到对这个问题的探索中。

他的结论是，突触是神经系统的计算单元，是脑的微处理器。要知道，我们的脑包含了大约一千万亿个突触。它的复杂性是无与伦比的。我也仅能在此总结它的一些最简单的特征。在轴突中穿行的信息是电信号，但是大部分突触会将之转变成化学信号。在轴突末端靠近突触的地方是“终扣”，里面有许多囊泡，即一些充满了被称为“神经递质”的分子（比如谷氨酸盐）的“小口袋”。当电信号到达一个轴突的终扣时，囊泡会纷纷打开，神经递质流入分离两个神经元的突触之间的空间中。这就是为什么我们将这些分子称为“神经递质”的原因：它们会将一条信息从一个神经元传递到另一个神经元中。在它们从突触前终端被释放出来的瞬间，神经递质就会附着到第二个突触后神经元细胞膜的感受器上。神经递质与感受器的关系就像钥匙与锁，它们会打开突触后神经元细胞膜的门。离子，即带正电或负电的原子，会冲进这些开放的通道并在突触后神经元里产生电流，形成一个完整的循环：**信息先从电信号变成化学信号，然后又变回电信号**。在此过程中，电流会在两个神经元中来回穿梭。

这与学习有什么关联呢？在人的一生中，我们的突触一直在不断改变，而这些改变反映出来的就是我们的学习。[1]每一个突触都是一个小型化工厂，这个工厂里的许多参数都会在学习过程中改变，包括囊泡的数量、大小，感受器的数量、效率，甚至突触自身的大小和形态。所有这些参数共同影响着突触前终端信息被传递到突触后神经元的能力。它们还提供了储存我们学习到的有用信息的空间。

此外，突触能力的改变并不是随机发生的，如果它们之前已经受到刺激，就会通过强化刺激彼此的能力来稳定神经元的活性。这个基本原则非常简单，早在 1949 年，心理学家唐纳德·赫布（Donald Hebb）就提出了赫布定律：**共放电神经元相连，即当两个神经元同时或在短暂时间差后被激活，它们的联结会被加强**。更准确地说，如果突触前神经元放电，且突触后神经元在几毫秒后也放电，突触就会被增强，这两个神经元之间的传递后续会更加有效。相反，如果突触没有被激活，突触神经元无法放电，那么这个突触就会被削弱。

我们现在明白为什么这个现象会稳定神经活性：它会增强那些已经工作良好的脑回路。根据赫布定律，突触的改变会提高同一类型活动发生的可能性。突触的可塑性会使由上百万神经元组成的神经组织以精准的可复制的模式互相跟随。一只在迷宫里沿着最佳路径穿梭的老鼠，一位演奏出悠扬乐章的小提琴家，或者一个成功背诵诗歌的小孩，每一个情境都能唤醒一场神经元的交响乐，每一个动作、音符和词语都被记录在了上千万个突触上面。

当然，脑并不会记录我们生活中的所有事件。只有那些被认为最重要的事件才会被印刻到突触中。为了达到这个目的，突触的可塑性会被巨大的神经递质网络调控，比较重要的神经递质有乙酰胆碱、多巴胺以及血清素，它们会提示哪些情境是重要且需要被记忆的。就拿多巴胺来说，它是与奖励（比如食物、性活动、药品等）相关的神经递质。还有正如你在猜想的，多巴胺与摇滚也相关！[2] 多巴胺会标注所有我们喜欢的东西，所有让我们“上瘾”的刺激物，还会提示脑：我们的经历很棒且超越了预期。乙酰胆碱则在大部分时候把自己与所有重要时刻相依附。它的作用巨大，例如，你能够记得 2001 年 9 月 11 日在你得知世贸中心被袭击时自己正在做的事情的所有细节，因为那天一场神经递质的飓风快速席卷了你的脑回路，导致突触被大规模改变。有一个回路格外重要——杏仁核，即一组主要受强烈感情控制的皮层下神经元，它们会发送信号给附近的海马，那里储存着关于我们存在的重要情境。因此，突触的改变凸显了脑中的情感回路所认为的最重要的生活事实。

突触根据其前神经元和后神经元活动进行自我改变的能力一开始是在人

工环境下发现的。研究者不得不折磨神经元一番，他们用高速电流刺激神经元。在这之后的几小时，突触都保持着被修改前的状态，这个现象被称为“长时程增强作用”，这是保持长期记忆的理想状态。[3]但是，这个机制真的是人脑在正常情况下用来储存信息的方式吗？第一个证据来源于海洋生物加州海兔——一种具有巨大神经元的海参。这种生物没有一般定义中的脑，只有被称为“神经节”的大量神经细胞束。诺贝尔奖得主埃里克·坎德尔（Eric Kandel）发现，加州海兔在经过条件反射训练而懂得期待食物时，其“神经节”中的突触发生了一系列变化，有点儿像巴甫洛夫的狗。[4]

随着突触记录和视觉化技术的广泛应用，大量证据证实了突触可塑性在学习中的应用。**突触的改变只发生在动物用来学习的回路中**。当一只老鼠学着避开那个会电击它的地方时，海马的突触，即负责空间记忆和情景记忆的部位会发生改变。[5]海马与杏仁核之间的联系记录了这个创伤经验。当老鼠因为一个声响害怕时，杏仁核与听皮层相连的突触会发生类似变化。[6]还有，这些改变不只是在学习时同时发生，它们似乎还存在因果关系。证据在于，如果我们在创伤事件发生后几分钟内，对导致与学习相关的突触发生改变的分子机制进行干预，这只老鼠就不记得创伤事件了。

记忆的描述

记忆是什么？它在人脑中的物理基础又是什么？大部分研究者对下面的解释表示认同，这个解释对编码时期与记忆时期进行了区分。[8]

首先来认识编码。我们的每一点感受、每一次行动和每一个想法都依赖于一组专门的神经元活动（其他神经元则保持休眠，甚至被抑制）。这些活动神经元遍布在人脑的许多区域，定义了我们思考的内容。比如，当我看到上司在办公室里工作时，颞上回区域的一些神经元对他的脸有所反应，颞下回区域的一些则对他的声音有反应，还有一些对他办公室的布局有反应。单一神经元可能提供一些信息，但是整体记忆总是需要几个相互联结的神经元组来编码。如果我在他的办公室遇到一个同事，原则上，一连串稍有不同的神经元组的活动能让我避免将她与我的上司混淆，或避免将她的办公室与上司办公室混淆。不同神经元组会编码不同的脸和方位，而且，因为这些神经元是紧密相连的，瞄一眼办公室就能激发出上司的脸，但同时我可能很难在不同背景中（比如在健身房里）认出我的同事。

让我们假设在办公室里见到上司，我的情感系统会判别这个经验足够重要，应该被储存在记忆里。我的大脑是怎么记录它的呢？为了巩固这个事件记忆，最近被激活的神经元会发生重大物理性改变。它们会调节相互联结的强度，从而提高神经元组间的支持，使这组神经元在未来更有可能放电。一些突触会变大，甚至被复制。目标神经元有时会生长出新的神经棘、终扣或树突。所有这些结构调整都意味着长达几小时甚至几天的新基因表达。这些变化是学习的物理基础，它们共同组成了记忆的基底。

一旦一个突触记忆形成，神经元就可以休息了。当它们停止放电时，记忆会维持休眠状态，无意识但印刻在我的神经回路的结构当中。在未来，由于这些联结，一个外部提示（比如一张上司办公室的照片）就足以在原来的回路中产生一系列神经活动。这些活动会储存与记忆产生时相似的神经放电规律，最终使我能够识别上司的脸。根据这个理论，每一点记忆的存储就是一场重建，记得就是尝试去回放过去经验发生时在同一个脑回路里产生的相同神经放电路线。

因此，记忆不是由人脑的单一区域负责的，即便记忆不会分散到所有脑回路，它也分布到了绝大部分回路，因为每一个回路在回应一个频繁的神经活动规律时都能够改变突触。但是，并非所有回路都扮演着同样的角色。虽然关于记忆的专业名词仍然模糊并一直在发展，研究者已经区分出了至少 4 种记忆。

- 工作记忆：包含一次活跃的思维呈现，它会维持几秒的时间。它主要依赖顶叶皮层区及前额叶皮层区里许多神经元的辛勤放电，从而支持其他周围神经区域的神经元。[9] 工作记忆就是一般情况下让我们记得电话号码的记忆，在此期间，某些神经元会相互支持从而使相关信息保持活跃，指导着我们在手机里输入号码。它主要基于对一个持续性活动规律进行维系，但是最近的研究发现，这类记忆可能也与短期突触改变相关，让神经元能够进入简短的休眠再快速回到活动状态。[10] 无论如何，工作记忆从不会超过几秒钟，一旦我们被什么东西分散了注意，活动神经元的汇集就会被打散。它是大脑的短期缓冲，只会将最热门、最新的信息记录下来。

- 情景记忆：位于皮层下脑半球内的海马，会记录下我们生活中的情景。海马中的神经元似乎会记忆每个事件的背景，它们会编码事件在哪儿、什么时间、如何发生，以及当时与谁在一起。它们通过突触改变储存每个情景，这样我们就能在将来记起这个事件。著名患者 H. M. 的两个脑半球中的海马在手术中都被割掉了，他从此无法记起任何事。他生活在永恒的现在，无法在头脑的传记中加入任何新记忆。最近的数据显示，海马与所有形式的快速学习相关。只要学到的信息是独特的，无论是一个具体的事件还是值得关注的新发现，海马中的神经元都会对其分配一个特定的放电顺序。[11]

- 语义记忆：记忆不会一直待在海马中。到了晚上，大脑会回放记忆并将之转移到皮层内的一个新位置。在那里，它们会被转变成为永恒的知识，我们的大脑会从我们的经历中提取相关信息，将其总结，然后整合进我们关于世界的知识图书馆中。几日后，我们仍然能够在没有任何关于第一次听到上司名字的时间地点信息记忆的情况下，记得名字本身。记忆从情景的变成了语义的。语义记忆一开始只是一个片段，然后被转变成了长久的知识，其神经编码也从海马移动到了相关的皮层回路。[12]

- 程序记忆：当我们一次又一次重复同一个活动（系鞋带、引用一首诗、计算、玩抛接球、拉小提琴、骑单车等）时，皮层中的神经元和其他皮层下回路最终会调节自身，使信息在将来的使用更加流畅。神经放电会变得更有效、更能被复制，修剪掉依附性活动，像时钟一样不出差错、精确地开展工作。这就是程序记忆，即对日常活动的紧凑的、无意识的记录。在这里，海马不参与工作。通过练习，记忆被存储在一个隐性空间里，主要使用的是皮层下的一组神经回路，它们被称为“基底神经节”（basal ganglia）。这就是患者 H. M. 在没有任何意识、情景和海马相关的记忆的情况下，还能学习新程序的原因。研究者甚至教他如何边看着自己在镜子里的手，边倒着写字。在没有任何关于自己多次练习这个动作的记忆的情况下，他对自己能够如此顺畅地完成一项“新特技”而大吃一惊。

真实突触和虚假记忆

在那部让人难以忘怀的电影《美丽心灵的永恒阳光》（*Eternal Sunshine of the Spotless Mind*）中，法国导演米歇尔·贡德里（Michel Gondry）想象出了一家公司，其业务为专门选择性地清除人们脑中的记忆。难道清除那些毒害我们生活的记忆不是一件有用的事吗？例如，清除那些给战后退伍军人造成创伤后压力的记忆。或者相反，我们能在错觉的画布上描绘虚假的记忆来愉悦自己吗？

根据神经科学家目前对记忆回路的掌握，我们离米歇尔·贡德里的设想不远了。另一个诺贝尔奖得主利根川进教授的团队已经对小鼠进行了以下两种操作。他首先将小鼠放在一个房间里并给予少量电刺激。这只小鼠便会避开那个让它不舒服的事件发生的房间。这说明这个情景印刻在了小鼠的记忆中。的确，利根川进的同事使用一台精细的双光子显微镜将之视觉化，追踪到了哪些神经元在每个事件发生时是活跃的。他们发现，在小鼠海马内，不同神经元组在小鼠进入房间 A，即那个与电击有关的房间时被激活；而在房间 B 中，神经元什么变化都没有。

随后，研究者测试了是否可以操控情景记忆。当小鼠身在房间 A 时，他们再次对其进行少量电击，但是这次研究者人工激活了那些编码房间 B 情景的神经元组群。这个人工操控是有效的，当小鼠之后回到房间 B 时，它因为恐惧变得紧张僵硬。那些不好的记忆被与之前什么都没发生的房间 B 相关联。[13] 这说明，**重启一组重要神经元就足以唤醒一点记忆并将其与新信息关联。**

利根川进的团队随后将不好的记忆变成了美好的。创伤回忆能被清除吗？能。当小鼠被放在具有几个异性的房间里，即一个确保会产生美好瞬间的房间时，通过重启同样的房间 B 神经元，研究者成功地清除了房间 B 与电击间的联系。这只小鼠不仅没有避开房间 B，甚至开始热情地探索房间 B，好像在搜寻记忆中那些风情万种的对象。[14]

另一组研究者采用了一个稍有不同的策略，他们重新唤起了原先不好记忆的神经元，同时弱化将它们相连的突触。同样，在接下来的几天中，小鼠不再显示出对之前创伤的任何记忆。[15]

在同一个研究方向上，法国研究者卡里姆·本切纳内（Karim Benchenane）成功地将新记忆植入睡眠中的小鼠脑中。[16] 当一只动物睡着时，海马中的神经元会自然地重启前一天的记忆，特别是那些关于它去过的地方（我们会在第 10 章中进一步探讨这个问题的细节）。利用这个事实，本切纳内等待睡着的小鼠的脑重启那些与笼子里具体地方相关联的神经元，然后给小鼠注射了少量多巴胺，即与愉悦相关的神经递质。当老鼠醒来后，它以最快的速度疾驰向那个地方！那本是记忆中普通的地点，一夜之间却变成了记忆中的特殊位置，就像让我们坠入爱河的普罗旺斯那样具有甜蜜的吸引力。

对人类近亲动物的实验也着手于模仿教学对人脑的影响。当猴子学习字母、数字或使用工具时会发生什么？[17] 日本研究者入来笃史展示了猴子学习如何使用耙子来获取远处的食物的试验。在几千次测试以后，猴子变得像赌场里的发牌人一样快速，它只需要动一动手腕，就能在零点几秒内迅速获得一片食物。猴子甚至还发现了如何使用一个中等大小的耙子来将另一个更大的耙子拉向自己，以够到被放在更远处的食物！这类工具使用促使人脑产生一系列变化。大脑皮层中一个特定区域，即前顶叶区域的能量消耗升高了，这是人们用来控制手部活动、书写、抓取物体、使用锤子或钳子的区域。新基因被表达、突触形成、树突和轴突树的数量翻倍，所有这些增加的联系使这只猴子“专家”的皮层厚度增加了 23%。神经元的整体联结也发生了巨大变化。从较远区域来的轴突在与颞叶皮层交汇的地方增长了几毫米，并入侵了之前与这些神经元没有关联的前顶叶的一个部分。

这些例子展示了脑的可塑性作用在时空中扩展的程度。让我们一起来回顾几个要点。一组编码我们想要记忆的事件或概念的神经元会在脑中被激活。这一记忆是如何被储存的呢？首先是突触，即两个神经元接触的细微点。联接强度会在这两个神经元相连并在短时间内前后被激活时增强，这就是著名的赫布定律——共放电神经元相连。一个变强的突触就像生产力提高的工厂，它会召集更多神经递质到达突触前区域，召集更多感受器分子到突触后区域。突触的大小也会改变以支持这些变化。

随着学习，神经元的形状也会变化。一个像蘑菇一样的结构，被称为“树突棘”，会在位于树突上突触发生的地方形成。如果有必要，第一个突触会被复制，产生第二个突触。同一个神经元上的其他突触也会被加强。[18]

因此，当学习时间加长，脑的结构就会改变。随着近年来显微镜学的发展，特别是基于激光和量子物理而发明的双光子显微镜所带来的革新，突触终扣和轴突终扣现在可以在每个学习情境中被直接地观测到，它们就像一棵春日里的树一样。聚集起来的树突和轴突变化可以是巨大的，能以毫米为单位，还能通过磁共振成像观察到它们在人类身上的变化。学习乐器[19]、阅读[20]、抛掷球[21]，甚至在大城市里开出租车[22]，都会导致皮层增厚以及皮层区域间联结的增强，并被检测到。脑回路会随着我们对它的使用而变得更通畅。

突触是学习的缩影，但不是人脑中唯一发生改变的机制。当我们学习时，新突触的形成迫使神经元也在轴突和树突上长出新的分支。轴突会为自己裹上一层绝缘体——髓鞘，就像包裹电线的绝缘胶带一样，确保电流通过时不会短路。轴突被使用得越多生成的髓鞘也会越多，从而使绝缘效果更佳，传递信息的速率就会更快。

神经元不是学习这场游戏中唯一的细胞“玩家”。随着学习的不断推进，细胞的整个环境也会发生变化，包括周围供给和治愈神经元的胶质细胞，甚至还有为神经元提供氧气、葡萄糖及营养的血管和动脉网络。在这个阶段，整个神经回路及其支持结构都发生了改变。

一些研究者挑战了“突触是所有学习的必须因素”这一教条。最近的数据显示，小脑中的一种特别的神经元浦肯野细胞会记住间隔时长，而突触在这个学习过程中没有起任何作用。这个机制似乎完全是浦肯野细胞内部发生的。[23] 记录时间的维度是小脑的专长，这一专长很有可能是通过其他的进化技能来储存的，而非突触。每一个独立的小脑神经元似乎都能储存好几个不同的时间间隔，也许是通过其自身 DNA 的稳定的化学变化来实现的。

另一项前沿研究致力于探究学习引起的改变，无论是突触改变还是其他的改变，如何在“思想的语言”和已有概念快速重组的基础上，实施人脑所能企及的最精细的学习方式。正如我们所见，传统人工神经网络模式为上百万个突触改变如何使我们能够学习识别数量、物体或面孔，提供了一个还算令人满意的解释。然而，真正令人满意的针对神经网络中的突触改变如何支持语言习得和数理规则的解释还没有。从突触领域来理解我们在数学课堂中学到的符号规则如今仍然充满挑战。让我们保持开放的心态吧，因为我们离完全理解人脑储存记忆的所有生物编码还很遥远。

营养是学习的核心要素

可以确定的是，我们学习时会发生大规模的生物变化：不仅神经元在引导树突和轴突时会改变，周围的胶质细胞也会变化。所有这些转变都需要时间。每一次学习的经历都需要花上几天时间来引发一系列生物变化。许多可塑性的专有基因必须得以表达，才能让细胞制造出必要的蛋白质和细胞膜来铺设新的突触、树突、轴突。这个过程会吸收许多能量。一个小孩的脑最多会消耗 50% 的身体能量。葡萄糖、氧气、维生素、铁、碘、脂肪酸……大量多样的营养对脑的健康发育是必需的。脑不只靠心智的刺激来供给，在每秒内制造和消除几百万个突触，需要平衡的饮食、氧气以及身体的运动。[24]

下面这个案例阐释了发育中的脑对营养有多敏感。2003 年 11 月，以色列的幼儿群体突然被一种未知疾病侵害。[25] 一夜之间，几十个幼儿涌入全国各个医院。他们表现出严重的神经病学症状，包括嗜睡、呕吐、视力受损和警惕性障碍，有些已经昏迷，甚至有两个幼儿死亡。一场与时间的赛跑开始了，未知疾病是什么，什么引发了这场紧急事件？

调查发现，问题在于营养。所有生病的幼儿都被喂食了同一种以大豆为原材料的奶粉。在分析这种奶粉的配方时，研究人员发现了一个令所有人都恐惧的情况，食品标签上标注的 385 毫克硫胺素，即维生素 B_1 并不存在。在与生产商联系后，他们承认自己在 2003 年初为了降低成本改变了奶粉配方，未添加硫胺素。然而，这种维生素是脑的必需营养素。更糟糕的是，人体本身不会储存硫胺素，所以如果人们的饮食中缺少硫胺素，就会产生严重的发育缺陷问题。

神经病理学家已经证实，成人缺乏硫胺素会导致严重的神经障碍，以及在酗酒者中常出现的韦尼克–科尔萨科夫综合征，这种疾病严重时会致命。患者会出现头脑混乱、眼动障碍、无法协调动作，以及警觉性缺乏，甚至昏迷、死亡。这些症状都与以色列幼儿群体的症状相对应。

最后一个例证来源于治疗干预。当必需的维生素 B_1 被重新加到患病幼儿的饮食当中后，他们的情况在几天内就得到改善，最终他们得以出院回家。据推算，有 600～1 000 名以色列幼儿在他们生命的前几个月中的 2～3 个星期没有摄入硫胺素。恢复营养均衡的饮食拯救了他们。然而，多年后，这批被治愈的幼儿均出现了严重的语言障碍。以色列心理学家纳马 · 弗里德曼（Naama Friedmann）对他们当中的 60 个年龄为六七岁的孩子进行了测试。他们中的大部分都在语言理解和创造力上出现了巨大缺陷。他们的语法混乱，在阅读或听到一个句子后，他们很难理解谁对谁做了什么。就连说出图片上物体的名字这样简单的任务，比如一只绵羊，对他们来说都很困难。但是，他们对概念的处理似乎没有受到影响，比如，他们知道如何将一个羊毛球的图像与绵羊而非狮子相关联。其他方面，他们的智商（使用著名的 IQ 测试后）也正常。

这个遗憾的故事阐释了脑可塑的有限性。学习一门语言明显基于婴儿脑的巨大可塑性。任何婴儿都能够学习世界上任何一种语言，从中文里的音调到南非班图语中的咂音（clicks）[①]，因为脑会充分改变以应对自身所处的环境。然而，可塑性既非无限也非魔法，它需要专门的营养和能量供应，仅仅几个星期的营养缺失就会造成永久的缺陷。而且，由于脑的组成结构非常模块化，这些缺陷也许局限于具体的认知领域，比如语法或词汇。医学文献中有各种相似的例子，比如胎儿酒精综合征，它是由于母亲在怀孕期间喝酒使胎儿暴露在酒精中导致的。对发展中的神经系统来说，酒精是致畸物，是真正的毒药，应该在整个孕期避免摄入。要想树突“茁壮生长”，脑中的土壤就必须为之提供所有必需的营养。

突触可塑性的能力与局限

对一个营养充足的脑来说，可塑性可以发展到什么程度？它能彻底改变脑吗？脑的结构会根据经验发生翻天覆地的变化吗？答案是：不会。可塑性是一个适应性变量，是学习的基础，但受到各种定义我们的基因的制约。它是固定基因组与独特经验的结合。

---

① 即发音中带有弹舌。——译者注

是时候告诉你更多关于尼科的故事了，就是那个我在导言中向你介绍过的年轻画家（见彩图 1）。尼科只用他的左脑就可以创作出惊艳的画作。在三岁零七个月大时，他接受了脑半球切除术，即完全切除了右脑，从而结束了令他绝望的癫痫。

在他的家人、医生以及哈佛教育学院研究员安东尼奥·巴特罗（Antonio Battro）的支持下，尼科得以进入布宜诺斯艾利斯市的一所小学就读，之后在 18 岁时前往马德里读高中。如今，他的口语和书面语、记忆、空间能力都很出色。他甚至获得了信息技术专业的本科文凭。最重要的是，他拥有画素描和油画的卓越天分。

这是一个展示脑可塑性能力的好例子吗？无疑是的。尼科的左脑掌握了那么多功能，而且这些功能在平常人身上一般是与右脑相关联的。比如，尼科能够将注意力放在整幅画上并将这幅画的空间结构复制下来。他理解对话的语调中附带的讽刺意味并依此猜测出对方的想法。如果同样的损害发生在成人身上，这些功能受到的损害将无法挽回。

然而，与儿童的脑相似，尼科的脑可塑性是有限的，它被引导并大规模限制在神经回路中。在对尼科的脑进行一系列扫描测试后，我们发现他将自己所有学习到的技能全都传输到了未受损的左脑，且未颠覆其正常组织结构。事实上，所有传统的右脑功能都以对称的方式位于左脑的相应位置上。例如，在正常儿童中时常被人脸刺激的（轻微）皮层区域一般位于右脑的颞叶，如今这一区域以完全对称的方式坐落在了尼科的左脑的相应位置。因此，虽然他的脑被重组了，其结构仍然受限于人类普遍的先天的脑结构。那些联结纤维束，从出生甚至在子宫里时，就穿越了所有婴儿的脑并迫使他们的学习保持在一个普遍的皮层地图的狭小空间里。

当我们考虑视觉能力时，脑的可塑性与局限性就很不明朗了。毫不意外，尼科是半盲的，这意味着他的视觉被一分为二，每只眼睛的右半边都可以看清，而左半边则是全盲的。每当他盯着一样东西看时，右边看着是正常的，而左边则看不见。他不得不交换使用两只眼睛来看物体。的确，由于视觉路径的交叉，从左边输入的视觉信息原本应该进入尼科的右脑，现在则进入了一个空缺的区域，无法被处理。20 年的视觉经验都无法让尼科的脑对其基础书写障碍进行弥补。他的视觉联结的可塑性明显是微弱的，而且这部分脑的发育在他童年时期就过早地被终止了，因此没能阻止他的左视觉区域变盲。

现在，让我分享另一个小患者的经历。一个 10 岁大的女孩，我们只知道她名字的首字母是 A. H.。[26] 这个孩子像尼科一样只有左脑，但他们的不同之处在于，胚胎期的畸形发育致使 A. H. 右脑的发育在其母亲怀孕第 7 周前便完全停止。换句话说，A. H. 生来就没有右脑。早期可塑性彻底改变她的脑了吗？没有，但是它产生了比尼科要稍多的干预。不像尼科，A.H. 的左视觉区域，即本应该投射到她缺失的右脑上的区域，能够看见一些光亮、形状和运动。她的这部分的视力远不完美，但是在离视觉中心很近的区域，她感测到了光亮和运动。脑成像显示她的脑视觉区域部分被重新组织了（见彩图 11）。在她完好的左脑后方，枕叶皮层区内收纳视觉的地方，有一个关于世界右边的正常地图，但也有响应左边世界的不正常的小斑块。来源于她一半的左视网膜的轴突似乎都被重新引导到了大脑的另一边，但是按道理来说，她的左视网膜应该是看不见的。这是产前脑可塑性的一个非常规案例，可即便如此，其重组的也只是部分区域，而且对恢复正常视力来说是远远不够的。基因制约主导了视觉系统，可塑性只会在有限范围内伸展。

科学家对能打破多少基因局限感到好奇。其中一个特别著名的实验是，麻省理工学院的神经科学家姆里甘卡·苏尔（Mriganka Sur）成功地将雪貂的听皮层转变成了视皮层。[27] 他通过一个小手术干预，将雪貂胎儿的听觉回路给剪断了。这个回路通常从耳蜗穿到脑干，再到达听觉脑丘，最后进入听皮层。这个手术致使雪貂无可避免地变聋了，但是一个神奇的重新定位发生了，视觉纤维开始侵入这个断开的听觉回路，就好像它们在替换失去的听觉输入一般。就这样，本该致力于听觉的整个皮层区域如今在回应视觉。就如视皮层般，包含了对光线和指引线敏感的整个神经元地图。突触自行适应了这个新的配置，并开始编码那些原本负责听觉的神经元，将之再利用成了视觉处理器。

我们应该像那些强烈主张人脑最初是一块白板的人那样，根据这些数据认定脑的可塑性是“巨大的”，而后天经验会“组织”皮层吗？这完全不是苏尔的结论。相反，他坚持认为这是一个病理情况，重组是不够的，因为在听皮层里，视觉地图并没有按照正常情况被区分。视皮层是由基因决定、用于支持视觉的。在正常发育过程中，每个皮层区域会在各种发展基因的影响下从早期就开始进行具体分工。轴突会找到预设好的、勾勒了发展中的脑的原始地图的化学路径。只有在路的尽头，它们才会受到持续输入性神经活动的影响，然后对其进行适应。神经元的网络是固定的，只有一小部分明显的缝合处才会被改变。

有一个需要了解的重点是，当突触改变时，即便是在神经活动的影响下，环境也不一定会对人脑有影响。相反，人脑会使用突触可塑性来进行自组织。首先，在没有任何环境信息输入的情况下，它会完全由内而外制造出活动规律，然后结合突触的可塑性来制造回路。在子宫中，脑、肌肉，甚至是视网膜在收到任何感觉输入以前，就已经展现出了自然活动（这也是胎儿会在子宫里动的原因）。神经元是可以被激发的，它们可以自然放电，其动作电位会自行形成巨大电流穿过脑组织。即使是在子宫里，神经元的随机动作电位形成的电流也会穿梭于胎儿的视网膜。虽然严格意义上来说，它们不携带任何视觉信息，但在即将到达皮层时，这些电流会协助形成皮层地图。[29] 因此，突触可塑性一开始在不需要与外界有任何互动的情况下便是活跃的。只有在第三个妊娠期，先天与后天的分界线才随着发展完善的脑开始适应内外环境，并逐渐变得模糊。

即使在出生以后，与感觉输入无关的随机神经元放电形成的电流会继续穿梭于皮层中。慢慢地，这个内源性活动在感觉器官的影响下发展起来。这个过程可以在贝叶斯理论框架中得到准确诠释。[30] 原始内源性活动代表了统计学家所称的先验假设：脑的期待，即在其与外界互动前就有的进化假设。之后，这些假设逐渐适应环境信号，在出生几个月之后，自然神经活动便趋同于统计学家所说的后验假设：脑的概率分布变得越发与真实世界的统计数据相符。在脑的发展过程中，随着神经回路从感觉输入中积累数据，它所携带的内部模型会被改善。最终的结果是妥协，即从原始脑结构提供的所有先验假设中选取最佳模型。

什么是敏感期

我们已经看到，脑的可塑性既是强大的，又有其局限性。所有联结组织可以也必须随着我们的生活、成长、学习而改变。然而，主要的联结在人出生时便已经就位，并发挥核心作用。我们学习到的东西都会引起微小的调整，调整主要发生在微观回路水平，通常不会超过几毫米的距离。随着神经元的成熟以及它们的终端分支长出新的突触终扣到其他神经元上，它们构成的回路会紧紧扎根于有限的基因组范畴中。在与环境互动时，神经回路可以改变本地的联结、强度，以及外围的髓鞘，从而加速信息从一个区域传递到另一个区域。但是，它们无法自行改变方向。

对长距离联结性的空间限制会与颞叶的限制相结合。在许多脑区，可塑性只有在有限的时间内才会发挥最强性能，这段时间被称为“敏感期”。它在童年早期被激活并达到峰值，然后随着我们年龄的增长而逐渐减弱。整个过程长达几年，并根据脑区不同而表现不同。感觉区域的可塑性在一岁或两岁左右达到顶峰，而像前额皮层一类的高级区域，会在童年末期或青少年早期到达顶峰。可以确定的是，随着我们逐渐长大，神经可塑性会慢慢减弱，学习虽然不会完全停止，但会变得日渐困难。[31]

我确定婴儿是真正的“学习机器”的原因是，在生命的前几年中，他们的脑可塑性非常强大。锥体神经元的树突以惊人的速度成倍增长。刚出生时，婴儿的皮层看着就像飓风后的森林，稀疏地散布着干秃的树干。生命的前 6 个月就是新生儿脑的“春日”，神经联接和分支会成倍增加，直到形成一片密集的雨林。[32]

“神经元树”的日益复杂化意味着环境对脑留下了印迹，促使脑边储存更多数据边成长。而实际情况更复杂，在一个发育未成熟的脑中，突触的增加并非与学习量成正比，它们会被过度“制造”出来，等待环境根据突触对机体的作用对其进行保留或修剪。在童年早期，突触的密度会达到成人的两倍，然后缓慢减少。**在脑皮层的每一个区域，连续不断的过度制造伴随着对无用突触的选择性清除，抑或相反，伴随着有用的突触、树突、轴突分支的倍增**。下次你碰到一个孩子时思考一下这个问题，每秒钟的时间流逝都伴随着他脑中几百万突触的形成与消除（见图 5-2）。这一类似泡沫生成又破灭的效应大致解释了敏感期存在的缘由。

在童年早期，整个树突和突触叶片都具有极强的可塑性，脑越发成熟，学习便越来越被局限在边缘化的改变中。

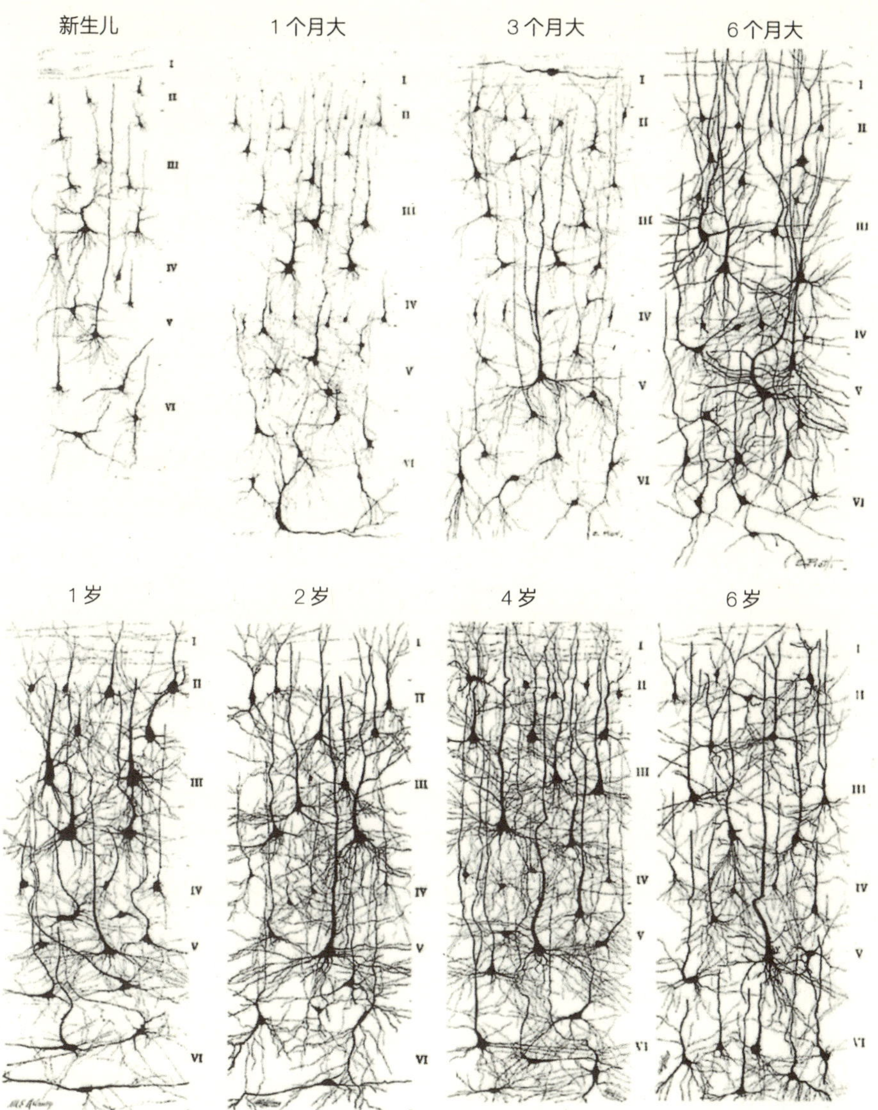

生命的前两年里，神经元树广泛生长直到形成茂密的“丛林”。在一个两岁儿童的脑中，突触的数量是成人的两倍。在成长发育过程中，神经元树在神经元活动的影响下被日渐修剪。有用的突触会被保留并生长，而无用的突触会被清除。

图 5-2　0~6 岁幼儿脑中的神经元树

值得注意的是，这些一轮又一轮的突触过度产生与清除不会在脑的所有地方同时发生[33]。初级视皮层和其他感觉区域一样，比更高层次的皮层区域成熟得更快。其组织原则似乎是通过冻结早期感觉区域的皮层组织来迅速稳定脑的输入，而让高级区域在更长时间内开放变化。因此，在皮层阶层中级别最高的区域，比如前额皮层，是最后才稳定的。它们在青少年甚至更晚时期仍然会发生改变。人脑突触过度的过度产生在视皮层会在两岁左右停止，在听皮层会在三四岁停止，在前额皮层则会在五到十岁停止[34]。髓鞘化，即轴突周围包裹绝缘体，按照相同的规律发展[35]。在生命的前几个月，感觉区域的神经元是最早受到髓鞘保护的，因此，视觉信息处理的速度会显著加快：从视网膜到视觉区域的信息传输延迟在生命的最初几周会从 0.25 秒降低到 0.1 秒[36]。这个绝缘体要很久之后才会投射到前额叶皮层的纤维束上。前额皮层就是抽象思维、注意和计划能力的控制中心。幼儿的前几年，脑处于混合状态，即在除了很成熟的感觉和运动回路的同时，还有仍然以缓慢速度运作的未髓鞘化回路的高层级区域。导致的结果是，幼儿在初始几年的生活中需要比成年人多 4 倍的时间来侦察基础信息，比如人脸的出现[37]。

与连续的突触过度产生和髓鞘化同步的是，学习的敏感期会根据涉及的脑区在不同时间点打开和关闭。早期感觉区域是最早失去学习能力的区域之一。在人类和其他动物中进行的最多的研究是双目视觉。[38] 为了计算深度，视觉系统会从我们的两只眼睛中合并信息。但是，这样的“双目融合”只有视皮层正值敏感期时，从双眼接收高质量输入信息时才会发生。对猫来说，这个过程只需几个月，对人来说则需要几年。如果孩子在这段时间里因严重的斜视而有一只眼闭合、模糊或有重影，那么负责视力融合的皮层回路就无法形成，最终导致永久的缺陷。这种情况被称为“弱视”或“懒眼”，必须在生命早期被纠正，最好是在三岁前被纠正，否则视皮层的连接将永远受损。

敏感期的另一个例子是关于我们对母语的声音的掌握。婴儿是学习语言的冠军，出生时，他们就能区分任何语言的所有音素。无论他们在哪里出生，有什么基因背景，他们只需要沉浸在语言环境里几个月（可以是单语种、双语种，甚至是三语种），他们的听力就会与周遭语言的音系相适应。成人则失去了这项卓越的能力，正如我们所见，说日语的人在英语国家生活一辈子，也无法区分 R 和 L 的发音，永远会把 right 与 light、red 与 led，以及 election 与 erection 混淆。英国人和美国人也绝对无法区分任何印度语者都能轻松掌握的辅音 T 的齿音和卷舌音，或者芬兰语和日语的短、长元音，亦或中文里的四个音调。

研究显示，我们在一岁左右便失去了这项能力。[39] 婴儿会无意识地把听到的东西进行数据汇编，并且脑会根据周遭人所用的音位的分布进行适应性调整。在 12 个月大时，这个过程汇聚起来，脑中有些东西就被冻结了，我们失去了这项学习能力。除非是在极其特殊的情况下，否则我们绝不可能被别人误以为母语是日语、芬兰语或印度语。我们的音系基本上完全固定。一个成年人将需要付出巨大努力来恢复区分外语发音的能力。一个日本成人只有通过高强度和专注的恢复训练，首先将 R 和 L 的发音差异放大，然后逐渐减小放大的幅度，才能成功地恢复区分这两个辅音的部分能力。[40]

这就是科学家更倾向于用“敏感期”而不是“关键期”一词的原因。学习的潜力会减弱，但绝不会完全消失。在成年后，学习外语音素的剩余能力具有巨大的个体差异。对大部分人来说，尝试在成年后将一门外语说好是个无底洞般的工程。这就是为什么大部分去美国的法国人在说英语时听上去总像《粉红豹》（*Pink Panther*）里的克鲁索探长（Vere iz ze téléfawn?①）。然而，令人赞叹的是，一些人保持了学习外语音系的能力，而这个本领能够根据他

① “Vere iz ze téléfawn?”为带法国口音的“Where is the telephone?”，意为“电话在哪里？”。——译者注

们听皮层的联结的大小、形状、数量来判断。[41] 这些幸运的脑明显稳定了一组更灵活的联结，但是这的确是特例，是非常规的。

掌握外语音系的敏感期很快就会关闭（见图 5-3），早在几岁时，一个孩子的能力就已经比一个几个月大的婴儿要弱得多。从层级上来看，高级语言处理，比如语法学习的敏感期，持续时间会稍长，但到了青春期时就开始关闭。我们通过研究移民儿童和被领养到另一个国家的儿童得知，他们可以掌握新的语言，但时常会有一些外语口音以及偶尔出现的语法错误，这会暴露他们的出生地。这个差距很少会在那些三四岁就移民或被领养的孩子身上发现，但是在青少年或成年人身上就会越发明显。[42]

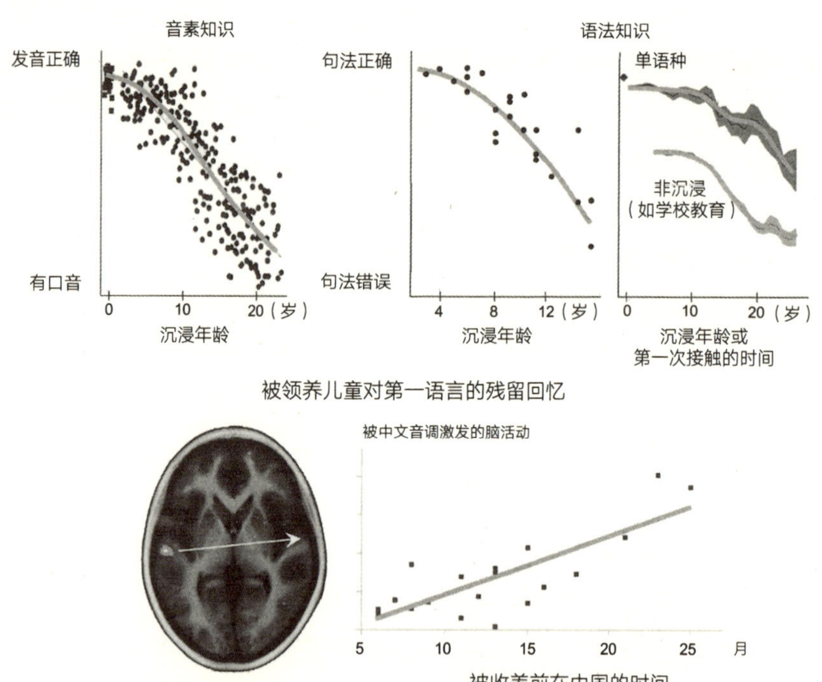

习得外语的能力随着年龄增长而衰退，显示出脑可塑性敏感期的关闭。越晚学习语言，没有口音或语法错误的可能性越低。反之，被领养的儿童离开原籍国前，在出生地呆的时间越长，他们的脑就越有可能保持对母语的惰性、无意识的原籍国语言的痕迹。

图 5-3　第二语言的学习随着年龄的增长逐渐衰退

最近一项研究从网上收集了几百万个第二语言学习者的数据，并利用数据对人类平均语言学习曲线进行了建模。[43] 结果发现，人的语法学习能力在童年时期缓慢衰退，到 17 岁时急速下降。因为语法学习需要时间，研究者们建议孩子从 10 岁以前就开始学一门外语。他们还强调了沉浸在感兴趣语言的国家中的价值，因为没有什么学习方法能比社会交往更有效。如果你需要说外语才能得到午餐或乘坐巴士，这比在课堂或从电视上学这门外语的成功率要高得多。再次强调，**学习外语越早越好**。关于语法学习的脑可塑性似乎会在青春期的末期急速减小，尽管能力的衰退可能不完全是脑的可塑性的流失造成的，其他与动机和社会化相关的因素可能也有一定作用。

到目前为止，我们只考虑了第二语言的习得。要注意的是，这是不完整的。语言习得能力的衰退是相对缓慢的，跨越 10 年左右，且语言习得能力绝不会完全丧失。这也许是因为它至少部分依赖于已经被第一语言学习塑造过的脑。

如果一个孩子在生命第一年被剥夺了接触所有语言的机会，会发生什么？传说法老帕萨姆提克一世（Pharaoh Psamtik I）是第一个问这个问题的人。他将两个孩子留给牧羊人照料，且严禁牧羊人与他们说话。但两个孩子最终都学会了说话，而且用的古弗里吉亚语！据说，这个“实验”在 12 世纪、15 世纪和 16 世纪时，分别被弗雷德里克二世（Frederick II）、苏格兰国王詹姆斯四世（James IV）和莫卧儿帝国的头领贾拉鲁丁·穆罕默德·阿克巴（Jalaluddin Muhammad Akbar）重复做过。据推测，其中的一些被完全剥夺了语言的孩子都死了（拉康派心理分析家们都对这个故事揣测颇深）。

哎，没必要散播这些无稽之谈，这个情况实际上在每个国家都时常发生。每一天都有孩子生而聋哑，如果没有得到帮助，他们将成为寂静的“囚徒”。

如今，我们知道了生命早期第一年给幼儿提供语言环境的必要性。包括教他们手语（手语是真正的语言，且掌握了手语的儿童后期发展会很顺利），或者通过植入人工耳蜗恢复幼儿的部分听力后，教给他们一门语言。研究再一次阐释了语言学习要从早期开始着手的重要性。[44] 幼儿在 8 个月大以后才植入人工耳蜗，会出现永久性句法缺陷，无法完整理解特定成分被移位的句子，这被称为“句法移位”。在句子 Show me the girl that grandmother combs[①] 中，第一个名词词组 the girl 实际上是动词 combs 的宾语而非主语，这一点并不明显。当聋哑儿童在一或两岁植入耳蜗恢复听力后，他们无法理解这样的句子。而且在一项区分祖母给女孩梳头的画和女孩给祖母梳头的画的测试中，他们无法做出正确选择。

童年早期似乎是学习句法移位的核心时期。在婴儿第一年的最后阶段，如果脑被剥夺了所有语言互动，句法方面的脑可塑性就会被关闭。想想 2003 年那些病重的以色列幼儿，短短几周缺乏硫胺素就足以让他们永远丧失对句法的感知能力。这些结果与关于被家庭抛弃的弃儿的研究结果一致。比如著名的法国阿韦龙的狼孩维克多（Victor of Aveyron），还有美国的受虐儿童精灵，她被关在衣柜里超过 13 年没有跟人说过话（最讽刺的是，她的名字叫精灵）。当维克多和精灵在多年后被带回文明世界后，他们的确能开始说话并学会了一些单词，但他们的语法始终都有缺陷。

人类语音和语法的缺失为语言学习敏感期提供了非常好的例子。这也是脑的模块化的清晰阐释。在语言的语法和语音停止发展后，其他功能，比如学习新单词及其意义的能力却终身存在。正是这样的剩余可塑性让我们在任何年龄都能够学习新词，比如传真、iPad、表情包、书呆子等，包括那些幽默的新兴词汇，比如爱问鬼（askhole）[②]（不断询问愚蠢、无意义问题的人）

① 意为“让我瞧瞧祖母给梳头的女孩”。——译者注

② 英语文化新兴词汇。——译者注

或者椅橱（chairdrobe）①（放在椅子上而非衣柜里的一堆衣服）。幸运的是，就词汇习得来说，成年人的脑在一生中都在一定程度上展现出与儿童的脑相似的可塑性，只是学习词汇的脑回路为何没有因为敏感期的消失而关闭的生物学原理尚不可知。

突触的可塑性必须被打开或关闭

突触的可塑性为什么会被关闭？什么样的生物机制会干扰它？敏感期的开放和关闭来源是现代神经科学的一个重要研究议题。[45] 敏感期的关闭似乎与神经元的兴奋和抑制之间的平衡相关。在儿童期，主兴奋的神经元会很快开始作用，而主抑制的神经元的发展是循序渐进的。一些主含小清蛋白的神经元逐渐给自己包裹上一层围神经元网。它日渐收紧并最终阻断突触的生长或移动。被这个网格缠住后，神经回路便无法改变，突触的可塑性就再也回不来了。如果我们能将神经元从这个桎梏中解救出来，比如使用氟西汀（即常说的“百忧解”）等药物，也许能恢复突触的可塑性。由于中风患者只能通过脑中受损部分周边区域中的神经元来重新学习已经失去的技能，因此，药理恢复脑的可塑性对中风治疗是一个福音。

敏感期的关闭还涉及其他因素，比如有一种叫 Lynx1 的蛋白质，当它出现在神经元中时会抑制乙酰胆碱对可塑性的作用。乙酰胆碱的分泌会帮我们标记有趣的事件，它可以加强突触的可塑性，而被 Lynx1 侵入的成人的脑回路则会失去这些功能。一些研究者曾尝试通过基因干预 Lynx1 或者药理干预乙酰胆碱机制来恢复可塑性，并在动物实验中获得了一些成功，这给未来的研究带来了希望。

---

① 英语文化新兴词汇。——译者注

另一个令人振奋的可能性也许更容易应用于人身上，即通过使用电流将神经元去两极化，从而使它们更接近放电标准，[46] 如此可以使易兴奋的脑回路变得更容易被激活，继而发生改变。这个新兴的治疗方法也给一些患者带来了希望，尤其是那些深陷抑郁症的患者，通过头皮的一个微小的电流就足以帮助患者重新回归生活正轨。

你可能会猜想，为什么神经元系统会如此坚持控制自己的可塑性。在最初强烈的可塑性之后，关闭敏感期以及避免继续改变脑回路一定有什么进化上的优势。对神经网络的模拟显示，存在于早期视皮层中的低级别神经元会很快获得简单且可复制的接收区域，比如轮廓探测体。出生几个月后，由于这些探测体已经接近最优状态，没有新信息刺激就不会再继续升级，脑会因此省下用于突触和轴突萌芽生长消耗的能量。而且，改变早期感觉区域的结构，即改变接收所有感觉的基础，会带来破坏高级别区域的风险。从这个角度来说，在一段时间以后维持这些感觉神经元的原样也许是有价值的。这可能是为什么进化产生出在发展早期关闭感觉区域的敏感期，而不关闭高级别相关区域的机制的原因。

积极的一方面在于，由于我们的回路会被冻结，我们得以终身保存童年时期学到的稳定、无意识的突触线索。即便这些早期内容后来变得过时，被后期学到的知识覆盖，我们的脑回路仍会保留关于生命开端的线索，只是它们会处于休眠状态。一个显著的例子就是那些在婴儿期后期被领养并需要学习第二母语的孩子。自 1958 年以来的大约 40 年间，约有 180 000 名韩国儿童被外国家庭领养。其中约 130 000 名去了遥远的国度，超过 10 000 名来到了法国。在巴黎的儿童研究中心，克里斯托夫·帕利耶（Christophe Pallier）和我就他们中的 20 位成人进行了扫描。这些年轻男性和女性在 5 ～ 9 岁到达法国，几乎没有出生地的任何相关记忆（除了些许的嗅觉记忆，特别是对食物的气味）。扫描显示，他们的脑运作模式与法国本土出生的孩子几乎一致。[47] 他们左脑的语言区域对法语句子反应强烈，但对韩语句子没有任何反应（反应不超过对任何其他未知语言，比如日语的反应）。因此，在词汇和句法上，新语言似乎替代了旧语言。

然而，另一组研究者用更精细的方法发现，在被领养儿童的皮层深处还保留着他们初始语言的隐匿线索。[48] 研究者扫描了在被领养到加拿大前只在中国待了一年的 9 ～ 17 岁儿童和青少年。有别于之前实验中让儿童简单地听句子，研究者设计了一个有难度的测试，让他们区分中文的声调规律。脑成像显示，没有接触任何中文的加拿大成人无法将这些音调准确地分辨出来，只在右脑中将它们处理成了某种物理音。而被领养的加拿大华人在其左脑掌管音韵的颞平面中将它们处理成了语言的声调。显然，这个回路似乎在儿童生命第一年就被母语刻画了，且日后没有被完全颠覆。

这并不是唯一的例子。我们在前面提到，一个弱视的孩子如果不及时接受治疗，就会永久性地影响其脑中的视觉回路，造成终生弱视。动物行为学家与神经生理学家埃里克·克努森（Eric Knudsen）专门研究了敏感期影响机制的动物模型。他在实验中给自己喂养的幼龄猫头鹰戴上棱镜眼镜，将其视觉区域向右移动 20°（见图 5-4），然后对它们进行了敏感期神经机制的精细研究 [49]，发现只有幼龄猫头鹰才能调整非正常感觉输入。它们的听觉回应会移动以对应视网膜，从而基于同步的听觉和夜视信号来猎食。年长的猫头鹰即便在戴了棱镜几周后也无法猎食。最有趣的是，在幼年时受训的猫头鹰终身都会保留早期经验的神经回路，即它们拥有两条回路。位于丘脑低处的听觉神经元的部分轴突维持了自己的正常位置，而其他轴突则被重新导向以与视觉路径相对应。当棱镜被去除时，这些猫头鹰很快就学会了正确导向，一旦把棱镜戴回去，它们便能立即通过将听觉景象移动 20° 来重新调

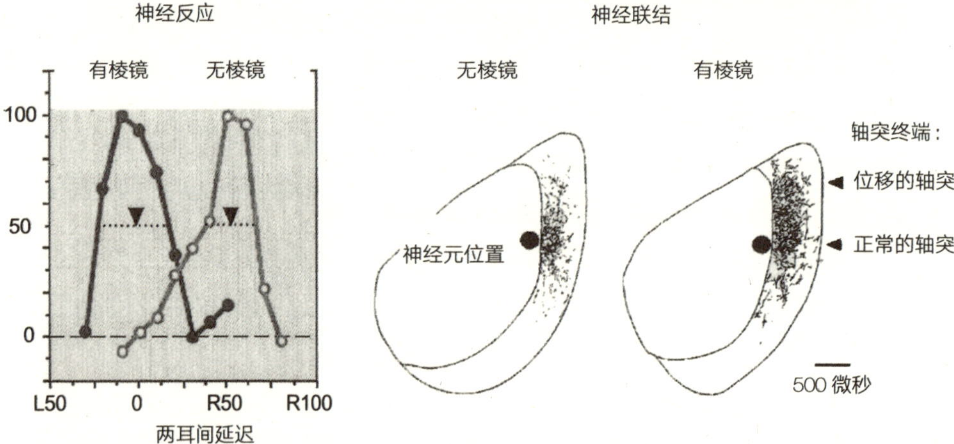

早期经验会对脑回路带来深刻影响。一只猫头鹰会去适应改变它视觉的棱镜，但前提是这个异常经验得发生在它的幼年时期。这只猫头鹰的听觉神经元是基于声音到达左右两耳的轻微时间延迟来定位物体的，它们会调节轴突以实现与视觉信号的对应，轴突一般可以被位移大约半毫米。根据早期经验，被位移的和正常的这两个回路会终生存在于这只猫头鹰的脑内。

图 5-4 猫头鹰的视觉棱镜

整。就像一个 parfait[①] 双语者，他们能从一种语言流畅地转换到另一种语言。他们的脑中维系了两组参数的永久记录，使自己能在瞬间转换配置。就像被领养的加拿大华人保留了对母语声调的脑线索一样。

人类也是一样，无论是钢琴练习、双目视觉发展或是学会的第一个单词，早期的学习都给我们留下了永久的烙印。成年后，我们能更快识别童年时第一次听到的词，比如奶瓶、爸爸或尿布，早期突触可塑性已经永远将它们刻画在了我们的记忆中。[50] 儿童的皮层几乎不用费力就能学会语言，并将这些知识永久地储存到轴突和树突的几何结构中。

布加勒斯特奇迹

生命前几年中脑可塑性更强的相关证据意味着，对儿童早期教育的投入应该成为重点。童年早期是一个非常敏感的时期，大部分儿童的脑回路最容易被改造。随着年龄的增长，突触的可塑性逐渐流失，使学习变得越加困难。但别忘了，**神经回路的逐步固化正是使我们的脑能够维系对童年时期所学知识稳定追溯的原因**。那些永久的突触标志最终定义了我们是谁。

虽然早期学习更容易，但完全奉行美国的“零到三岁运动”并定论一切都会停留在这个敏感期则是错误的。大部分的学习并不是在三岁之前发生的。幸运的是，我们的脑会保持韧性很多年。在童年早期这段幸运的时期之后，神经可塑性会减弱，却绝不会消失。它会从边缘感觉区域开始，随时间逐渐衰退，但高级别皮层区域会维持自己终身适应的潜能。这就是许多五六十岁的成人仍能学会一门乐器或学会一门新语言的原因。这也是教育干预有时会产生奇迹的原因，特别是在当干预既迅速、强度又高时。康复训练也许无法

① 法语，意为“完美的”。作者此处有意用法语单词与原文英语单词 perfect 做对比，以突出双语转换的例子。此处保留作者意图。——译者注

恢复所有突触活动的细节，或者无法恢复对中文音调的感知，但它会将一个各方面表现岌岌可危的孩子转变成一个对生活感到满足、有责任心的年轻人。

关于布加勒斯特孤儿的故事令人心碎，但同时它是一个展示发展中的脑的韧性的案例。最令人难过的一幕是那些遍布罗马尼亚的大约600所孤儿院里被抛弃的孩子，他们看上去年幼、神情麻木、消瘦（见图5-5）。在这些真正的“死亡之屋”中，有将近15万名儿童拥挤地生活在一起，几乎无人照顾。当时政府实施了极端的促进生育政策。国家的每项措施都旨在确保生育，从对单身人士和没有孩子的夫妇收取高昂税金，到禁止避孕和堕胎……那些无法照顾自己孩子的夫妇在没有选择的情况下，不得不将孩子送到州立服务机构，才有了上百家孤儿院。孤儿院的数量激增，却无法为孩子提供良好的卫生条件、充足的食物、取暖设施，还有最基本的人际交往，以及对孩子的正常发展格外重要的认知刺激。这一灾难性政策造成了上千名被忽视的孩子在认知情感方面出现了重大缺陷。

在罗马尼亚重新打开国门后，几个非营利公益组织调查了这场灾难并进行了后期援助，由此产生了一个非常特殊的研究项目，即布加勒斯特早期干预项目[51]。在罗马尼亚国家儿童福利秘书处的允许下，哈佛研究者查尔斯·纳尔逊（Charles Nelson）决定用严谨的科学方法来研究孩子们在孤儿院居住带来的后果，以及通过将这些孩子送往寄养家庭来挽救他们的可能性。由于当时罗马尼亚没有合适的寄养机构，他自己组织招募并找到了56个愿意领养1～2名儿童的志愿家庭。然而，这只是杯水车薪，最终只有68名儿童离开了孤儿院。纳尔逊在《科学》杂志上发表论文，细致描述了狄更斯式的悲惨一幕，136名儿童被召集起来并按1～136编号，号码被放在一顶大帽子里，通过随机抽取来决定孩子的去留。这个过程也许听起来令人震惊，但还能怎么办呢？由于资源有限，随机抽签也许是最公平的办法了。而且，这个研究团队一直在募集基金来帮助更多孩子走出困境，还给新罗马尼亚政府在管理孤儿院儿童方面提供建议。他们发表在《科学》杂志上的第二篇文章展示了其原始研究符合科学研究伦理标准。[52] 然而，随机抽签也解答了一个严谨的问题：当所有条件都相同时，在早期将孩子送入寄养家庭能帮助他们重拾健康吗？答案是积极的，但年龄非常重要。只有在 20 月龄以前被送入寄养家庭的孩子才有机会发展得更好。

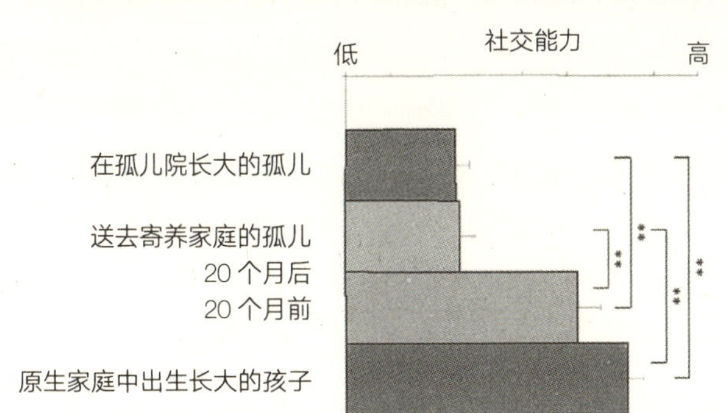

童年伤害会给脑留下印记，但早期干预可以降低损害。罗马尼亚孤儿院里，儿童被不公平地对待，不能与人交往。无论在 20 个月大以后被留在孤儿院还是送入了寄养家庭，他们当中大多数人在 8 岁时都表现出严重社交缺陷。所幸，那些在 20 个月大以前被送入寄养家庭的孩子发展出了正常的社交能力。

图 5-5　童年伤害在脑中留下的印记

许多研究都记录了情感和社交隔绝对脑发育带来的显著影响，布加勒斯特研究项目也不例外。与在普通家庭成长的孩子相比，所有孤儿都表现出了严重的认知功能缺陷。即便是最基础的脑功能，比如葡萄糖新陈代谢和灰质总体积，都表现出了不足。但是，在寄养家庭生活以后，一些测试结果显著提高。6 年后，那些在 20 月龄以前被送入寄养家庭的孩子满 8 岁的时候，对比对照组显示出明显进步，他们与在原生家庭出生并长大的孩子之间不再有差异。多个测试结果都显示，他们恢复了正常，包括标记注意力和警觉性的脑中阿尔法脑电波的强度，他们的社交能力和词汇量也显著提高了。

这一巨大进步并不能掩盖这些孩子在其他方面发展仍然延迟的事实，包括灰质持续性，也许会永久性缺失。最残酷的是，那些在 20 月龄以后被送入寄养家庭的儿童在各个方面依然表现出严重缺陷。因此，任何家庭支持都无法弥补孩子前 20 个月中爱和基础营养的缺失，这些孩子的脑将永远承受那些残忍剥夺所带来的伤害。但是，就如被领养的韩国儿童一样，布加勒斯特孤儿应该时刻提醒我们绝不放弃希望。早期创伤也许会带来严重影响，但神经回路的韧性也是超群的，只要尽早干预，许多的脑伤害都可以痊愈。

HOW WE LEARN

第 6 章 脑的再利用

让我们总结一下目前为止所涵盖的核心内容。“白板假设”显然是错误的，婴儿在出生时就带有相当可观的核心知识量，这是一套丰富的对以后的生活环境的普遍假设。婴儿的脑回路在出生时就组织得很好，这让他们在各个领域都有较强的直觉知识，例如，物体、人、时间、空间、数量……他们拥有卓越的统计技能，算得上是初露头角的科学家了。精妙的学习能力使他们能够逐渐发展出与现实世界相适配的脑模型。

在我们出生时，脑的所有大型纤维束就都已经就位了。而脑的可塑性可以重组它们的终端联结。每当我们获取新知识时，数以百万计的突触都会发生可塑性变化。通过丰富孩子的环境，例如送他们上学，就可以极大地强化他们的脑，并让他们习得更多可以终身受用的技能。但是，这种神经可塑性并非不受任何约束。它不仅在空间上受到约束（变化幅度大约只有几毫米），而且在时间上也受到约束——许多回路在几个月或几年之后就会被关闭。

在这一章中，我将探讨传统教育在早期人脑发育中的作用。事实上，教育的存在引发了我们对一个悖论的思考：为什么智人可以拿起粉笔或使用键盘写作或进行计算？人类这个物种是如何做到在其基因进化没有发挥作用的新方向上扩展自己的能力？对于人类能够学会阅读和计算，我们永远都应该感到惊艳。弗拉基米尔·纳博科夫（Vladimir Nabokov）说得好："几个书面符号就能包含不朽的图像和思想的演变，就能包含各种各样的新世界，这里充满了栩栩如生的人物，他们说话、哭泣、欢笑，我们荒谬地对这样的奇迹习以为常。如果有一天我们醒来，发现自己完全失去了阅读能力，我们该怎么办呢？"[1]

我详细地研究了不识字的成年人的思想和脑，无论是在葡萄牙、巴西，还是在亚马孙河流域，这些人都没有上学的机会，原因是他们的家庭负担不起学费，或者是因为家附近没有学校。在某些方面，他们的技能水平与常人是截然不同的[2]，他们不仅无法识别字母，还在识别形状与辨别镜像[3]、关注面孔某一部位[4]、记忆与辨别口语单词[5]方面有困难。柏拉图曾天真地认为，学习阅读会迫使我们依赖于书本的外部记忆，从而破坏我们的内部记忆。没有比这更偏离事实的说法了。文盲吟游诗人能不费吹灰之力地获得强大记忆能力的神话本身就只是神话。**我们都需要锻炼记忆力——通过上学和学习阅读，记忆力会变得更好，而不是更差。**

而教育对算术的影响更为显著。[6]通过研究许多没有机会上学的亚马孙河流域的印第安人，我们发现了这一点。

首先，他们中的许多人不知道如何精确地把一组物品数清楚。他们的很多语言表达中甚至没有包含计数系统——他们要么就只有几个单词来表示少或者多（如皮拉哈人），要么就只有几个用来表示 1 ～ 5 的数字的模糊单词（例如蒙杜鲁库人）。就算他们学会了使用如西班牙语或葡萄牙语中的数字单词来计数，和西方儿童相比也已经落后了许多（如提斯曼人）。[7]

其次，他们只具备基本的数学直觉知识：他们能辨别基本的几何形状，理解空间的组织原则，能直线航行，能感知诸如 30 和 50 之间的数量差异，也知道数字可以从左到右排序。我们从进化中继承了这些技能，而乌鸦、猕猴和刚孵出的小鸡等各种动物也同样如此。

然而，**教育能极大地提升这些初级的技能**。例如，未受过教育的印第安人似乎不明白任意两个连续的整数之间都有着相同的“+1”的间隔。而教育完全颠覆了我们对于数轴的认知：当我们学会计数和精确的算术后，我们会发现每个数字 n 其后的数字是 n + 1。最终，我们会明白所有连续的数字间都是等距的，并建立起一个线性尺度（数轴）。然而，婴幼儿和未受教育的成人会认为这条线是被压缩成这样的，因为他们感觉大的数字之间的距离似乎比小的数字之间距离更近。[8] 如果我们像其他动物一样对数字只有粗略的概念，我们将无法区分 11 和 12。我们对数量的精确感知要归功于教育，是它使得整个数学领域在这一符号系统的基础上得以建立。

神经元再利用假说

教育是如何彻底革新我们的心智技能，把我们变成纳博科夫、斯坦贝克（Steinbeck）、爱因斯坦或格罗腾迪克（Grothendick）的主要读者的？正如我们所看到的，我们所学到的一切都是通过对预先建立的脑回路的修改而实现的。这些回路在出生时就基本形成了，但仍然能够在几毫米的范围内发生变化。因此，人类文化的所有多样性都必须适应我们的神经元带来的天生的局限性。

为了解决这个悖论，我提出了神经元再利用假说。[9] 这个想法很简单：虽然突触可塑性使得脑可以灵活变化，尤其是对成长发育期长达 15 ～ 20 年的人类而言更是如此，但我们的脑回路仍然会受到从进化中继承下来的、强大的生理结构的约束。因此，我们发明的每一个新的文化客体，比如字母表或阿拉伯数字，都必须在脑中找到属于它的“神经元生态位”——一组神经回路，其初始功能与新的文化客体足够相似，但又足够灵活，可以转变为一种新的用途。**任何文化学习都必须有赖于改变已有神经结构的功能，以及对其特性的再利用。因此，教育必须通过利用我们神经回路的多样性以及人类特有的长时间的神经可塑性，来适应我们神经回路与生俱来的局限性。**

根据这个假设，教育就是对一个人现有神经回路的再利用。几千年来，我们已经学会了用旧事物创造新事物。我们在学校里所学的一切都将原有的神经回路重新定位到一个新的方向。为了阅读或计算，孩子重新利用了原有的回路，这些回路原本是为了其他用途而进化出来的，但由于它们具有可塑性，它们设法适应了一种新的文化功能。

为什么我要创造出“神经元再利用”这个奇怪的术语？因为与之对应的法语单词 recyclage 完美地结合了两个能概括我们脑活动的概念——对某些具有独特属性材料的再利用，以及对新的职业生涯的重新定向：

- 对一种材料的再利用指的是通过将其重新引入新的生产周期从而赋予它第二次生命。然而，这种对材料的再利用也是有限制的：我们不能用再生纸来造汽车。每种材料都具有使其或多或少适合于其他用途的固有特性。同样，由于分子特性、局部回路和远程联结各不相同，大脑皮层的每个区域从一开始就具有自己的特性。学习必须符合这些材料上的局限性。

- 在法语中，recyclage 这个词也适用于描述正在接受新工作培训的人，指的是人们为了适应职业生涯中意外的变化而接受的额

> 外培训。这正是我们在学习阅读或数学时大脑皮层所发生的变化。教育赋予了我们的大脑皮层超越灵长类动物脑正常能力的新功能。

通过神经元再利用这一概念，我想把对一种新文化技能的快速学习与在缓慢进化过程中生物学以旧创新的许多其他情况区分开来。事实上，在达尔文的自然选择进化过程中，对旧材料的再利用是很常见的。基因重组可以重塑古老的器官，把它们变成优雅的、具有创新性的机器。鸟的羽毛就从旧时的热调节器变成了现在的气动襟翼，而爬行动物和哺乳动物的腿是从远古的鳍演化而来的。“进化是一个伟大的修补匠，”法国诺贝尔奖得主、生物学家弗朗索瓦·雅各布（François Jacob）说，“在它的工作室里，肺变成了漂浮器官，爬行动物下巴上的一块旧骨头变成了内耳，甚至饥肠辘辘的食肉动物的撇嘴也变成了蒙娜丽莎的精致微笑。”

脑也不例外。例如，语言回路可能是在人类进化过程中通过复制和再利用先前建立的大脑皮层回路而出现的。[10] 但这种缓慢的基因改变不包含在我对神经元再利用的定义范围内。恰当的用词是“exaptation”（扩展适应），这个新词是由哈佛大学进化学家斯蒂芬·杰·古尔德（Stephen Jay Gould）和耶鲁大学古生物学家伊丽莎白·弗尔巴（Elisabeth Vrba）根据“adaptation”（适应）这个词创造的。当旧机制在达尔文的进化论中有了不同的用途时，它就被“扩展适应”了。由于扩展适应是以基因在种群中的传播为基础的，在物种层面，它要持续数万年。但从另一角度来看，神经元的再利用发生在个体的脑中，时间跨度要短得多，从几天到几年不等。**对脑回路的再利用无须基因的改变，只需通过学习和教育，就能重新定位其功能**。

我提出神经元再利用假说的目的，是为了解释人类超越其通常生态位的特殊禀赋。人类习得新技能的能力，如阅读、写作、数数、计算、唱歌、穿衣、骑马和开车，确实是独一无二的。我们的脑可塑性的增强与新颖的符号学习方法的结合赋予了我们非凡的适应能力，而且我们的社会已经发现了进一步提升我们技能的方法——让孩子们每天去学校接受教育。

当然，强调人类的独特性并不等于否认其他物种也存在较小规模的神经元再利用现象。最近的技术已经可以追踪记录在猴子习得一项新技能后，其上百个相同的神经元在数周内的活动情况，这强有力地支持了再利用假说。这些实验能够验证一个简单而深刻的理论假设：学习是否能够彻底改变脑回路中特定的神经编码，或者，如再利用理论所假设的那样，学习是否仅仅赋予了该回路新的用途？

在最近的一项使用脑机接口的实验中，研究人员要求猴子学习控制自己的脑。他们教它让光标向右移动，这样它就必须激活 10 个特定的神经元；让光标向上移动，它应该激活另外10个神经元，以此类推。[11]值得注意的是，这个方法奏效了：在几个星期内，为了使光标可以随意移动，猴子学会了改变 10 个随机选择的神经元的活动。然而关键是，只有当要求猴子产生的神经元活动没有偏离它的大脑皮层在训练前就已经自发产生的活动时，它才能让光标移动。换句话说，猴子的学习内容必须与被重新训练的神经元回路的原本功能相等。

要理解研究人员的研究成果，我们必须认识到脑回路的动态变化是受到约束的。脑不会探索它可能接触到的每一种活动形态。理论上，在一个由 100 个神经元组成的神经元组中，活动可以跨越 100 个维度的空间，产生无数种状态（如果我们假设每个神经元都可以开启或关闭，那么这个数字就会超过 2^{100}）。然而，在现实中，脑活动只涉及这个规模巨大的总体中的一小部分，通常被限制在 10 个维度左右。在这个概念的基础上，学习的局限性就可以被简单地表述出来了：只有当我们要求猴子的大脑皮层“适配”其预先存在的空间时，它才能学习新任务。此外，如果我们要求猴子激活在其之前活动中从未观察到过的神经元组合，它显然就会失败。

请注意，猴子习得的这种行为可能本身就是全新的——谁能预见灵长类动物有一天会控制电脑屏幕上的光标呢？然而，使这种行为成为可能的神经元状态必须符合可用的大脑皮层活动模式的空间。这一结果直接验证了神经元再利用假说的一个关键假设——获得一项新技能并不需要把大脑皮层回路当成一块白板彻底重写，而只需要改变已有的组织的用途就够了。

我们越来越清楚地认识到，**脑的每个区域都会对学习施加自己所具有的一系列限制**。在顶叶的某个区域，神经活动通常局限于一个单维度[12]，即高维空间中的一条直线。这些顶叶神经元在一个轴上以从小到大的顺序编码所有传入的数据，因此，它们非常适合编码数量及其相对大小。它们的神经活动可能看起来非常有限，但当涉及表示数量时，比如大小、多少、面积或任何其他的可以从小到大排序的参数时，原本看似处于劣势的东西实际上却可能是一种优势。从某种意义上说，这一部分大脑皮层可能已经被预先设定了对数量进行编码的功能——事实上，无论是说到数字还是社会地位[13]，只要我们是在沿着线性数轴进行定量描述，它就会被系统性地激活。

还有一个例子，内嗅皮层是颞叶中的一个区域，其中包含著名的、负责绘制空间的网格细胞（我在第 4 章提到过）。在这个脑区，神经编码是二维的：即使脑的这个区域有数百万个神经元，它们的活动也只能局限于一个平面，或者从技术上讲，是高维空间中的二维流形。[14] 我要再次强调，这一特性并非缺点，在形成环境地图时，它的功能显然非常适配了。从上文可以看到，而且事实上我们也知道，这一区域是脑的定位系统，老鼠可以通过它在空间中定位自己。值得注意的是，最近的研究表明，当我们学习如何在二维图上表示任何数据时，这个脑区也会被激活，即使这些数据并不是直接的空间数据。[15] 例如，一项实验发现鸟类表征空间数据时可以在两个维度上变化：它们脖子的长度和腿的长度。一旦人类受试者学会了表征这种不寻常的“鸟类空间”，他们就会调动内嗅皮层和其他的一些区域进行心理导航。

可列举的脑区还可以继续扩展：腹侧视皮层擅长表征视觉线条和形状，布罗卡区擅长编码语法树，等等。[16] 每个脑区都有自己首选的神经活动状态，并忠于职守。每个脑区都把自己假设的空间形态投射到这个世界上：一个试图用直线拟合输入的数据，另一个尝试用地图表示它们，第三个则试图用一棵树来表示……这些假设空间先于学习而产生，并且在某种程度上使学习成为可能。当然，我们可以学习新知识，但这些新知识需要找到它们的神经元生态位，一个与它们天然的组织形态相适配的表征空间。

现在让我们看看这一理念是如何应用到学校学习的最基本领域中的：算术和阅读。

数学再利用了估算的神经回路

让我们先以数学为例。正如我在《脑与数学》（*The Number Sense*）① 一书中解释的那样 [17]，现在有相当多的证据表明，数学教育（和学习的其他许多方面相同）不会像火漆印那样烙印在脑中。相反，数学会把自己塑造成一种预先存在的、固有的数量的表征形式，然后再对其进行扩展和完善。

人类和猴子的顶叶和前额叶都包含用近似的方式表示数量的神经回路。在接受正规教育之前，这个回路就已经包含了可以对具体集合中物体的大致

① 本书作者斯坦尼斯拉斯·迪昂是法国的著名教育神经科学家、认知神经科学家，也是有“神经科学界诺贝尔奖”之称的“脑奖”获得者，其著作《脑与数学》揭示了我们人类的数学能力是如何精进的，另有同系列图书《脑与阅读》《脑与意识》中文简体字版均已由湛庐引进、浙江教育出版社出版。——编者注

数量进行感知的神经元。[18] 那么，学习的作用是什么呢？在接受过数量比较训练的动物身上，其额叶中数字探测的神经元数量增加了。[19] 最重要的是，当它们学会根据阿拉伯数字符号，而不是仅仅依靠对近似的数的集合的感知作判断时，这些神经元中的一部分神经元会对这些数字符号产生选择偏好。[20] 对神经回路进行（部分）改造以适配数字符号，这是神经元再利用的一个很好的范例。

对于人类而言，当我们学习基本的数学运算（如加减法）时，我们会继续再利用这个脑区，以及附近的后顶叶回路。这个脑区是用来转移目光和注意力的。我们似乎会重复使用这些技能以在数量空间中移动：做加法时我们会激活与注意力右移时相同的回路，以朝更大的数量移动；而做减法时我们则会激活与注意力左移时相同的回路。[21] 我们的头脑中都有一条数轴，这是一幅数轴的心理地图，当我们进行计算时，我们就学会了如何在这条线上精确地移动。

最近，我的研究团队对再利用假说进行了更严格的测试。我们与一位年轻的认知科学家、数学家玛丽·阿玛瑞克（Marie Amalric）一起测试，我们想知道，相同的顶叶回路是否还会继续被用来表示数学中最抽象的概念。[22] 我们招募了 15 名专业数学家，对他们的脑进行了磁共振成像扫描，并同时向他们展示了只有他们才能理解的深奥数学表达。这包括像 $\int_S \nabla\times F\cdot dS$ 之类的公式，以及像“任何平方矩阵都等同于置换矩阵”之类的陈述。正如我们所预测的那样，这些高难度的数学对象激活的脑网络，与婴儿看到一个、两个或三个物体时[23]，或孩子学习计算时激活的脑网络（见彩图 12）[24] 完全相同。我们研究发现所有的数学对象，无论是格罗滕迪克的拓扑学还是复杂流形或函数空间，都在儿童时期出现的基本神经回路的重新组合中找到了它们的最终根源。我们所有人，从小学生到数学界最高奖菲尔兹奖的得主，在我们的文化对数学进行建构的任何阶段，都在不断地完善特定回路的神经编码。

而这一回路的组织结构受到遗传强有力的约束，正是这些普遍的遗传性禀赋使我们成为人类。虽然学习允许它适应许多新的概念，但它的整体架构在我们所有人的身上都是相同的，独立于经验之外。有些数学家的感官经验从童年开始就与常人有根本的不同：他们是盲人。[25] 当我和我的同事研究这些数学家的脑组织系统时，我们的这一论断得到了有力支撑。无论这看起来多么令人惊讶，但一个盲人成为一名优秀的数学家的情况并不罕见。尼古拉斯·桑德森（Nicholas Sanderson）也许就是最著名的盲人数学家了。他在 8 岁左右失明，但他才华横溢，最终和牛顿一样在剑桥大学获得了教授席位。

我们已经无法对桑德森的脑进行扫描了，但我和玛丽·阿玛瑞克设法联系了三位当代的盲人数学家，他们都在法国担任过大学教师职务。其中伊曼纽尔·吉鲁是一位真正的数学大师，目前在里昂高等师范学院领导着一个 60 人的实验室。他从 11 岁起就失明了，最著名的成就是对接触几何中一个重要定理的完美证明。

盲人数学家的存在驳斥了图灵的经验主义观点，艾伦·图灵认为人脑是一个笔记本，有许多会被感官经验逐渐填满的空白页。如果盲人数学家不具备产生抽象概念的脑回路，那么他们怎么能从如此独特且有限的经验中推断出与视力正常的数学家完全相同的抽象概念呢？正如伊曼纽尔·吉鲁在解释《小王子》时说的那样：“在几何学中，用肉眼是看不见本质的，只有用头脑才能看得清楚。”在数学中，感官经验并不重要，是思想和概念挑起了重担。

如果决定大脑皮层组织的是经验，那么那些通过触觉和听觉了解世界的盲人数学家们在研究数学时，会激活与正常人截然不同的脑区。与此相反，在神经元再利用假说的预测中，与数学相关的神经回路应该是固定的，即只有那组特定的、在出生时就已经存在的脑区域，才能通过重新调整自己的用途来承载这样的概念。这正是我们在扫描三位盲人教授的脑时所发现的现象。正如我们所料，当他们将一个数学陈述可视化并评估其真值时，他们与视力正常的数学家一样的顶叶和额叶回路被激活了（见彩图 13）。由此可见，感官经验是无关紧要的：只有这个神经回路才能与数学表征相适配。

唯一的区别是，当三位盲人数学家想到他们最喜爱的领域时，另一个额外的脑区也被激活了：位于枕极（枕叶的后端）的早期视皮层，在任何视力正常人的脑中它负责处理视网膜传来的图像信息！事实上，这是另一位杰出的数学家、菲尔兹奖得主塞德里克·维拉尼（Cédric Villani）用直觉预测到的结果。在我们开始实验之前，他开玩笑似的对我说："你知道吗，伊曼纽尔·吉鲁是一位真正伟大的数学家，但他也非常幸运，因为他是盲人，所以他可以把更多的大脑皮层用于数学！"

维拉尼是对的。对视力正常的人来说，枕叶忙于处理早期视觉信息，无法执行任何其他功能，比如数学计算。然而，在盲人的脑中，枕叶不再需要继续执行视觉任务，但它没有变成静息的脑区，而是去执行更抽象的任务，比如心算和数学思考。[26] 对天生失明的人来说，这种重组似乎更极端：视皮层不仅对数字和数学，而且对口语的语法也出人意料地表现出了类似于布罗卡区的激活反应。[27]

盲人视皮层产生这种抽象反应的原因仍然是理论上争论的主题：视皮层的完全重组是神经元再利用的真实案例，还是仅仅是脑可塑性的极端证据？[28] 在我看来，天平更倾斜于神经元再利用假说，因为如果把脑的可塑性比作一块能擦干净视皮层黑板的海绵的话，现有证据表明相反脑区先前存在的组织并未被抹去。的确如此，盲人的视皮层在很大程度上似乎维持了其正常的连通性和神经映射[29]，并把它们重新利用于其他认知功能上了。事实上，由于这一区域的大脑皮层非常大，人们发现，盲人脑中的视觉区域不仅对数学和语言有反应，而且对字母和数字（用盲文表示的）、物体、地点和动物[30]也有反应。最值得注意的是，尽管视力正常的人和盲人在感官经验上有如此大的差异，但这些具有类别选择性的脑区在大脑皮层上的位置是相同的。例如，盲人和视力正常的人脑中对书面文字做出反应的区域是完全相同的——唯一的区别在于，它是对盲文，而非对印刷字母做出反应。再次强调，这个脑区的功能似乎很大程度上取决于其与语言（或其他与生俱来的特性）相对应的脑区之间由基因所决定的关系。因此，就算感觉输入发生变化，这个脑区的功能也不会发生变化。[31]盲人和视力正常的人会调动非常相似的脑区来感受相同的类别、想法和概念。

最基础的概念（如 1+1=2）和最高深的数学原理（如 $e^{-i\pi}+1=0$）激活的是相同的脑区，与数学相关的神经元再利用观点并不单单只被这一事实所支撑。其他一些纯心理学性质的研究发现表明，我们在学校里学的数学就是再利用了脑中用于估算的旧的神经回路。

请想想数字 5。现在，你的脑中正在重新激活一个与 5 相邻的 4 和 6，而不是离 5 很远的 1 或 9 的近似量的表征模式——你正在激活的与数字相关的神经元与在其他灵长类动物脑中发现的神经元十分相似，它呈现为一条在 5 那里达到峰值，而在近似值 4 和 6 附近也有权重的调谐曲线。我们之所以很难一眼就辨别出一组物体究竟是有 4 个、5 个还是有 6 个，就是因为这条模糊的神经元调谐曲线。现在，请判断 5 是大于 6，还是小于 6。这个判断似乎在眨眼间就做完了，你会瞬间得到正确的答案：小于。然而实际上，实验表明，你的答案会受到近似量的影响：比较两个很接近的数字（例如 5 和 6），相较于比较两个差值较大的数字（如 5 和 9），前者要慢得多，而且也更容易出错。这种距离效应是一种古老的数字表征模式的特征之一[32]，它会在你学习计数和计算时被再利用。无论你如何尽力关注这些符号本身，你的脑都会忍不住激活与这两个数相关的神经表征，这两个数越接近，它们的神经表征重叠得也就越多。尽管你试图使用在学校里学到的所有具有符号的知识来思考“正好 5 个”的概念，你的行为还是暴露了这样一个事实，即这些知识再利用了从进化意义上来讲更古老的近似数量的表征模式。即使你只需要决定两个数字，比如 8 和 9 是相同的还是不同的，虽然答案很明显，但你仍然会受到它们之间距离的影响。有趣的是，在学会了识别阿拉伯数字符号的猴子身上，这一规律也同样适用。[33]

当我们把两个数字相减时，比如 9 减 6，我们花费的时间与二者间的差值的大小成正比。[34] 因此，计算“9 减 6”会比计算“9 减 4”或“9 减 2”所花费的时间更短。这就好像在计算时，我们必须在脑中沿着数轴移动，从被减数开始，移动和差值同样数量的单位：我们走得越远，花的时间就越长。我们不会像数字计算机那样处理符号；相反，我们会使用一个缓慢而连续的空间隐喻，也就是沿着数轴做运动。同样，当我们考虑价格时，随着数值增大，我们就不得不给它一个更模糊的值——这是我们灵长类动物数感的遗留，其精确度会随着数字的增大而降低。[35] 与理性相悖，这就是为什么当我们议价时，会放弃对一套公寓进行砍价（有可能便宜几千美元），但在面包的价格上，我们会对区区几十美分讨价还价：我们对不精确的容忍度与数值的大小成正比，这无论是对我们还是对猕猴来说都是一样的。

奇偶性、负数、分数……所有这些概念显然都基于我们从进化中继承的对数量的表征模式。[36] 与数字计算机不同，我们无法抽象地操纵符号：我们总是将它们处理成具体的且通常是近似的量。这种模拟效应在受过教育的脑中持续存在着，揭示了我们数量概念的古老根源。

近似数是构成数学的古老支柱之一。但是，教育也极大地丰富了这种原始的数量概念。当我们学会计数和计算时，我们习得的数学符号让我们可以进行精确的计算。这是一场革命：数百万年来，进化一直停留于模糊的量。符号学习是变革的一个强大因素：通过教育，**我们所有的脑回路都被再利用，使得我们可以处理精确的数量**。

数感当然不是数学的唯一基础。正如我们前面看到的，我们也从进化中继承了空间感及其特殊的神经回路，包括位置、网格和头朝向细胞。我们也具有对形状的感知力，这使任何蹒跚学步的孩子都能区分长方形、正方形和三角形。在文字和数字等符号的影响下，我们在学习数学的时候，所有这些概念都会以一种我们尚未完全理解的方式被再利用。脑设法用一种思维语言重组它们，以便形成新概念。[37] 我们从人类进化的历史中继承的基本神经模块变成了一种新的、富有成效的语言的基本元素，而数学家每天都在用这种语言书写新的篇章。

阅读再利用了视觉和口语的神经回路

那我们是怎么学会阅读的呢？阅读是神经元再利用的另一个例子：为了阅读，我们会再利用大量的最初专门用于视觉和口语的脑区。在《脑与阅读》一书中[38]，我详细描述了用于识字的神经回路。当我们学习阅读时，我们脑中的视觉区域的一个子集会专门识别字符串，并将它们发送到口语对应的脑区。因此，在任何一位优秀的阅读者的脑中，书面化的单词最终会像口语单词一样得到处理：识字为我们的语言回路创造了一个新的视觉通道。

早在儿童学会阅读之前，他们显然就已经拥有了一个复杂的视觉系统，使他们能够识别并命名物体、动物和人。他们可以识别并命名任何图像，无论其在三维空间中的大小、位置或方向是怎样的。阅读再利用了这种预先存在的、为图像命名的神经回路中的部分回路。识字的学习则涉及视皮层中的一个大脑区域，我和我的同事劳伦·科恩（Laurent Cohen）称之为“视觉词形区”。这个脑区汇集了我们掌握的字母串的知识，因此我们可以把它看作是脑的“字母盒子”。例如，正是这个脑区让我们能够识别一个单词，不论它是什么字号、字体或大小写。[39] 对任何识字的人来说，位于我们脑中相同位置（也可能有大约几毫米的差距）的这个脑区把识别一个单词分为两个步骤：它首先会识别出我们学习过的字符，然后把字符与语言对应的脑区直接联结起来[40]，把这些字符快速地转换为声音和意义。

如果我们让一个不识字的儿童或成人学习阅读，并在此过程中扫描他的脑，会发现什么呢？如果我们的理论是正确的，那么我们应该能够直接地观察到他的视皮层的重组。神经元再利用理论预测阅读会侵入大脑皮层中通常用于类似功能的脑区，并让其重新服务于这项新任务。在这种情况下，我们认为阅读会与视皮层中先前已经存在的、用于识别各种物体、身体、面孔、植物和地点的功能进行竞争。当我们学习阅读时，我们是否会失去某些从进化中继承下来的视觉功能呢？或者说，至少，这些功能会大规模重组吗？

这种违反直觉的预测正是我和我的同事在一系列实验中所测试的。为了绘制出由于识字而发生改变的脑区的完整图像，我们扫描了葡萄牙籍和巴西籍的不识字的成人的脑，并将他们与来自同一村庄、有幸在学校学习阅读的人（无论是儿童还是成人）的脑进行比较。[41] 研究结果显示，随着阅读能力的提高，大量的脑区对书面文字产生了反应（见彩图 14）。如果将一句话中的单词逐个闪现给一个不识字的人看，你会发现他们的脑没有太多的反应：神经活动会扩散到早期视觉区域，但因为字母无法被识别，神经活动也就到此为止了。但如果向一个已经学会阅读的成人呈现同样的书面单词序列，激活区域就会拓展开来，拓展的范围与此人的阅读能力成正比。被激活的脑区包括左颞枕叶皮层的“字母盒子”，以及所有典型的与语言理解相关的脑区。

早期视觉区域的反应甚至也会增加：随着阅读的习得，这些脑区似乎会习惯于识别小字。[42] 一个人阅读得越流畅，这些脑区被书面文字激活的程度就越高，它们之间的联系就越紧密：随着阅读变得越来越自动化，将字母转换为声音的速度也就越来越快。

但是，我们也可以提出相反的问题：是否在阅读能力差的人当中，有一些人的脑区会更活跃，并且随着对阅读的学习，这些脑区的活跃度会降低？答案是肯定的。在不识字的人中，脑对面孔的反应会更强烈。我们的阅读能力越强，在左脑中的这种神经活动就越少。产生神经活动的脑区就是大脑皮层中处理书面文字的“字母盒子”区。这就好像大脑需要在皮层上为字母腾出空间一样，因此阅读的习得会干扰这一脑区先前的功能，即对面孔和物体的识别。当然，由于我们在学习阅读的时候也不会忘记如何识别面孔，这一功能并没有被大脑皮层排斥。相反，我们也观察到，当读写能力提高后，右脑对面孔的反应增加了。对我们大多数人来说，左脑是语言和阅读的中枢，面孔识别的功能被排除在左脑之外，于是就躲到另一个大脑半球去了（见图 6-1）。[43]

我们首先在识字和不识字的成人身上观察到了不同功能的竞争现象，而在刚开始学习阅读的儿童身上这一发现再次得到验证。[44] 当孩子开始学习阅读时，左脑的视觉词形区就开始做出反应。与此同时，与左脑视觉词形对称的右脑的区域就强化了对面孔的反应（见彩图 15）。这种效果是如此强大，以至于在特定的年龄，仅通过检测面孔引发的脑活动，计算机算法就可以准确地判断出一个孩子是否已经学会了阅读。当一个孩子患有阅读障碍时，这些脑区就无法正常发育——左脑的视觉语言区没有出现神经活动，右脑的梭状回区域也无法对面孔产生强烈的反应。[45] 左颞枕叶皮层中对书面文字的神经反应活动的减少是各国检测阅读障碍的普遍标准。[46]

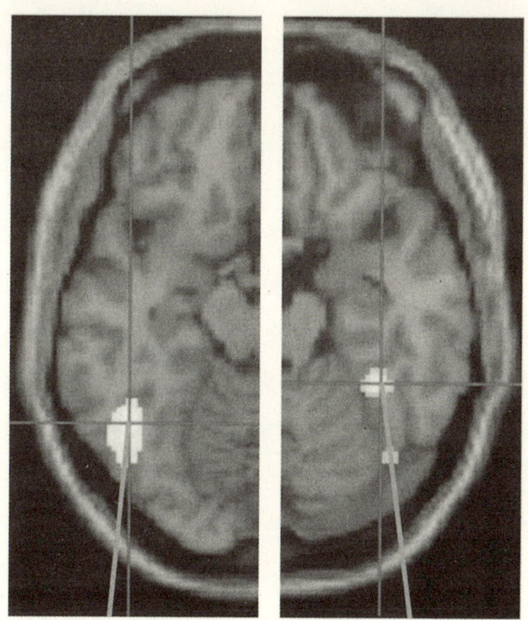

脑对字母串的反应

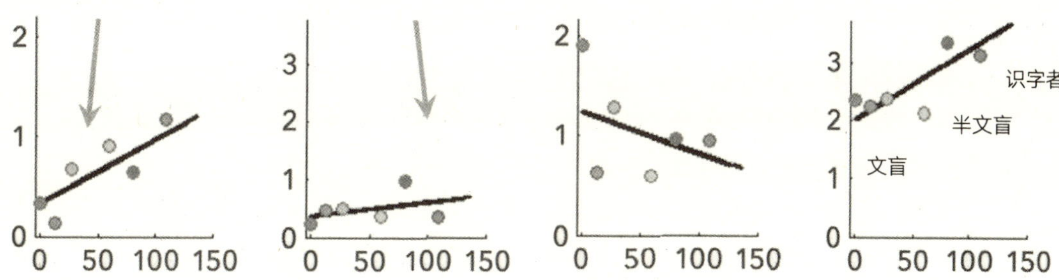

脑对面孔的反应　　　　阅读能力：每分钟阅读的字数

与神经元再利用假说一致的是，阅读的学习会与视皮层先前的功能相竞争——在这个例子中，是与面孔识别竞争。随着阅读水平的提高，从完全不识字的人到熟练的读者，书面文字引起的神经活动在左脑增加，而面孔引起的神经活动则从左脑移动到了右脑。

图 6-1　阅读对脑结构的影响

最近，我们获准进行了一项大胆的实验：阅读回路是如何在每个孩子身上形成的。为此，从这些孩子幼儿园毕业直到一年级结束，我们每隔两个月就会把他们带到脑成像中心进行脑的扫描。实验结果没有辜负我们的期望。当我们第一次对这些孩子的脑进行扫描时，并没有看到什么：只要这些孩子还没有学会如何阅读，他们的大脑皮层就会选择性地对物体、面孔和房子做出反应，但是对字母没有反应。然而，接受两个月的学校教育后，在与成人相同的脑区位置，也就是左颞枕叶皮层上，一种特定的对书面文字的反应出现了。面孔的神经表征模式会非常缓慢地发生变化：随着孩子的识字程度越来越高，右脑对面孔的反应也在增强，并与阅读能力成正比。这一研究再一次支持了神经元再利用假说，我们可以看到，**阅读习得与左颞枕叶皮层先前的功能，即对面孔的视觉识别，产生了竞争**。

在做这项实验时，我们意识到，这种竞争现象可以用两种可能性来解释。第一种可能性被称为“敲除模型”：从我们出生起，面孔识别的功能就存在于左脑的视皮层中，在后期学习阅读的过程中，它们直接被敲除，从而进入了右脑。第二种可能性被称为“阻塞模型”：大脑皮层缓慢地发育，逐渐形成了专门与面孔、地点和物体相对应的一块块脑区；而当字母介入这一正在发展中的脑内形态时，它们就占据了一部分可用的脑区，阻止了其他视觉类别功能的进一步扩展。

那么，识字究竟是导致了大脑皮层的敲除还是阻塞呢？**我们的实验证实了阻塞模型这一假设：对阅读的学习阻塞了左脑的面孔识别区域的发展**。多亏了每两个月从正在学习阅读的孩子那里获取的磁共振成像扫描图像，我们观察到了这种阻塞现象。[47] 孩子在六七岁左右，大脑皮层的功能特化还远未完成。一些脑区已经专门用于识别面孔、物体和地点，但也有许多皮层区域还没有专门用于识别任何特定的类别。我们可以想象它们逐步功能特化的过程：当孩子进入一年级并很快开始阅读时，字母便侵入了那些功能还不太明确的脑区，并对其进行再利用（见图 6–2）。但与我最初的想法相反的是，字母并没有完全覆盖掉一个已经存在的面孔区域，后者会搬到隔壁，也就是大脑皮层中的一个自由的区域去。这有点儿像一家开在小杂货店旁的有野心的超市。一个脑区的扩展阻止了另一个脑区的扩展——因为识别字母是固定在左脑进行的，左脑是语言的主导区域，所以面孔区域除了移动到右脑之外，别无选择。

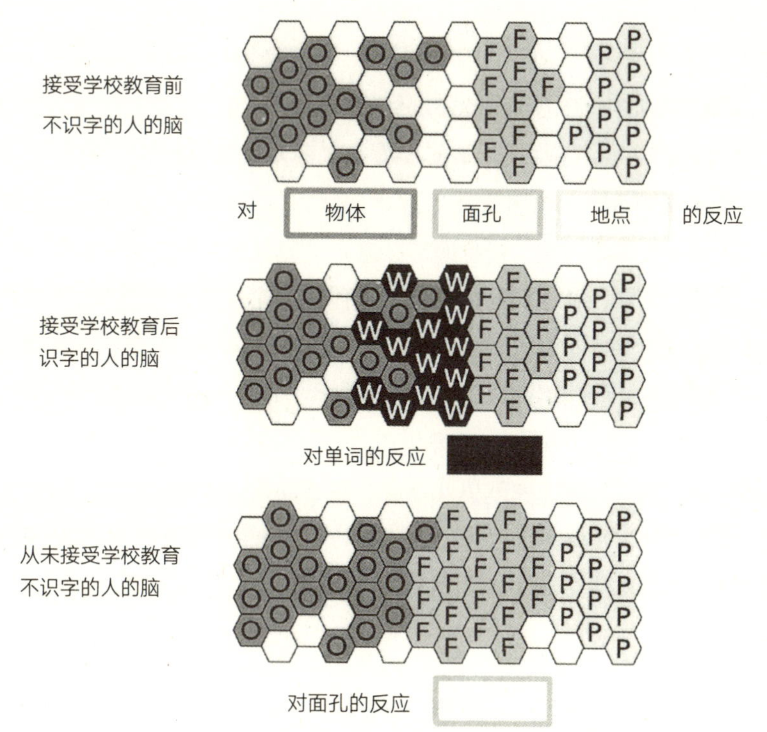

在大脑皮层仍然具有可塑性的时候，即儿童时期学习较为容易。在儿童上学之前，大脑的一些视觉区域已经专门用于识别物体、面孔和地点，但是仍然有大片的脑区还没有专门的功能，或只有很少的功能（在图中用空白的正六边形表示）。对阅读的学习会侵入这些不稳定的脑区，阻碍识别其他类别或物体的功能的发展。如果一个孩子不学习阅读，这些脑区就会参与面孔和物体的识别，并逐渐丧失学习字母的能力。

图 6–2　大脑结构与学习

简而言之，视觉系统的腹侧通路在学龄早期仍处于重要的重组阶段。我们的学校通常会在孩子 6 ～ 8 岁教他们阅读，这一事实与脑这一时期具有较强的可塑性的证据相吻合。我们建立教育系统，以便有效地利用视皮层在这一发展的关键时期内极强的可塑性。虽然人类下颞皮层的整体结构从出生起就受到了高度的约束，但它具有适应各种形状和学习各种图像的非凡能力。当接触到成千上万的文字时，这个脑区会在一个与语言回路天生相连的特定区域内，为了这个新的活动而再利用其自身。

随着年龄的增长，我们的视皮层似乎会逐渐固化，失去对新图像的适应能力。关键期过了之后，大脑皮层就越来越难以有效地识别字母及字母组合。我和同事研究了两名成年后才试图学习阅读的人：其中一人从未上过学；而另一人则因中风，视觉词形区遭受了轻微的损伤，患上了失读症。我们在两年间定期扫描他们的脑，发现他们的学习进展非常缓慢。[48] 那位没上过学的受试者最终发展出了专门加工字母的脑区，但并没有影响到面孔区域——面孔识别的回路已经铭刻在他的脑中，似乎不能再移动了。另一位中风的受试者却没能在他的视皮层里再造出一个新的“字母盒子”。他的阅读能力有所提高，但阅读速度仍然很慢，与阅读初学者一样费力——作为一个成人，他失去了神经的可塑性，而这种可塑性是对部分大脑皮层进行再利用，使之可以变成自动阅读机器所必需的。

音乐、数学和面孔

综上所述，我们的结论很简单：要想深度地再利用我们的视皮层，成为优秀的阅读者，我们必须充分利用童年早期拥有最大神经可塑性的时期。我们的研究还展示了其他几个例子。以音乐阅读为例：把一位在儿时就学会了阅读乐谱的音乐家和一个从未学过音乐的人作比较，前者视皮层中专门用于音乐符号的脑区的面积是后者的两倍。[49] 这种巨大的增长占据了大脑皮层表面的空间，似乎把视觉词形脑区从它通常的位置上移走了：在音乐家的大脑皮层中，对字母做出反应的脑区，也就是脑中的“字母盒子”，比非音乐家的普通人偏移了近一厘米的位置。

另一个例子是我们解码数学方程的能力。一位有成就的数学家必须一眼就能认出像 $\pi=3.141592...$、$\phi=1.61803394...$、$f(x)=a_0+\sum_{n=1}^{\infty}\left(a_n\cos\frac{n\pi x}{L}+b_n\sin\frac{n\pi x}{L}\right)$ 或 $e^x=1+\frac{x}{1!}+\frac{x^2}{2!}+\frac{x^3}{3!}+\cdots$ 这样晦涩的表达式，就像我们读小说里的句子时一样。我曾经参加过一次会议，才华横溢的法国数学家、菲尔兹奖得主阿兰·康尼斯（Alain Cones）在会上展示了一个异常密集的方程，有 25 行那么长。他解释说，这个包罗万象的数学表达式囊括了所有已知基本粒子的全部物理效应。第二个数学家指着这个表达式说：“第 13 行有错误吧？”“不，”康尼斯立刻镇定地回答，“因为对应的抵消项就在第 14 行！”

这种应对复杂公式的熟练技巧是如何在数学家的脑中反映出来的呢？脑成像研究结果显示，这些数学对象会侵入两侧大脑半球的外侧枕区——在接受了数学训练后，这些脑区对代数表达式的反应要比那些未接受数学训练的人脑相应区域的反映强烈。而且，我们再一次观察到了其与面孔识别间的竞争：这一次，大脑的两个半球中对面孔会产生反应的皮层区域都消失了。[50] 换句话说，识字仅仅是把与面孔识别相对应的脑区从左脑赶走，迫使它们移向右脑；但数字和等式的密集训练干扰了大脑两个半球对面孔的反应，导致视觉面孔识别回路的整体萎缩。

人们很容易将这一发现与一位古怪数学家的著名轶事联系起来，那位数学家对除了方程以外的一切都不感兴趣，认不出他的邻居、他的狗，甚至认不出镜子里的自己。的确，关于两耳不闻窗外事的数学家的轶事和笑话数不胜数。比如，一位内向的数学家和一位外向的数学家会有什么不同呢？和你说话的时候，内向的那位会看向自己的鞋子，而外向的那位会看向你的鞋子。

在现实中，我们还不知道数学家的大脑皮层对面孔的反应的减少是否与他们社交能力的缺乏直接相关（这其实是一个虚构的笑话，许多数学家在社交方面表现得非常自如）。最重要的是，数学训练和对面孔的反应减少之间的因果关系仍有待确定：花费一生在数学公式上的人脑是否会减少对面孔的反应？或者恰恰相反，数学家之所以沉浸在方程式的宇宙中，是因为他们发现方程式比社交更容易？不管答案是什么，脑区间的竞争是一个真实的现象，而我们脑中的面孔表征模式对教育和学习非常敏感，它可以提供一个可靠的标准，表明一个孩子是否接受过数学、音乐或阅读方面的训练。**神经元再利用现象的确存在**。

丰富的环境刺激所带来的益处

本章的重点是强调支持资质先天论与支持后天论的两方都是正确的：孩子的脑既有遗传所带来的固有结构，又具有可塑性。刚出生时，所有的孩子都装备有一整套由基因塑造的特殊回路，这些回路本身是由物种数千万年的进化所形成的。这种自组织性使婴儿的脑对几个主要知识领域有着深刻的直觉：控制物体及其运动的物理感觉；空间导航的技巧；对数量、概率和数学的直觉；对他人天生的热爱；甚至是语言天赋。因此，白板假说是大错特错的。但进化也的确为许多学习机会敞开了大门，不是所有的事情都是由孩子出生时的脑决定的。事实恰恰相反：神经回路在几毫米的变化范围内，在很大程度上是对外界保持开放的。

在生命最初的几年里，基因会引导神经回路的过度生长：突触的数量是实际所需数量的两倍。在某种程度上，神经回路的这种最初的过度生长是以一种我们还没有完全理解的方式，为我们基于对世界的认识所形成的心理模型开辟了一个巨大的空间。与成人相比，儿童的脑充满了各种可能性，能够在更广泛的领域探索各种假设。每个婴儿都对所有的口语、所有的文字、所有可能的数学保持开放——当然，前提是要在人类这个物种的遗传的限制性之内。

而且婴儿的脑还具备另一种与生俱来的天赋：它有强大的学习算法，能选择最有用的突触和回路，为机体提供第二层适应环境的能力。多亏了有用的突触和回路，在婴儿初生的几天里，脑便开始专门适应自己的结构。第一个被固化的脑区是脑的感觉加工区域：早期的视觉加工区在几年内就会成熟，而在不到 12 个月的时间里，听觉加工区域就会聚焦到孩子母语中的元音和辅音上。随着各脑区可塑性的关键期一个接一个过去，几年的时间足以让我们中的任何一个人用母语习得一种特定的口语、文字和文化。但是如果我们在某一领域的刺激被剥夺了，那么无论我们是布加勒斯特的孤儿还是巴西利亚郊区的文盲，都有可能永远失去我们在这一知识领域的心理灵活性。

但这并不是说不值得进行任何干预：人脑在我们一生中都保持着某种程度的可塑性，尤其是在前额叶皮层等高级脑区。只是所有实验结果都表明，早期干预的效果是最佳的。无论是让猫头鹰戴上棱镜，教被收养的孩子第二语言，还是帮助孩子适应耳聋、失明或整个大脑半球的缺失，效果都是越早干预越好。

我们的学校是为了充分利用发展中的脑可塑性而设计的教育机构。教育的成功在很大程度上依赖于孩子的脑的惊人灵活性，这样的灵活性使他们的脑可以对一些回路进行再利用，并重新引导它们去从事诸如阅读或数学训练这样的新活动。尽早入学接受教育可以改变人生：大量实验表明，那些家境不好的儿童假如能尽早入学接受教育可能会受益终生，并且在许多领域都有所体现，例如较低的犯罪率，较高的智商和收入，以及更好的健康状况。[51]

但学校教育也并非灵丹妙药。父母和家庭也有责任去尽可能地刺激孩子的脑，丰富他们的生活环境。所有的婴儿都是未来的物理学家，他们喜欢用下落的物体做重力实验，不过前提是我们得允许他们建造、修补、失败，然后重新开始，而不是几个小时都被绑在汽车安全座椅上。所有的婴儿都是喜欢数数、测量、画线、画圆以及组合各种形状的小小数学家，只要我们给他们尺子、圆规、纸和有趣的数学题。所有的婴儿都是天生的语言学家：早在18个月大的时候，他们每天就能很容易地学会10～20个单词，但条件是得有人跟他们说话。家人和朋友必须满足他们对知识的渴求，随时随地使用丰富的词汇、优美的句子来“喂养”他们。许多研究表明，儿童在3～4岁时的词汇量直接取决于他们在0～2岁里跟大人说话的数量。只让他们被动地听是远远不够的，主动的、一对一的互动必不可少。[52]

所有的研究结果都非常一致：丰富儿童所处的环境有助于其构建更强的脑。例如，那些每晚听睡前故事入睡的孩子的口语语言的脑回路就要比没有睡前故事可听的孩子的发育得更好，而正是这些被强化的脑回路让他们日后可以理解文本的意思并形成自己的想法。[53]同样，对有幸出生在双语家庭中的孩子来说，家长赋予了他们说两种母语的天赋。于是他们毫不费力地就能够习得两套词汇、两种语法和两种文化。[54]终其一生，他们的双语脑都保持着更强的语言处理能力以及学习第三或第四语言的能力。当他们年老时，他们的脑似乎能更长时间地抵抗阿尔茨海默病的侵害。将发育中的脑暴露在一个丰富刺激的环境中，可以让它保留更多的突触、更繁茂的树突以及更灵活丰富的神经回路[55]——就像学会了戴棱镜眼镜的猫头鹰一样，它一生都有更多样的树突，更强的从一种行为切换到另一种行为的能力。让我们给孩子们创造丰富多彩的早期学习环境吧：他们的脑发育情况在一定程度上取决于他们从环境中获得的刺激的丰富性。

HOW WE LEARN

第三部分　学习的四大核心支柱

仅有突触可塑性的存在并不能解释人类的非凡成就。这种可塑性在动物世界也无处不在，甚至是连苍蝇、线虫和海蛞蝓也有可改变的突触。如果说学习是让智人成为教育人、让我们获得理想的生态形式和成功的主要原因，那必是因为人脑还含有一系列比其他物种更丰富的技能。

人类在进化过程中出现了四个主要功能，将我们从环境中提取信息的速度最大化。因为这四大功能对我们心智结构的稳定性起着至关重要的作用，所以我把它们称为学习的四大核心支柱。倘若这四大支柱中有任意一项缺失或薄弱，那么我们的整个心智结构便岌岌可危，反之，当我们需要快速地学习时，都可以依靠它们来优化我们付出的努力。这四大核心支柱是：

- 注意，它可以放大我们所关注到的信息。
- 主动参与，它也被称为好奇心的运算，鼓励着我们的脑去不断测试新的假设。
- 错误反馈，它将我们的预测与现实进行比较，并修正我们塑造的关于外部世界的模型。
- 巩固，它可以使我们将所学的东西彻底内化，反应自动化，睡眠是其中的一个关键因素。

这四大功能远不是人类所独有的。然而，由于我们具有社会脑和语言技能，我们比其他任何物种都能更有效地利用它们——尤其是在我们的家庭和学校里。

注意、主动参与、错误反馈和巩固是学习成功的秘诀，并且这些构成脑结构的基本成分在家里和学校里都能够得以发展。能够调动学生全部四种功能的教师无疑会最大程度地提高课堂学习的速度和效率。因此，我们每个人都应该学着去掌握它们。

HOW WE LEARN

第7章

注意

想象一下，你到达机场时刚好赶上要搭乘的飞机时的情景。你当时的一举一动都反映出你处于注意力高度集中的状态。你的头脑保持警觉，在寻找乘机通道，不允许自己被来来往往的旅客分散注意力，你从快速滚动的列表中寻找着航班信息。周围有很多广告，但你却根本没有注意到它们，你只是径直地走向登机柜台。突然，你转过身来，因为你听到人群中有人喊了你的名字。你的脑认为这条信息是优先事项，所以你的注意力和意识都转向了这个叫你名字的人……你忘了自己本想去的是哪个登机柜台。

就在这短短的几分钟里，你的脑经历了整个注意过程的部分关键阶段：警惕和警觉、选择和分心、定向和过滤。在认知科学中，“注意”涵盖了脑选择信息、放大信息、传递信息、深度加工信息的所有机制。这些都是进化而来的古老机制，就像听到噼啪声时，狗会将自己的耳朵竖起并转向声音的来源方向，而老鼠可能会立马僵立不动，它们使用的注意回路与我们人类的非常接近。[1]

为什么注意的这一机制会在如此多的动物物种中进化出来呢？因为注意

解决了一个非常普遍的问题——信息饱和。我们的脑在不断地受到刺激的轰炸，几乎每秒钟都会接收到数百万比特的视觉、听觉、嗅觉和触觉信息。最初，所有信息都是由不同的神经元并行处理的，但这些神经元不可能深入地加工它们，因为脑的资源有限。这就是为什么犹如金字塔的注意力机制，其组织结构像一个巨大的过滤器，可以进行选择性分类。在每个阶段，我们的脑都会判断这样或那样的信息的重要性，然后只将资源分配给那些它认为最核心的信息。

选择相关信息是学习的基础。在注意力不集中的情况下，我们想从一堆数据中发现规律，就如同大海捞针一般。这是传统的人工神经网络速度如此缓慢的原因：它们浪费了大量时间去分析数据所有可能的组合，而不是在对信息进行筛选之后再聚焦相关的部分。直到 2014 年，加拿大研究者约书亚·本吉奥和韩国研究者赵庆贤展示了如何将注意整合到人工神经网络中。[2] 他们设计的第一个模型学会了将句子从一种语言翻译成另一种语言。他们展现了注意带来的巨大好处，由于他们的系统在运行过程中的每个步骤都聚焦到原句中的相关词汇上，因此其学习的效果更好、速度更快。

“学会聚焦注意力”这一想法如野火般在人工智能领域迅速蔓延开来。如果人工神经网络现在成功识别了一张图片（如一个在公园里扔飞盘的女人，见图 7-1），这是因为它们通过将注意力聚焦到图片上每一个相关部分的重点内容上。当描述飞盘的时候，人工神经网络会把所有资源集中在图像中与飞盘相对应的像素上，同时把其他与人和公园相关的像素暂时删除（这些像素稍后会被加工）。[3] 现在任何复杂的人工智能系统都不再将所有输入与所有输出相联结，因为它知道，当一个普通的网络被一个有组织的网络替代后，学习速率会更快。普通网络让每个输入的像素都有机会预测输出的任何单词，而有组织的网络会把学习分成两个模块，一个模块学习注意，另外一个模块学习命名那些被注意过滤后的信息。

一个女人在公园里扔飞盘

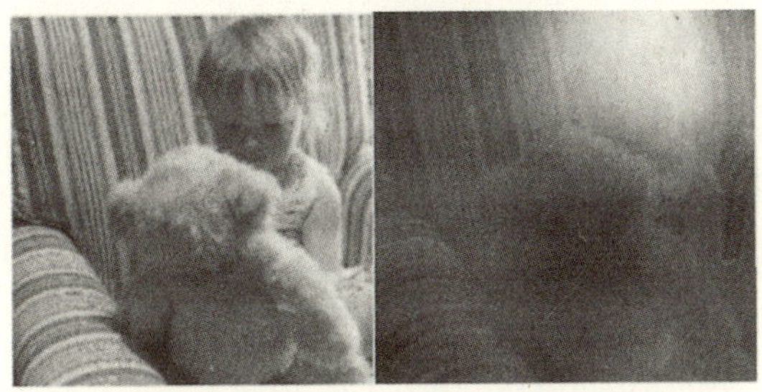

一个小女孩和一只泰迪熊坐在床上

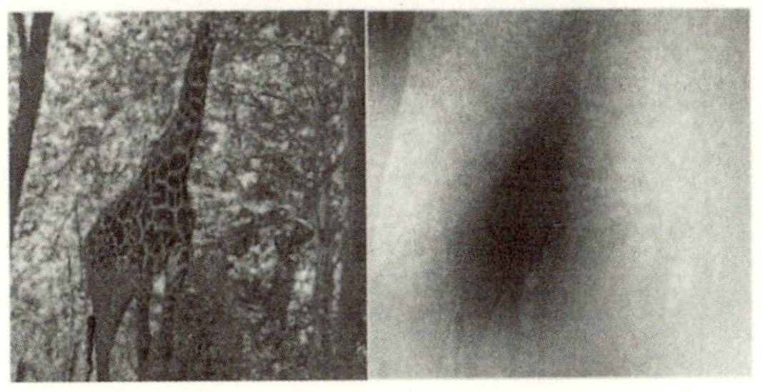

一只长颈鹿站在树林里

学习的第一个核心支柱是注意，它是非常基础的机制，现在已经被整合到大多数当代的人工神经网络中。在本图中，机器要学习找到单词可以描述图像。选择性注意就像一个聚光灯，它照亮了图像中的特定区域（上面三幅图中位于右边的图片的白色区域），并忽略了其他的一切内容。因此在任何给定时刻，注意都会让我们把学习资源集中在选定的数据集上。

图 7-1　学习的第一大核心支柱是注意

注意至关重要，但它也可能导致一个问题，那就是如果注意被误导，学习就会陷入困境。[4]如果我没有关注飞盘，图像的这一部分内容就会被剔除，那么接下来的信息处理将会在好像从来没有过这部分信息的基础上进行。有关飞盘的信息在加工早期就被丢弃了，它会一直被限制在最早的感觉加工区域中。不被注意的物体只会引起些许感觉加工区域的激活，那么学习几乎或根本就不会发生。[5]这完全不同于我们的脑注意并意识到一个物体时所出现的非凡的放大效应。通过有意识地注意，对物体进行感觉和概念加工的相关神经元的放电过程会被极度放大和延长，然后将信息传递到前额叶皮层，在这里激发所有神经元长时间放电，这一过程的持续时间远远超出你的想象。[6]如此强烈的神经冲动正是突触改变自身强度所必须的，这也被神经科学家称为“长时程增强作用”。当一个小学生有意识地注意老师刚刚讲解外语单词时，他会允许这个单词深入到自己的脑回路中，直到信息进入了前额叶皮层。因此，这个单词更有机会被记住。**处于无意识状态或没被注意到的单词则主要被困在脑的感觉回路中，它们没有机会进入更深层次的词汇和概念表征加工阶段，因此无法实现理解和形成语义记忆。**

这就是为什么每个学生都应该学会把注意力集中到什么地方去，以及为什么老师应该对注意多加关注！如果学生不能关注正确的信息，他们就不太可能学到东西，因此作为一名老师最大的能耐就体现在能够不断引导和吸引孩子们的注意力，以便正确地指导他们。

注意在选择相关信息时起着如此重要的作用，因此它在许多不同的脑回路中普遍存在。美国心理学家迈克尔·波斯纳（Michael Posner）把注意区分成三个主要的系统：

- 警觉，指何时需要集中注意，并调试警觉水平。

- 定向，指应注意什么，并放大任何感兴趣的目标。
- 执行控制，指决定如何处理所关注的信息，选择与给定任务相关的处理过程以及控制它的执行过程。

这些系统在很大程度上能调节脑的活动，因此可以促进学习，但是，它们也可能会把学习导向错误的方向。接下来，我们将逐一介绍这三个注意系统。

警觉：脑的觉醒

第一个注意系统也许是进化过程中最古老的系统，它告诉我们应该在何时注意观察。必需时，它会给我们发出警报信号以调动整个身体。当捕食者正在靠近，或者当一种强烈的情绪把我们淹没时，整个皮层下的所有神经核团立即提升了大脑皮层的觉醒和警觉水平。该系统控制着神经递质，如血清素、乙酰胆碱和多巴胺（见彩图 16）的大规模和分散性释放。通过带有许多分支的长轴突，这些警报信息到达了整个大脑皮层，从而极大地调节了大脑皮层的神经活动和学习过程。一些研究者称之为“现在打印”（now print）信号，就好像这些信息在直接告诉大脑皮层去将当前神经活动的内容存入记忆中。

相关的动物研究实验表明，这一警觉系统的激活确实从根本上改变了大脑皮层地图（见彩图 16）。美国神经生理学家迈克尔·梅尔泽尼奇（Michael Merzenich）开展了一系列实验，通过对小鼠大脑皮层下的多巴胺或乙酰胆碱回路进行电刺激，激活它们的警觉系统，结果发现小鼠的大脑皮层地图发生了巨大变化。所有在那一刻恰好被激活的神经元，即使它们本来并不重要，其活动强度也会被极度放大。例如，当一个高频音调刺激与多巴胺或乙酰胆碱系统性地联结在一起时，小鼠的脑就会对该刺激产生强烈的偏好。因此，整个听觉地图都会被这个随心所欲的音调侵占，小鼠区分类似音调的能力会越来越好，但它也会在一定程度上丧失对其他频率音调的辨识能力。[7]

值得注意的是，通过干预警觉系统也可以使成年动物产生大脑皮层可塑性现象。对相关脑回路的分析表明，血清素和乙酰胆碱等神经递质能够调节大脑皮层抑制性神经元的激活，从而打破兴奋与抑制间的平衡。这一调节过程在通过烟碱性受体（对尼古丁敏感，是觉醒和警觉性的另一个主要因子）来完成时尤其有效。[8]我们还记得，脑的抑制功能在关闭突触可塑性中起着关键作用，而此时脑回路被警觉信号解除了抑制，因此似乎可以恢复一些青少年时期的可塑性，从而重新开启对小鼠的脑发育至关重要的关键期。

那么人也可以这样吗？这是个非常诱人的想法，倘若每当一位作曲家或数学家满怀激情地钻研他们喜欢的领域时，尤其是当他们的热情萌生于生命早期时，他们的大脑皮层地图就会发生类似的重组，那该多好啊！像音乐家莫扎特或数学家拉马努扬（Ramanujan）这样的人或许是被狂热的情绪所感染，他们的脑地图就像被音乐或数学的思维模式入侵了一样。而且，这种重组可能不只发生在天才身上，还可能发生在任何对自己的工作充满热情的人身上，无论是一名体力劳动者还是火箭科学家。可以说，是热情通过让脑地图大规模地自我重组从而孕育了人才。

尽管并非所有人都能成为莫扎特，但所有人的脑中都存在着同样的警觉和动机回路。那么，日常生活中的哪些情况会调动这些回路呢？是不是只有在应对创伤或强烈的情绪时它们才会被激活呢？也许不是。一些研究表明，电子游戏是一种能调动我们注意力机制参与其中的有效方式，尤其是那些涉及角色生死的动作类电子游戏。通过调动我们的警觉和奖励系统，电子游戏极大地促进了学习。例如，当我们玩动作类电子游戏时，多巴胺回路就会被激活。[9] 心理学家达芙妮·巴韦利埃（Daphné Bavelier）研究发现，多巴胺回路的激活与快速学习相关。[10] 最具对抗性暴力的动作类电子游戏似乎有最强的效果，这也许是因为它们对脑中警觉回路的调动作用最强。10 小时的游戏时间就足以改进我们的视觉检测功能，提高我们对屏幕上的物体数量的快速估计能力，加强对目标的注意集中度且不被其他刺激分散注意力。通过练习，电子游戏玩家最终可以在不影响其表现的情况下迅速做出决定。

家长和老师经常抱怨说，现在的孩子沉迷于手机、平板电脑、游戏机和其他电子设备，孩子们可以乐此不疲地从一项活动切换到另一项活动，但是失去了集中注意的能力，可是，这并不是真的。电子游戏非但不会降低我们集中注意的能力，反而会逐渐提升这种专注力。电子产品将来能否帮助我们重新激活大人和孩子的突触的可塑性呢？毫无疑问，电子产品是一种强大的注意刺激物，这就是为什么我的实验室开发了一系列平板电脑游戏，它们是基于认知科学原理而开发的与数学和阅读相关的教育类游戏。[11]

诚然，电子游戏也有黑暗的一面。众所周知，它们会导致社交孤立、浪费大量时间以及成瘾。幸运的是，还有许多其他的方法可以帮助我们激活警觉系统的功能，同时也调动脑的社会感知功能。那些能抓住学生注意力的教师、引人入胜的书籍以及让观众沉浸其中的电影和戏剧，可能都为刺激脑的可塑性提供了同样强大的警觉信号。

定向：脑的过滤器

人脑中的第二个注意系统决定了我们应该注意什么。这个定向系统就如同聚光灯，当外界有数以百万计的刺激轰炸我们时，它可以从中挑选出我们应该投入精力的部分，这些被选出来的刺激往往是紧急的、危险的、有吸引力的……或者仅是与我们当前的目标相关的。

美国心理学之父威廉·詹姆斯（William James）在他1890年出版的著作《心理学原理》（*The Principles of Psychology*）中就已经对注意的定向功能做了最好的界定："数以百万计的外部刺激会出现在我的感觉中，但可能从未真正地进入我的经验。为什么呢？因为我对这些刺激不感兴趣。我的经验只与我愿意去注意的信息相关，只有那些我注意到的东西才能塑造我的思想。"

选择性注意存在于所有感觉领域中，即使在最抽象的感觉领域中也不例外。例如，狗听到声音后会动动它们的耳朵，而对我们人类来说，虽然我们能够注意到四周的声音，但只有脑中的一个指示器才能调动和调整我们决定要关注的东西。在嘈杂的鸡尾酒会上，我们可以根据嗓音和语义从10个对话中选择其中一个来关注。注意的定向功能在视觉中往往更加明显，因为我们通常会把头和眼睛转向吸引我们注意力的东西。通过移动视线，我们把感兴趣的物体带到中央凹，即视网膜中心格外敏感的区域。而有实验表明，即使我们不移动视线，也仍然可以关注任何位置或任何物体，无论它在哪里，我们都能放大它的特征。[12]我们甚至可以做到只聚焦多个叠加图像中的一个图像，就像我们可以只注意多个同时发生的对话中的一个一样。而且没有什么能阻止你只去注意一幅画的色彩、一条曲线的形状、一个人跑步的速度、一位作家的写作风格或者一位画家的作画技巧。我们脑中的任何表征都可以成为注意的焦点。

注意的指向功能在所有这些情况下效果都是一样的，它可以放大其聚光灯下的一切。对所关注的信息进行编码的神经元会增强自己的激活程度，而其他的神经元的活动则会被抑制。这会带来双重影响：注意会使参与其中的神经元对我们认为相关的信息更加敏感，而最重要的是，注意会增强这些信息对脑的其他部分的影响力。下游的神经回路会响应我们的眼睛、耳朵或头脑所关注的刺激。最终，大规模扩张的大脑皮层区域会定向地编码任何处于我们注意中心的信息。[13]所以说，注意就像一个放大器和一个选择性过滤器。

“注意的过程本身就是伟大的艺术，”法国哲学家阿兰（Alain）说，“那些不加注意，应付了事的艺术，就只是孤芳自赏的皇家艺术而已。”的确，注意还包括选择去忽略什么，要聚焦一个对象，那么其他数以千计的客体都必须留在阴影里。我们去注意就是去选择、过滤和挑选，这也是为什么认知科学家称其为“选择性注意”。这种形式的注意放大了被选择的信号，也在很大程度上缩小了那些被认为不相关的信号。这一机制的专业术语被称为“偏向性竞争”（biased competition），因为在任何适定时刻都有许多感官输入竞争着我们的脑资源，注意在强化所选择的项目的表征的同时，会削弱其他项目的表征，从而使竞争出现偏颇。这就是聚光灯这个比喻的含义：为了能够更好地照亮某个脑区，脑的注意聚光灯会减少对脑其他区域的照明。这一机制是基于对脑电波活动的干扰：当我们要抑制一个脑区的神经活动时，脑会将阿尔法频带（8—12 赫兹）的脑电波替换成慢波，通过阻止脑电波产生连贯的神经活动来抑制相关的回路。

因此，注意的过程包括抑制不想要的信息，而一旦这样做，我们的脑就有看不见已经选择不加注意的东西的风险。看不见，这是真的吗？是的。因为许多实验都证明，选择性注意确实会导致“视而不见”，著名的“看不见的大猩猩”实验也提供了相关证据。[14]在这个经典的实验中，受试者会观看一段短片，视频中有穿着黑、白队服的两队篮球运动员来回传球。受试者的任务是尽可能精确地数出白队互相传球的次数。受试者认为这是小菜一碟。的确，30 秒后他们会得意地给出正确答案。但是，实验过后研究者会问一个奇怪的问题：“你看到大猩猩了吗？”大猩猩？什么大猩猩？当研究者重新播放这段视频时，受试者会惊讶万分地发现有一位全身穿着大猩猩服的演员从场地中穿过，甚至还在舞台中央停了几秒并拍了拍胸脯。照理说这是不可能看不见的。实验结果还表明，受试者的眼睛在某一时刻直视了大猩猩，但却说自己并没有看见。原因很简单，受试者的注意力完全集中在白队球员身上，从而主动地抑制了对黑队球员的注意，当然，也包括对大猩猩的注意！受试者的脑在全神贯注地进行数数的任务，因此思维工作区无法意识到大猩猩这个不协调的元素的存在。

看不见的大猩猩实验是认知科学中一个里程碑式的研究，也很容易被复制。因为在各种各样的环境中，只对目标对象集中注意就会使我们对不关注的刺激视而不见。例如，如果我让你判断一个音符是高音还是低音，你可能就会忽略另一个刺激，比如说忽略在接下来的若干毫秒内出现的单词。心理学家将之称为“注意瞬脱”（attentional blink）现象[15]，即你的双眼也许一直是睁着的，但你的思维会“眨眼”，思维在一小会儿工夫里正全身心地投入自己的主要任务中，完全无暇处理其他任何事情，即使是辨识一个单词那样简单的事也无法做到。

在这类实验中，我们实际上产生了两种错觉。第一种错觉是我们没有看到那个单词或那只大猩猩，这已经很糟糕了。（也有一些实验表明对非目标对象不加注意会导致我们忽略红绿灯或撞到行人，所以千万不要在开车时使用手机！）第二种错觉比第一种更糟，那就是我们意识不到自己没有意识到，我们会确信自己已经看到了一切！大部分参加过“看不见的大猩猩”实验的人都不相信自己会“视而不见”，他们认为研究者只是在捉弄他们，比如实验前后给他们观看的是两段不同的视频。他们通常会觉得如果视频中真的有大猩猩，自己应该是能看到的。不幸的是，他们错了，因为我们的注意力是非常有限的，尽管我们有较强的意志力，但当我们的思维集中在某个对象上时，无论其他对象有多突出、有趣或重要，它们都会避开我们的注意，并在我们的眼前隐形。意识本身的局限会导致我们高估自己和他人所能感知到的东西。

“看不见的大猩猩”实验的确值得被人们知悉，尤其是父母和老师。我们在教育孩子时往往会忘记无知的状态是怎样的，都认为自己所看到的别人应该也能看到。因此，即使出于好意，我们也时常很难理解为什么一个孩子就是无法真切看到我们想要教会他们的是什么。但是“看不见的大猩猩”实验为人们提供了明确信息，那就是**看到的前提是注意到**。如果学生因为这样或那样的原因分心而不能集中注意力，老师的话就可能完全成为耳旁风。他们无法感知到信息，就无法学习。[16]

以美国心理学家布鲁斯·麦克坎德利斯（Bruce McCandliss）最近做的一项实验为例，该实验探讨了注意在学习阅读过程中的作用。[17] 主要拟解决阅读时是只关注构成单词的每个字母学习效果好，还是注意整个单词学习效果会更好这一问题。为了寻找答案，麦克坎德利斯和他的同事们将一种由优美曲线组成的不常见的文学系统教给了成年受试者（见图 7-2）。研究者首先用 16 个单词来训练受试者，然后记录他们在阅读这 16 个熟悉的单词以及同一文字系统中的 16 个新单词时脑的反应。而被试并不知道自己的注意力被操纵了。一组受试者被告知要把这些曲线看作一个整体来进行处理，每个字整体上对应一个词；另一组受试者则被告知，这些曲线实际上是由三个重叠的字母组成的，如果他们能够关注每个字母便会达到更好的学习效果。因此，第一组受试者关注的是整个单词，而第二组受试者关注的实际上是构成单词的单个字母。

那么实验的结果如何呢？两组受试者都成功记住了先前学习的 16 个单词，但新的注意模式的使用彻底改变了他们编码新单词的能力。将注意力集中在字母上的第二组被试，建立了字母和发音之间的对应关系，能够读出 79% 的新单词。此外，对第二组受试者的脑活动检测发现，他们调动了位于左脑的腹侧视皮层的正常阅读回路。而第一组受试者把注意力集中在单词整体上时，妨碍了他们将已习得的知识迁移运用于学习新单词的能力。这些受试者无法阅读任何新单词，他们在识别新词的过程中激活了位于右脑视皮层的一个与语言学习无关的神经回路。

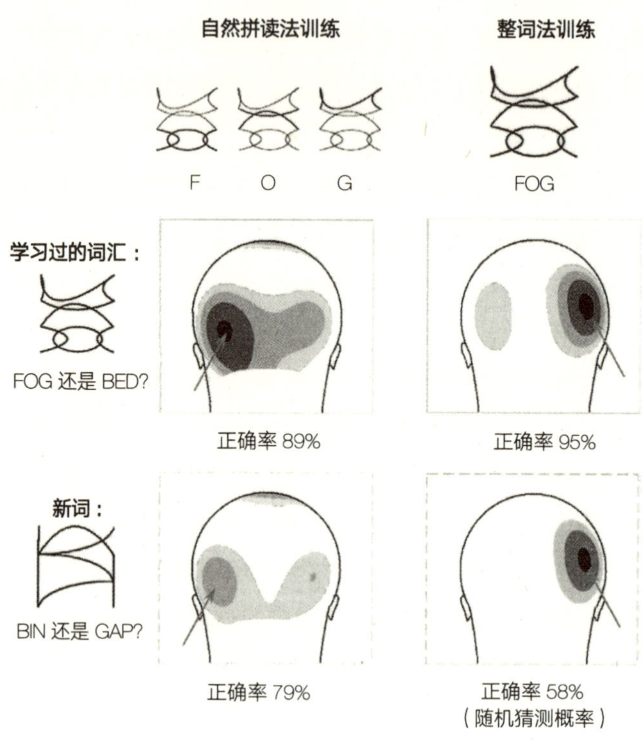

在本实验中，成人通过使用自然拼读法或整词法来学习一个新的文字系统。那些只注意单词整体形式的人，即使给他们看 300 次，他们也意识不到这些单词是由字母组成的。整词注意模式将学习定向到了右脑中一个与语言学习无关的神经回路，阻碍了被试将已习得的知识用于学习新词。但当注意力被放在单个字母上时，受试者就能通过调动位于左脑的腹侧视皮层的正常阅读回路来破译字母并学会阅读新词。

图 7-2　选择性注意可以引导学习进入正确或错误的脑回路

这个实验为我们清楚地揭示了：**注意可以从根本上改变脑的神经活动。**注意单词的整体形式会阻碍对单个字母的解码，并将脑活动定向到相反的大脑半球中不适合的神经回路中去。而自然拼读法是学习阅读的必要手段，只有注意到字母和发音之间的对应关系之后，学生才能够激活与阅读相关的正确神经回路，从而有较好的学习效果。所有教阅读的一年级教师都应该熟悉这一实验结论，因为它揭示了合理引导孩子的注意的重要性。很多相关的实验也证明了自然拼读法的学习效果优于整词法的效果。[18] 当一个孩子注意到字母时，通过用手指从左往右每个字母阅读，学习就变得容易很多。但是如果没有给这个孩子提供任何线索告诉他需要关注什么，只是让他把单词当作一个整体来审视，而不注意单词的内部结构，那么学习便不会发生。正确的注意是学习成功的秘诀。

因此，好的教学效果需要我们将注意力一直放在孩子的注意的定向功能上。教师必须仔细挑选他们想让孩子关注的内容，因为只有那些可以持续引起注意的内容才会获得足够的注意资源，在脑中被表征出卖，然后被高效地学习。而那些在注意的竞争中落败的刺激物，几乎无法激发儿童突触的可塑性。

一位数学很有成就的教师会密切关注学生的心理状态，他总是会通过各种方式引起学生的注意，激发孩子们的好奇心，确保每节课对孩子而言都是难忘的经历。他还会根据每个孩子注意的广度来调整教学过程，确保所有的学生都能跟上整节课的进度。

执行控制：脑的总机

第三个注意系统则是用于决定我们如何处理所注意到的信息的。执行控制系统，有时也被称为“中央执行系统”。它是一个神经回路“大杂烩”，它使我们可以选择行动方案并坚持下去。[19] 执行控制系统包含大脑皮层的整个层级结构，主要位于前额叶皮层——大脑前额下方较大的皮层区域，约占脑体积的 1/3。与其他灵长类动物相比，人类的前额叶面积更大，联结性更好，聚集的神经元的数量也更多，而每个神经元都带有更多、更复杂的树突。[20] 因此，人类的认知能力比其他任何灵长类动物要发达得多也就不足为奇了。而这一点在最高级的认知功能上体现得尤为明显，使我们能监督自己的思维活动并意识到哪里出错了。[21]

试想一下，用心算的方法算出 23 × 8 的乘积应该如何完成。正是执行控制系统确保了一系列思维活动顺利进行：首先，我们注意到个位上的数字 3 然后用它 ×8 得到结果 24，并暂时存储在我们的记忆中；接着，关注十位上的数字 2 并将它 ×8 得到 16，得到结果 160；最后，将 24 和 160 相加得到最终结果 184。

执行控制系统就是脑的总机，因为它能够指引、引导和控制我们的思维过程，就像一位在繁忙的火车站里工作的铁路调度员，他通过选择合适的调度开关来将列车引向正确的轨道。脑的中央执行系统被认为是注意的其中一个系统，因为跟别的系统一样，它可以从众多选项中做出选择。不过，它是从现有的思维活动中做选择，而不是从我们接触到的刺激中进行选择。因此空间注意和执行注意是相辅相成的。当我们进行心算时，空间注意会扫描数学课本页面并将注意聚焦在问题“23 × 8”上，而执行注意则对关注点进行一步步引导，比如先选择数字 3 和 8，然后再将其导入脑回路中进行乘法运算等。中央执行系统会激活相关的思维活动并抑制不相关的活动。它要不断地确保思维程序在平稳运行，并决定在何时改变策略。在扣带回皮层下的专门化神经回路内，这个系统也负责监控我们在什么时候犯了错，或者什么时候偏离了原来的目标，以便及时纠正行动计划。

执行控制系统和认知科学家所说的工作记忆之间有着密切的联系。如果要控制心算的执行过程，我们必须时刻把正在进行的程序的所有要素记在心里，包括中间结果、已经执行的步骤、接下来要执行的操作……因此，执行注意控制着我所说的“全脑神经工作区”（global neural workspace）的输入和输出，即一种暂时性的有意识的记忆，它使我们能短暂地保存相关信息并将其传递给其他神经模块。[22] 这一全脑工作区就像是脑的路由器和信号员，负责决定如何并以何种顺序将信息传递给脑中许许多多的不同的处理器。在这个层级上，脑的思维活动是缓慢且连续的，因为执行控制系统一次只会对一条信息进行加工，因此无法同时处理两种思维活动，心理学家也将之称为“中枢瓶颈”现象。

但是我们真的不能一次性同时处理两个思维程序吗？有时候我们会认为自己可以同时执行两项任务，甚至可以进行两种截然不同的思考，但这纯粹是错觉。一个简单的实验便可证明这一点：给同一个人布置两项非常简单的任务，比如听到高音时用左手按一个键，看到字母 Y 时用右手按另外一个键。当高音和字母 Y 同时出现或间隔很短时间相继出现时，人们通常会以正常速度完成第一个任务，但完成第二个任务的速度会大幅减慢，并与做第一个决定所花的时间成正比。[23] 换句话说，第一个任务延误了第二个任务的完成。当整个全脑工作区都在忙于第一个任务时，第二个任务不得不先等着，而这一等待往往长达几百毫秒。如果你太过专注于第一个任务，那么你甚至有可能完全错过第二个任务。然而，值得注意的是，几乎没人能察觉完成双任务所存在的延误现象，因为根据定义，我们不能在信息进入有意识的工作区之前意识到它。尽管第一个刺激被有意识地加工了，但是第二个刺激仍需在“门”外等待，直到全脑工作区得空为止。但是我们对等待时间并没有内省的机会，因为我们会以为自己在完成第一个任务后，第二个刺激瞬间就出现了，而且我们用正常的速度处理了它。[24]

实验结果再次证明，我们没有意识到自己的思维局限。（的确，我们怎么可能察觉到自己是缺乏察觉的，那很荒谬！）我们相信自己可以同时进行多任务处理的唯一原因是我们没有意识到它造成的巨大延误。因此，尽管所有证据都表明发消息是最容易让人分心的行为之一，仍然会有很多人边开车边发消息。电子设备的屏幕诱惑和同时多任务处理的神话是现代数字社会中最危险的谎言。

那经过训练之后我们能否把自己变成真正的可以一心多用的人，可以同时操作多项任务呢？也许可以，但只有在对两项任务中的其中一项进行了高强度的训练达到自动化之后才可能实现。自动化解放了有意识工作区：通过将一项任务做到可以自动化进行的程度，我们就可以在无意识的情况下执行它，而不占用脑的核心资源。例如，通过艰苦的练习，职业钢琴家可以边弹琴边说话，打字员可以边打字边听收音机。不过这些都是罕见的例外情况，而且心理学家们对此还没得出结论，因为执行注意也可能以一种几乎无法察觉的方式从一项任务迅速转移到另一项任务去。[25]一个公认的基本原则是：**当我们不得不同时执行多个认知操作的时候，在注意的控制下，至少有一项认知操作被放缓了或被完全遗忘了。**

由于注意分散会产生如此严重影响，因此学会集中注意是学习能取得成效的一个核心秘诀。我们不能指望一个孩子或大人可以同时学两项内容。因此，教学需要关注到注意的极限，尤其需要仔细区分特定任务的优先级。任何分心都会延缓我们的学习进度或浪费我们的努力，因为如果我们试图同时做几件事，我们的中央执行系统很快就会跟不上节奏。在这方面，认知科学的实验结果与教育研究的结果是完美契合的。例如，现场实验发现，有过多装饰物的教室会分散孩子的注意，使他们无法集中注意。[26]最近的另一项研究表明，如果学生被允许在课堂上使用智能手机，他们的学业表现就会退步，即使在课程结束几个月后再次测试他们当天学习的内容，他们的表现仍然不佳。[27] 因此，为了获得最佳的学习效果，大脑必须排除任何干扰。

学会去注意

执行注意大致相当于我们所说的“集中注意”或“自我控制”。重要的是，该系统并不是人生来就有的，因为这一系统需要在大脑前额叶皮层完全发育成熟时才能达到最优的功能状态，而前额叶皮层的发育可能需要历经 15 ～ 20 年才完成。通过积累经验和接受教育，执行控制系统在整个童年和青少年时期缓慢发展，然后慢慢地学会了自我控制。脑的中央执行系统需要大量时间来系统性地选择合适的策略，抑制不恰当的策略，与此同时也要避免分心。

认知心理学中有很多这样的例子：儿童通过集中注意力和抑制不当策略来逐渐修正他们的错误。心理学家皮亚杰是第一个注意到这个现象的人，他发现有些幼儿会时不时地犯同样的错误。例如，如果你把一个玩具在 A 地藏了几次，然后把它转移到 B 地，那么一岁以下的幼儿会继续到 A 地寻找它（即使他们很清楚发生了什么）。这就是著名的“A 非 B 错误”，这一现象使皮亚杰得出一个结论，即一岁以下的幼儿是没有物体恒常性的（物体恒常性指的是当物体被隐藏时个体仍然知道它是存在的）。然而，我们现在知道这种解释是不合理的。有关婴儿视线追踪的研究结果表明，婴儿实际上知道被隐藏的物体在哪里，但是他们在解决心理冲突方面存在困难，因为在 A 非 B 任务中，从先前的实验试次中习得的习惯性反应告诉他们应该去 A 地寻找，但最近生成的工作记忆却告诉他们，在当前的实验中，他们应该抑制这种习得性的反应并前往 B 地寻找。这种习得性行为在婴儿还不到 10 个月大时比较常见，在这个年龄阶段，婴儿缺乏的是执行控制能力而不是对物体的认知能力。事实上，“A 非 B 错误”在婴儿大约 12 月龄时就消失了，这与大脑前额叶皮层的发育有直接联系。[28]

儿童常犯的另一个典型错误是对数量和尺寸的混淆。对此，皮亚杰又总结出了一个重要的结论，但遗憾的是，他所给出的解释依旧是错误的。皮亚杰发现，三岁以下的儿童很难判断出一组物体的数量。在皮亚杰经典的数量守恒实验中，他首先向孩子们展示了两排弹珠，这两排弹珠位置一一对应，在这种情况下，即使年龄最小的儿童也会知道这两排弹珠是一样多的。然后，他会把其中一排弹珠间隔排列（见图 7–3）。

oooooo　　oooooo　　→　　o o o o o o　　oooooo

图 7–3　两排弹珠的不同排列

值得注意的是，此时孩子们会认为这两排弹珠数量不等，他们认为，看起来更长的那一行有更多弹珠。这是一个令人惊讶的错误，但是，与皮亚杰的观点相反，这并不意味着这个年龄段的孩子没有数量的概念。正如我们所看到的，即使是刚出生的婴儿也已经拥有了抽象的数感，这与物体间距无关，甚至与它们所呈现的感觉形态也无关。而这实际上还是因为儿童此时的执行控制能力较弱，他们必须学会抑制一个突出的特征（尺寸），然后放大一个更抽象的特征（数量）。其实即使是成人在做这种选择性注意任务时也可能会失败。例如，当用尺寸较小的物体表征较大的数值，而用尺寸较大、分布更分散的物体表征较小的值时，我们恐怕很难区分究竟两组数值谁大谁小；再如，我们很难确定用大号字体书写的 7 和用小号字体书写的 9。哪一个所表征的数值更大。随着年龄的增长和受教育经验的积累，我们所收获的成长其实并不是与生俱来的精确识别数量的能力，而是能有效运用选择性注意并抑制无关因素（如密度或字号）的干扰的能力。[29] 同样，这类任务的发展与大脑前额叶皮层的神经反应有关。[30]

我还可以举出更多的例子，在我们人生的各个阶段以及所有的知识领域，无论是认知还是情感，都有赖于我们的执行控制能力的发展，正是它使我们可以避免犯错。[31] 现在让我们尝试说出下图（图 7-4）中每个单词的颜色（黑色或白色）。

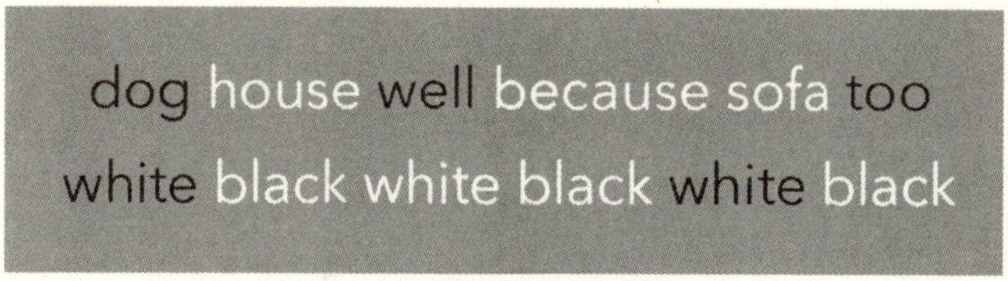

dog house well because sofa too

white black white black white black

图 7-4　黑白色组合的单词

当你看到第二行时，是否觉得任务变得更困难了呢？你是否不得不放慢了速度而且会犯错？这是经典的斯特鲁效应（Stroop effect，有的实验全用彩色单词），表明执行控制系统的功能已经受到了干扰。当单词本身的含义与其印刷颜色相冲突时，中央执行系统必须抑制对单词含义的阅读和理解，以使注意维持在任务所要求的对词汇的颜色的命名上。

现在试着回答以下问题：玛丽有 26 颗弹珠，她的弹珠数量比格列高利多 4 颗，那么格列高利有多少颗弹珠？你是不是很想把这两个数字相加？你有没有想到 30 不是正确答案，正确答案应该是 22？问题的陈述中使用了“多”这个词，但你实际应该用减法，很显然，这就是一个陷阱，许多孩子在他们设法控制自己并且深入思考这类数学问题的含义以便选择相关的算术运算前都会犯错。

在人脑前额叶皮层不断发育趋向成熟的二十多年的时间里，注意和执行控制能力也会自然而然地得到发展。但和其他神经回路一样，这一神经回路也是可塑的，而且已有许多研究结果表明，这一神经回路的发育可以通过训练和教育得到加强。[32] 因为这个系统与各种认知任务、许多教育活动相关，当然这当中也包括最有趣的活动，它们都可以有效地促进执行控制系统的发展。美国心理学家迈克尔·波斯纳第一个开发出了能提高幼儿注意力的教育软件。他开发了一款可以教会孩子学会专注和抑制的简单游戏，在游戏中，孩子要专注位于屏幕中心的被相反朝向的鱼所包围的那条鱼的朝向（见图 7-5）。通过在不同难度等级上的训练，孩子逐渐学会了避免被目标周围的其他鱼分散注意。而这只是众多鼓励反思并提倡抑制即刻的、下意识的反应的方法之一。

图 7-5　不同朝向的鱼的排列

早在计算机问世之前，意大利女教育家兼医生玛丽亚·蒙台梭利（Maria Montessori）就注意到各种各样的实践活动可以培养幼儿的专注力。例如，在今天的蒙台梭利学校，让孩子们沿着画在地上的椭圆行走且要做到脚不离线，就是一种培养幼儿注意力的方式。一旦他们学会之后，教师就会给他们加大难度，例如让他们嘴里含着勺子并在勺子上放一个乒乓球然后沿着椭圆轨迹行走。实验结果表明，蒙台梭利的方法对儿童众多方面的发展都有积极的影响。[33] 其他的研究结果也证明了，玩电子游戏、冥想或学乐器等活动都对注意力的发展有益。对一个年幼的孩子而言，在协调双手的同时还要控制自己的身体、视线和呼吸是极其困难的。这就是为什么在小的时候学音乐对脑的注意神经回路有较强的影响，它可以使大脑两侧前额叶皮层厚度显著增加。[34]（见图 7-6）

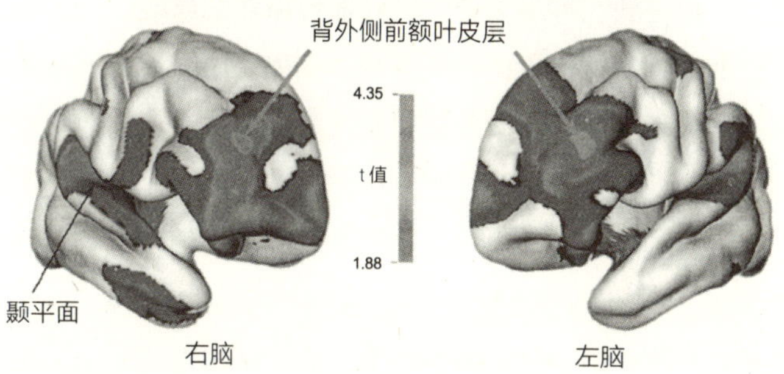

执行控制指集中注意和控制自己的能力，它会随着年龄的增长和受教育经历而不断发展。从小学习演奏乐器是提高注意力和自控力的众多方法之一，音乐家的大脑皮层厚度，尤其是在执行控制中起重要作用的背外侧前额叶皮层的厚度会比与之年龄、性别等个体特征相仿的普通人要厚。

图7-6　学习乐器对大脑注意神经回路的影响

执行控制训练甚至可以改变一个人的智商水平。这可能会让人感到惊讶，因为智商通常被认为是由遗传决定的，遗传通常才是儿童智力潜能的基本决定因素。然而，智商就像我们的其他能力一样，其实是一种行为能力，因此，它可以通过教育而改变。智商有赖于脑中特定的神经回路，而这些回路的突触结构是可以通过训练来改变的。以推理和解决新问题的能力为核心的流体智力对脑执行控制系统的依赖性很强，因为流体智力和执行控制系统这二者调动了脑区中共同的神经网络，尤其是位于背外侧前额叶皮层上的神经网络。[35] 的确，流体智力的标准化测量类似于认知心理学家用来评估执行控制的测试，二者都强调在不忘记总体目标情况下对注意力、专注力，以及从一项活动快速切换到另一项活动上的能力的测评。而且，事实上专注于工作记忆和执行控制的训练项目可以使流体智力分数略微提升。[36] 这与先前的研究结果一致，即尽管智力受到遗传因素的影响，但它也会因环境因素（包括教育）的影响而发生巨大改变。例如，研究者将那些被社会经济地位高的家庭所收养的 4 ～ 6 岁的低智商儿童与被社会经济地位低的家庭所收养的 4 ～ 6 岁的低智商儿童进行了对比，研究者发现，当他们成长为青少年时，那些在富裕家庭（社会经济地位高家庭）长大的孩子的智商分数与之前相比提高了 20 分，而那些在贫困家庭（社会经济地位低家庭）长大的孩子只增加了 8 分。[37] 最近的一项元分析研究了教育对智力的影响，研究者得出的结论是，每在学校多上一年学，智商分数就会提高 1 ～ 5 分。[38]

目前的前沿研究聚焦于优化认知训练的效果并且明确其局限性。那么，这种效果能延续数年吗？我们如何确保这种效益可以超越训练任务本身的范围，在各种情况下都存在？这是一个挑战，因为在默认状态下，脑倾向于为每一项任务形成特定技能，即技能是在逐个案例的基础上形成的。应对这一挑战的办法可能在于使我们的学习经验多样化。倘若教育项目能通过在各种各样的情境中刺激工作记忆和执行注意的核心认知技能，那么就能获得较好的学习成效。

某些研究的结果使我特别乐观。早期给孩子施行的记忆方面的训练，尤其是那些在幼儿园时期就进行的训练，似乎对提高专注力和许多领域的成功都有积极的影响，这其中包括了孩子在学校的阅读成绩和数学成绩。[39] 这并不奇怪，因为我们很早就知道工作记忆是预测后期数学成就最好的指标之一。[40] 如果我们把这些记忆训练和“数轴”概念用更直接的教学方法结合起来，那么这些练习的效果就会成倍增加。“数轴”的核心概念是，数量是在一根线性轴上组织的，加减法就是向右或者向左移动。[41] 所有这些教育干预似乎对家境不好的孩子最有帮助。例如，对来自社会经济水平较低的家庭的儿童而言，假如从幼儿园开始就教他们基础的学习方式并进行专注力训练，这样的早期干预可能是对教育最好的投资方式之一。

共同关注

人天生是一种社会（或政治）动物。

——亚里士多德（公元前350年）

所有的哺乳动物，当然也包括灵长类动物，都拥有注意系统。但是，人类的注意系统还有一个独特的特性——社交注意共享（social attention sharing），这种能力可以进一步加速我们的学习与其他灵长类动物相比，人类的注意和学习更依赖于社会信号，因此我会关注你关注的东西，我会从你教我的东西中学习。

婴儿从很小的时候就开始注视人脸，尤其关注人的眼睛，因此，一旦听到了什么声音，他们的第一反应不是去探索这个场景，而是去捕捉与他们互动的人的目光。只有在建立了眼神接触之后，婴儿才会转向大人凝视的对象，这种非常了不起的社交注意共享能力也被称为“共同关注”，它决定了孩子学习到的东西。

前文已经介绍过一个有关婴儿学习新词 Wog 的实验。在学习 Wog 这个词时，婴儿如果能跟随说话者的视线专注这个词，那么他们通过几次尝试就能学会这个词。但如果只是通过扬声器重复播放这个词，即使这一读音与该词直接相关，婴儿也学不会。婴儿学习语音类别时也是这样的情况，例如，一个 9 月龄的美国婴儿，只要和中国成人互动几周就能够学会一些汉语音素，但如果他是通过看一段高清的视频来学习，即使接触到的语言刺激数量相同，他也学不会汉语发音。[42]

匈牙利心理学家盖尔盖伊·西布拉（Gergely Csibra）与捷尔吉·盖尔盖伊认为，教导他人和向他人学习是人类物种进化出来的最基本的适应功能。[43] 人类是一种拥有“自然教学法”脑回路的社会性动物，**一旦我们注意到别人试图教给我们的东西，这一大脑回路就会被触发。**全人类的成功至少可以部分地归功于我们进化出的与他人共同关注的能力。我们学到的大部分知识都来自他人，而非我们自己的亲身经历，因此，人类社会的集体文化才能远超任何个体单独所能做到的上限。这就是心理学家迈克尔·托马塞洛（Michael Tomasello）所说的“文化棘轮”（cultural ratchet）效应，就像棘轮可以防止电梯下降一样，社交共享也可以防止人类文化的倒退。每当有人有新的发现，这一有用的发现就会迅速传遍整个群体。幸好存在这样的社交学习，人类文明才几乎不曾倒退，人类的重大发明也不曾被遗忘。

我们的注意系统已经适应了这种文化背景。盖尔盖伊和捷尔吉的研究表明，在很小的时候，儿童的注意力就与大人发出的言语或非言语的信号高度敏感。那些在做出特定指示之前都会先看看孩子的家长、保姆、老师，能够较大程度地影响孩子的学习效果。眼神交流不仅能吸引孩子的注意力，而且也表明老师正打算教给孩子一个重要的知识点。就连婴儿也对眼神交流很敏感，因为眼神交流让他们知道“现在要上课了”，马上要学的是很重要的而且可以广泛应用的知识。

举个例子，一个 18 个月大的婴儿看到一名年轻的女士面带微笑地转向物体 A，然后对物体 B 一脸嫌弃时，他会得出什么结论呢？这完全取决于孩子和大人间的信号交换，如果没有建立眼神交流，那么婴儿只会记得一个特定的信息，那就是这个人喜欢物体 A、不喜欢物体 B（见图 7–7）。但是，如果他们有眼神交流，孩子就能从中推断出更多信息，他会认为大人正试图教他一些重要的事情，因此他总结出了更具一般性的结论，即物体 A 是招人喜欢的，而物体 B 是令人厌恶的，不只是这个人喜欢 A 而不喜欢 B，其他所有人也都是如此。孩子会特别注意任何愿意交流的信号，当某人表现出明显地试图与他们交流的迹象时，他们会推断出这个人想要教他们一些概括性的知识，而不仅仅是这个人自己的特殊偏好。

图 7–7　共同关注

社会互动是人类学习算法的重要组成部分，学习取决于我们对他人意图的理解。即使是 18 个月大的婴儿也明白，如果你看着他们的眼睛，你是在试图向他们传达重要的信息。通过眼神交流，他们比其他人更有效地学习和更成功地进行归纳。而早在 14 个月大的时候，婴儿就已经能够理解他人的意图，例如，当他们在看到一个人双手自由但试图用头打开一盏灯后，他们就会用各种方式来模仿这个动作，但是如果那个人的手被捆住，孩子就不会模仿，因为在这种情况下，孩子其实明白自己的手被捆住了，用手按压按钮就能让灯亮起来（见图 7-8）。

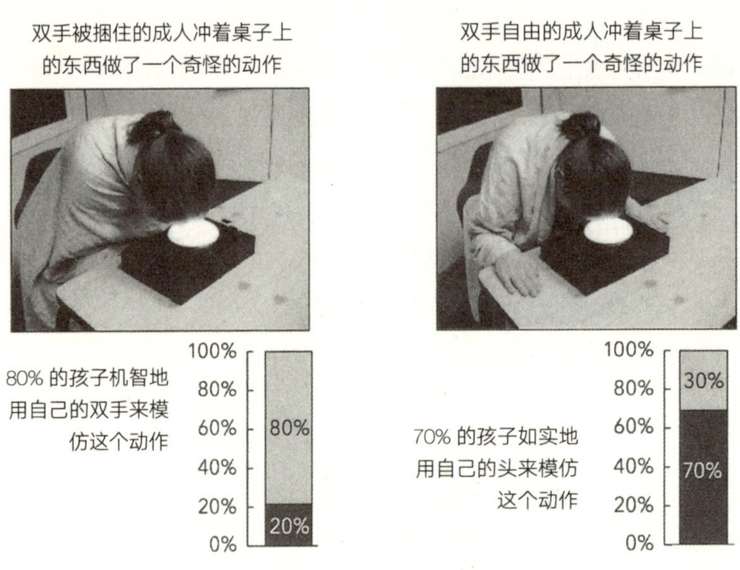

图 7-8 意图的理解

不只是眼神交流很重要，孩子也能很快地理解手指动作背后的交流意图。（黑猩猩从来都理解不了这种手势）。对人类来说，甚至连婴儿都能意识到有人在试图引起他们的注意并要给他们传递重要的信息。例如，当 9 个月大的婴儿看到有人试图吸引他们的注意并把手指指向某物时，过后他们还能记得那个物体的重要性，因为他们明白这个物体对他们的互动对象来说非常重要。但是，如果他们看到同一个人把手伸向这个物体但并没有看他们，他们就只会记住这个物体的位置，而不是它的重要性。[44]

父母和老师要时刻谨记这一重要事实，因为**你们的态度和视线对孩子来说非常重要**。通过视线和语言交流来吸引孩子的注意可以确保他和你共享同一个注意对象，同时还会增加他们记住你想要传达的信息的概率。

教学是去关注别人的知识

没有哪个物种能像我们一样传授知识。原因很简单，那就是我们可能是唯一可以理解他人想法的物种，我们可以注意到他人心里在想什么，以及以为别人是怎么想的。这种推演能力是脑的典型特征，它在教学中起着至关重要的作用。教育工作者必须不断地思考学生不知道什么，并基于此调整自己的表达和示例，以便快速地增加学生的学识。一旦学生知道老师清楚地了解他们不知道什么，他们就会把老师的每一个动作都理解为正在试图向他们传授新知识。这个良性循环会一直持续下去：大人明白，孩子知道大人清楚哪些东西是他们不知道的……这促使大人可以选择那些孩子可以听懂、可以类比的例子。

这种教学方式似乎在任何其他物种中都不存在，它很可能是人类所独有的。2006年，一篇具有里程碑意义的文章发表在《科学》上[45]，描述了南非猫鼬的教学方式。但在我看来，这项研究误解了教学的定义。这篇文章讲的是猫鼬是如何学会准备食物的。猫鼬面临着严峻的挑战，它们以极其危险的猎物为食，在吃有毒刺的蝎子之前它们必须将毒刺去掉，否则会性命堪忧。它们遇到的困境与日本厨师烹饪河豚时遇到的类似，河豚的肝脏、卵巢、眼睛和皮肤中都含有河豚毒素，只要烹饪过程中犯任何一个小错误，食用者就会面临死亡的危险。日本厨师要经过三年的培训才能获准烹饪河豚，而猫鼬是怎么知道如何去除蝎子的尾刺呢？发表在《科学》上的这篇论文给出了令人信服的证据。成年猫鼬首先会给它们的后代提供“准备好的”食物，其中包括毒刺已经被去掉的蝎子。当小猫鼬慢慢长大，成年猫鼬为它们提供越来越多的活蝎子，而这显然有助于把幼崽培育成独立的猎手。因此，作者认为这一过程与人类教学过程的三个标准相吻合：第一，大人在孩子面前表现出一种特定的行为；第二，这种行为对大人来说是需要费些功夫才能做到的；第三，相较于大人不加干预的情况，当有人教时，孩子能学得更快。

猫鼬的例子当然值得注意，因为它们进化出了一种独特的机制，而这种机制显然有助于它们存活下来。但这是真正的教学吗？在我看来，这些数据并不能支持猫鼬真的在教它们的幼崽这一结论，因为在这一过程中有一个关键因素被遗漏了，那就是对彼此知识的共同关注。没有证据表明成年猫鼬注意到幼崽知道什么，而且也没有证据表明幼崽知道成年猫鼬正在教它。成年猫鼬只会在幼崽长大的过程中把越来越危险的猎物放到孩子的面前。而据我们所知，这一机制可能完全是预先设定好的并且只适用于蝎子这种猎物。这是一种复杂但用处有限的行为，不像蜜蜂的八字舞或火烈鸟的求偶舞那样是整个种群内部共享的交流方式。

简而言之，尽管我们试图把我们所认知的教学概念投射到猫鼬和蝎子身上去，但仔细观察就会发现它们的行为与我们的相差甚远。由于其明显的局限性，猫鼬的教学故事反倒是反映出人类这种教学行为是真正独特和珍贵的。在**学校里，真正的教学关系包括教师和学生之间很强的心理联结**。一名好的老师会为他的学生建立一个心理模型，他知道学生有什么技能，会犯什么错误，他还会采取一切行动来丰富学生的思想。因此，这个理想的老师的形象把那些只是机械性地讲授老套的课程内容，且不根据学生已有的知识和期望因材施教的老师（无论是真人抑或是计算机）排除在外了，因为像这样不动脑子的、单向的教学是没有成效的。反过来说，只有当学生有充分的理由相信老师在尽其所能地传达知识时，教学才会有效。**任何健康的教学关系都必须建立在双向的关注、倾听、尊重和信任的基础上。**目前还没有证据表明，在人类外的任何动物中，存在这种学生和教师相互关注彼此心理状态的能力，这种能力被称为“心理理论”（theory of mind）。

即使是猫鼬采用的这种与人类近似的教育方式也没能体现出教育在人类社会中所起的重要作用。“每个人都是一部人类通史”，朱尔斯·米歇莱（Jules Michelet）这样说道。通过教育，我们向他人传递了几千年来人类的智慧结晶。我们所学到的每一个词、每一个概念都是我们的祖先赠予我们的财富。如果没有语言，没有文化的传承，没有公共教育，我们谁也不可能独自发明或发现现存的那些所有能扩展我们生理和心理功能的工具。教育和文化使我们每个人都成了人类智慧链条上的继承人。

不过人类对社会沟通和教育的依赖既是福，也是祸。从另一个方面看来，迷信思想和虚假信息在人类社会中能被如此轻易地传播开来也是教育的过错。从很小的时候起，我们的脑就会轻易相信我们听到的故事，不管它们是真的还是假的。在社会环境中，我们的脑会放松警惕，我们不再是未来的科学家，而是让自己变成了毫无主见的旅鼠。这会有好处，当我们相信科学老师讲授的知识时，就不用再重复自伽利略时代以来的每一个实验！但是当我们集体传播从祖先那里继承来的不可靠“智慧”时，这种依赖性就也可能会是有害的。正是对前人知识的盲目信任，医生才不加思索地进行了几个世纪的放血治疗，且从未测试过它们的实际效果。

前文提到的一个著名的实验同时也证明了社交学习能在多大程度上把聪明的孩子变成盲目的模仿者。早在 14 个月大的时候，婴儿就能轻易地模仿他人的动作，即使这些动作对婴儿来说没有任何意义，或者正是因为它没有意义，所以婴儿才特别喜欢模仿。[46] 在图 7-8 的实验中，当婴儿看到一个双手被披肩绑着的大人用自己的头按压一个灯的按钮时，婴儿们推断，自己可以用空着的手简单地按下按钮，这就是他们最终模仿动作的方式，而不是去复制每一个细节。然而，如果他们看到同一个人不为特别的原因、在双手没有任何束缚的情况下用头去按压灯的按钮时，婴儿似乎会放弃所有的推理，选择盲目地信任大人，低下头来忠实地模仿这个行为，当然，用头按压开关这个动作是没有意义的。婴儿低下头的这一动作似乎是人类社会和宗教延续下来的数千种仪式或动作的前身，即便是成年后，这种社会顺从现象也仍然存在并还在增加。即使是像判断一条线的长度有多长这样的小事，也会受到社会环境的影响，当我们的邻居得出与我们不同的结论时，我们经常会修正自己的判断，使自己和他人观点一致，即使他人的答案并不怎么有道理。[47] 在这种情况下，我们自身的社会性本能会凌驾于理智之上。

简而言之，人脑有两种学习模式：一种是主动模式，我们像优秀的科学家一样主动对外部世界形成假设并对其进行测试；另一种是接受模式，我们被动吸收他人传递给我们的信息，且不再去亲自验证。第二种模式通过文化的棘轮效应，使人类社会在过去的 5 万年中实现了非凡的扩张。但是，如果缺乏第一种模式的批判性思考，那么第二种模式会让我们很容易受到虚假信息的伤害。积极地验证知识、拒绝道听途说以及形成有意义的个人建构，这些做法都是保护我们免受传说和所谓的“大师”欺骗的基本过滤器。因此，我们必须在两种学习模式之间找到一个平衡，学生必须专心听讲并对老师讲授的知识有信心，但也必须成为学习的主人，可以自主地、批判性地思考。

此处我们就已经谈到了学习的第二大核心支柱——主动参与。

HOW WE LEARN

第 8 章

主动参与

这里有两只小猫，给其中一只戴上项圈并系上拉绳，然后给另一只套上套索。最后，把它们与一个旋转木马装置联结在一起，确保第一只猫可以拖着坐在旋转木马上的第二只猫转动。两只小猫接收到的视觉输入相同，但第一只是主动接收，而第二只是被动接收。前者可以自行探索周遭环境，而后者只能在没有自主控制权的情况下被拖着跑。

这是一个经典的旋转木马实验，是理查德·希尔德（Richard Held）与艾伦·海因（Alan Hein）于 1963 年开展的。那时动物实验的伦理标准明显不如今天完善。但这个非常简单的实验引出了一项重要发现：**对世界进行主动探索是我们视觉功能得以正常发展的关键**。这两只小猫每天会在一个贴着竖条纹的大圆筒里待三个小时，持续几个星期。尽管它们的视觉输入非常相似，但是其视觉能力却发展得大相径庭。[1] 即便是生活在只有竖条纹的贫瘠环境里，那只可以主动探索的小猫发展出了正常的视觉能力。而那只被动的小猫则失去了视觉能力，并且在实验结束时没能通过最基本的视觉探索测试。比如，在测试深度知觉的悬崖实验中，这只小猫被放在一座桥上，桥的一侧是万丈深渊，另一侧是很浅的平地，小猫可以选择从哪一侧离开。视觉能力发育正常的小猫会毫不犹豫地跳到浅的那侧。但这只在被动的环境中长大的小猫就只能随机跳。其他测验结果也表明，它没能发展出良好的视觉空间模型，没能像其他正常猫咪一样可以用自己的爪子感受周围环境反馈的信息从而做出有效决策。

被动的有机体无法学习

希尔德与海因的旋转木马实验生动地体现了我们学习的第二个支柱——主动参与的重要性。各个领域的研究结果都表明，一个被动的有机体能学到的东西很少，甚至根本没学到任何东西。**有效学习意味着拒绝被动，主动参与，努力探索以及主动地生成假设并在现实世界里去验证它们**。

要学习，我们的脑首先必须形成一个关于外部世界的假设性的心理模型，然后将之投射到周围环境里，并将这个假设所得出的预测与从感官接收的内容相比较，来检验假设。这一过程意味着我们必须是处于一种积极、投入和用心的状态。因此，动机非常重要：我们只有在有目标并且全身心投入其中的时候才能学得好。

别误会，主动参与不是说我们应该鼓励孩子整天都在课堂里动来动去！我曾参观过一所学校，校长骄傲地告诉我他是如何把我的想法运用到教学中去的。他在学生的桌子下面安装了踏板，这样他们就可以在数学课上保持活跃状态了……他完全领会错了我的意思。主动参与不是指身体必须一直动。主动参与是在我们脑中进行的活动，而不是在脚上。只有当我们的脑在用心地、专注地以及积极主动地创造心理模型的时候，我们才能高效地学习。为了更好地理解新概念，主动学习的学生会不断地把概念用自己的词汇和想法重述出来。而被动的或者心不在焉的学生则不会从课堂中学到任何东西，因为他们的脑没有把关于世界的心理模型进行升级。这与身体的动作没有任何关系。两个看似都安安静静坐着的学生，他们内在的脑活动可能有巨大差异。一个学生在积极地跟随课程内容努力学习，而另一个没用心参与的学生只是在被动地听着或开小差。

实验结果表明我们几乎不可能只靠被动地积累感觉信息就能学到任何东西。这只可能发生在我们低级的感觉和运动系统中。记得那些给儿童听上百个音节，让他们计算音节之间转换的概率（比如 bo 和 t^l），最后确认他们是否听出了 bottle 这个词的实验吗？这种类型的内隐学习似乎在婴儿睡觉时都还在继续。[2] 然而，这种特例才恰恰证明了我们刚才的诊断：在大部分案例中，只要涉及高级认知功能，比如对词语意义而不只是形态的外显记忆，学习似乎就只会在学生专注、思考、预测以及勇于验证假设的情况下发生。在缺乏专注、努力和深刻反思的情况下，课程内容会被逐渐遗忘，不在脑中留下一点痕迹。

加工的深度越深，学习的效果越好

下面是一个认知科学中的经典例子，它可以说明词语加工深度的影响。研究者向三组学生呈现了一个包含 60 个词的清单。研究者要求第一组学生判断这些词的字母是大写还是小写；让第二组判断这些词是否与单词 chair 押韵；让第三组判断这些词是不是动物的名称。当他们完成任务后，研究者会对他们进行记忆测试。哪一组学生会记得最多词呢？结果显示第三组的记忆效果比第一组和第二组好，因为他们需要对词汇意义进行深度加工（75% 的回忆成功率），而第一组加工的是词汇的字形（33% 的回忆成功率），第二组加工的是词汇的音韵（52% 的回忆成功率）这些更浅显的方面。[3] 研究者的确在所有组中都发现了微弱的无意识线索，学习的确会在拼写和语音系统中留下潜意识痕迹。但是，只有深度的语义加工才能保证对词汇留下外显的细致的记忆。这一现象在对句子进行加工时也可以看到。在没有老师引导的情况下，自己努力去理解句子意思的学生显示出更好的回忆效果。[4] 这是一条普遍规律，美国心理学家亨利·罗迪格（Henry Roediger）曾说：“把学习条件弄得再困难些，迫使学生投入更多认知努力时，常常能加强记忆效果。”[5]

脑成像研究正开始试图弄清这个加工深度效应的源头。[6] 更深层次的加工会在记忆中留下更深的痕迹，因为它会激活前额叶皮层中与有意识的词汇处理相关的区域，而这些区域与海马间形成了强大的神经回路，从而使海马能以外显情景记忆的方式储存信息。

在法国名导演克里斯·马克（Chris Marker）执导的于 1962 年上映的电影《堤》（*La Fetee*）中，其旁白里有一句格言，听起来就像深刻的真理：“没有什么能将日常瞬间与记忆相区分，只有在日后，记忆才会从伤痕里自我显现。”这段听起来很唯美的箴言却被证明是错误的，因为脑成像显示，记忆编码的初始阶段，被印刻在我们记忆中的重大生活事件就会与那些不留痕迹的日常琐事区分开来——前者已经在更深层次被加工了。[7] 当一个人看一串词汇和图像时，通过扫描他的脑，我们就能预测哪些具体的刺激会被遗忘和记住。关键的预测因素是它们是否激活了前额皮层、海马以及海马旁回周边区域。这些区域的主动参与直接反映了这些词汇和图像在脑中的加工深度，它能预测信息在记忆中留下痕迹的强度。

一个无意识瞟了一眼的图像会进入脑的感觉加工区域，但只在前额叶皮层引起了微弱的激活反应。注意力、专注度、加工深度以及有意识察觉会将小型波动变成神经系统的海啸，最终侵入前额皮层中去并使随后的记忆过程取得最大成就。[8]

多项学校教学研究方面的证据也验证了主动参与及深度加工的作用。例如，本科生学物理必须学习角动量和电机转矩这两个抽象概念。我们将学生分成两组，给一组学生 10 分钟时间来亲自体验自行车的车轮是如何工作的，给另一组 10 分钟时间的口头解说以及观察其他学生是怎么玩自行车的。结果发现那组与自行车积极互动的学生的学习效果要好很多。[9]因此，设计课程时如果能涵盖可以让学生积极参与、深度加工的内容，就能加强记忆效果。

最近一项针对两百多篇本科 STEM① 课程教学回顾的研究支持了以上结论。传统教学方法，即老师讲课，而学生被动地听课，是低效的。[10]与那些促使学生主动参与的教学方法相比，这种传统讲课方式教出来的学生的学业表现较差。在所有学科的学习中，无论是数学、心理学、生物还是计算机科学，主动积极的学生学得都更好。通过主动参与，学生的考试成绩提升了半个标准差，失败率降低了 10% 以上，这样的变化是显著的。但是，哪些策略最能促进学生参与呢？不存在一个奇迹般的方法，但有很多策略可以促使学生从自己的角度去思考，比如让他们实际动手做、小组的每个人都参与讨论或者老师在课堂中给学生提出一个高难度的问题，让他们思考一段时间。任何能让学生不再被动听讲的方法都是会奏效的。

发现教学法的失败

你可能会觉得，以上那些都是老生常谈了，许多老师早就已经将这些理念运用到教学中了。但是，在教学领域，传统方法和直觉式方法都不可信，我们需要用科学的方法去验证哪些教学方法真的会增进学生的理解和记忆，以及哪些方法是无效的。这是澄清一个很重要的概念的好机会。不能把那些强调学生必须用心地主动学习的教学方法与古典的建构主义或发现教学法相

① STEM 为 Science、Technology、Engineering、Math 四个单词的首字母的缩写，即科学、科技、工程、数学。——译者注

混淆。虽然后者听起来很诱人，但不幸的是，其无效性已经被反复验证了。[11]二者间存在巨大差异，但很少有人了解这一点，部分原因在于发现教学法也视作是着重激发学生主动性的教学方式，因此容易产生混淆。

那么我们所说的发现教学法是什么意思呢？这一含义模糊的教学观点最早可以追溯到卢梭，再通过著名教育家杜威、德可乐利、弗雷内、蒙台梭利以及皮亚杰传递给我们。卢梭在《爱弥儿》中写道："我可以在这里阐述一下教育过程中最重要、最有用的原则吗？那就是不要想着节省时间，而是去'浪费'它。"对卢梭和他的后继者来说，即使这一探索过程需要浪费几小时的时间也是值得的，让孩子自行去发现并建立自己的知识结构是最好的学习方式。

卢梭相信，这些时间从未被浪费，因为它们最终会带来自主的思想，学生不仅能自主思考，还能解决现实世界中真正的问题，而不是一味地被动接受知识并生搬硬套现成的解决方法。他说："教你的学生如何去观察自然现象，然后你很快就能再次使用他的好奇心；但如果你希望学生的好奇心能不断发展，那就先别忙着很快满足他的好奇心。把问题放在他面前，让他自己去解决。"

这个理论很吸引人，然而不幸的是，几十年来，许多研究都发现这种教学方式的效果几乎为零。它的无效性已经被多次重复验证，以至一位研究者将自己的文献综述文章命名为《需要一个'三振出局'规则来反对纯粹的发现教学法吗？》(*Should There Be a Three-Strikes Rule against Pure Discovery Learning*)。当放手让孩子自己去发现时，他们其实很难发现某个知识领域的主要抽象规则，因此他们几乎学不到什么。我们该对此感到震惊吗？我们怎么能认为孩子能在没有外力引导的情况下，在短短几小时内就重新发现人类花了几个世纪才理解的规则？无论如何，发现教学法在所有领域都失败了，例如：

- 阅读：只是让孩子看文字是没有用的，除非我们直接向孩子解释这些字母与发音是相对应的。很少有孩子能自己找出文字与口语间的关联。想象一下我们年轻的商博良[①]（Jean-François Champollion）得多聪明才能发现所有以 r 为起始发音的单词其最左边的字母一定是 R 或 r 呀。假如没有老师的精心引导，学生无法自己发现字母和语音之间的相关性。

- 数学：据说，杰出的数学家高斯在 7 岁的时候就自己发现了如何快速得到从 1 到 100 的总和（请读者先试试看，我会在附录里提供答案[12]）。但是，这种对高斯来说有用的自学方法不一定适用其他孩子。研究对此已有定论：数学老师如果能在让学生自行解决一个问题之前，先仔细讲解一个相似的例子，那么学生的学习效果更佳。即便有的学生聪明到足以自己找出答案，但他们日后的学业表现比那些经过老师教导后再自己探究的学生要差。

- 计算机科学：计算机科学家西摩・佩珀特（Seymour Papert）在他的书《头脑风暴》（*Mind storms*）中解释了为什么自己发明了 Logo 编程语言。佩珀特本想让孩子自己探索如何使用计算机，不用指导，通过自行动手来体验。但这个实验失败了，几个月后，孩子只会写小型的、简单的程序，无法理解计算机科学的抽象概念。在一项问题解决测试中，他们不比那些从未经过训练的孩子解答得更好。他们所学的一点计算机知识没能被迁移运用到

---

① 法国学者，年少有为，曾在年轻时就解码了埃及象形文字。此处泛指孩子。——译者注

> 其他方面中去。研究结果表明，老师直接进行教导并交替使用解释和动手体验的方式，能让学生对 Logo 编程语言和计算机科学的理解更加深刻。

我见证了个人家用计算机的诞生。在我 15 岁时，父亲买了一台有 16KB 内存和 48 × 128 像素的坦迪 TRS-80①。就像我那个时代的每一个年轻人一样，在没有老师或课程指导的情况下，我自学了 BASIC 编程语言。但我也并非孤军奋战，我和我的兄弟一起收集了各种我们能找到的编程杂志、书籍以及案例。最后，我成了一名优秀的程序员。但当我进入计算机专业读研时，我彻底意识到自己的巨大不足：在过去的学习过程中，因为不懂程序的深层逻辑结构，我花了很多时间走了很多冤枉路，我也不知道究竟哪些练习能帮我清楚理解这些内容。这大概是发现教学法带来的最糟糕的影响：在未曾教给学生恰当的方法去触及某个领域中的更深层次的概念时，让学生误以为自己已经掌握了这个领域的所有知识。

总而言之，虽然让学生变得有动力、主动学习以及积极参与很重要，但这不代表他们应该被放任自流。建构主义的失败显示了进行直接的教学指导的重要性。老师必须为学生提供一个能逐步指引他们尽快掌握所有框架的有组织学习环境。最有效的教学策略就是引导学生去主动参与学习进程，同时老师在这一过程中为他们提供精心的指导。心理学家理查德·迈耶（Richard Mayer）在回顾这个领域的研究时说："最成功的教学方法是去激发学生的认知活动而不是行为动作，是去进行教学指导而不是纯粹放任学生自己去发现，并且在课程设计上会有所侧重而不是全部随意探索。"[13] 一个成功的老师会从基础内容开始教，其教学顺序清晰、严谨。他们会不断监测学生的掌握情况，让学生建立起一个意义的金字塔。

---

① 最早面市的小型台式计算机之一，开启了家用计算机的先河。——译者注

这也的确是当今大部分采用蒙特梭利教学模式的学校正在做的：不会让学生无所事事地“浸泡”在学校环境中，而是设计出一系列合理且层层递进的学习活动，其目的就是在学生自己动手实践之前，先由老师仔细演示给学生看。在直接教学法和有启发性的教学材料的指引下，倘若孩子能主动地、快乐地、自主地参与到学习过程中，那么学习就会很有成效。而这一点已经被反复验证了。

纯粹的发现教学法，即儿童可以自学的观点，是众多已经被科学证据推翻但仍然在坊间流传的教育迷思之一。它是教育领域的都市传说，而这跟两个主要的错误观念有关。[14]

- 数字原住民：新世代的孩子与他们的父母不同，这些孩子从小就暴露在计算机和电子产品之中，因此这些数字世界的原住民是数字世界中的佼佼者，对他们来说，比特和字节都是完全透明的，他们在各种数字媒体间如鱼得水，切换自如。但事实并非如此，研究显示，这些孩子对科技的掌握通常是肤浅的，他们和我们其他人一样不善于同时处理多个任务。正如前文所述，阻碍我们同时做两件事的原因是我们所有人在信息处理上都会遇到瓶颈，它是我们脑结构的基本特性所导致的。

- 学习风格：根据这个观点，每个学生都有自己喜欢的学习风格，一些学生主要是视觉学习者，另一些学生是听觉学习者，还有一些是喜欢动手操作的学习者，等等。因此教学设计应该与每个学生最喜欢的知识获取模式相适配。这种说法也是明显错误的。[15] 诸位可能会感到惊讶，目前还没有任何证据可以支持孩子们所偏好的学习模式有根本性的差异这一观点。不过，某些教学方法的确比另一些更有效，但它们是对所有人都有效，并不是只对其中

> 某些人有效。例如，实验结果表明，比起一个口语单词，我们所有人都更容易记住一幅图，而且当信息是通过听觉和视觉两种方式输入时，我们的记忆效果会更好。再次强调，这适用于所有孩子。没有证据支持孩子间存在不同学习风格的个体差异，比如A类型的孩子更适合A策略，B类型的孩子更适合B策略的说法是不成立的。我们所知道的是，我们所有人都有着一种共同的学习法则。

那么那些声称可以根据孩子的需要来量身打造教育方式的书籍和软件，又怎么解释呢？它们没有任何价值吗？也不一定。孩子们的确存在很大个体差异，但不是在学习风格方面，而是在学习的速度、难易程度以及动机上。例如，一年级时，成绩排在前10%的孩子每年能阅读400万字以上，而排在最后10%的孩子的阅读量不到6万字，[16]而那些患失读症的孩子可能完全没有阅读。像失读症、计算困难这样的发展缺陷可能会以不同方式出现。因此通常仔细诊疗找出具体的缺陷才能帮助他们适应课程。孩子能够从针对他们的学习困难而量身打造的教学干预内容中受益。比如，许多孩子，即便是已经在学高等数学了，也不能理解分数的含义。这种情况下，老师可以暂且抛开当前的教学进度，回到数字和算数等基本概念上。不过，每位老师都要记得，所有孩子的学习的基本机制是相同的——比起一心二用，他们更喜欢专注；比起被动听讲，他们更喜欢主动参与；比起虚伪的赞美，他们更喜欢细致的纠错；比起建构主义或发现教学法，他们更喜欢直接教学法。

好奇心以及如何去激发它

求知是人类的天性。

——亚里士多德《形而上学》

我没有任何特殊才能，我只是好奇心重而已。

——爱因斯坦

主动参与的一个基本条件是好奇心，即求知欲，或者说求知若渴。倘若能激发孩子的好奇心就已经成功了一半。一旦他们的注意被调动起来，并且开始思索可能的解释，接下来我们只需要加以引导即可。幼儿园里那些最有好奇心的孩子也会成长为阅读和数学成绩最好的学生[17]。因此，挖掘儿童的好奇心是教育成功的核心因素之一。但是，好奇心到底是什么呢？它的进化基础是什么呢？它对哪种算法有反应呢？

卢梭在《爱弥儿》中写道："人的好奇心与其受教育程度成正比。"他又错了，好奇心不是教育的结果，也不是只能通过学习而习得的功能。它是我们生来就有的特性，是我们脑回路的组成部分，是我们学习过程的关键要素。我们并非消极地等待新信息来找我们，不会像目前的大部分傻瓜般的人工神经网络那样，单纯地被环境掌控其输入—输出功能。正如亚里士多德所指出的，我们人类生来就有求知的热情，而且我们会不断追寻新奇的东西，主动探索环境从而发现我们可以学习的东西。

好奇心是有机体的基本驱动力，是一个促进我们去行动的推力，就像饥饿、口渴、需要安全感或渴望繁殖一样。好奇心在人类的生存中起到了什么作用呢？绝大部分动物（哺乳类动物，但也含许多鸟类和鱼类）都需要凭借好奇心的驱使来探索环境。假如事先没有检查周遭环境，那么动物们在做窝时就可能会遭遇危险。在一个充斥着捕猎者的不安全环境中，好奇心对是生是死起着决定性作用，这就是为什么大多数动物要经常对自己的领地进行安全巡逻，仔细查看任何不寻常的地方，以及调查听到的新声音和看到的新画面的原因。**好奇心是促使动物走出舒适区去学习知识的决定性因素。**在充满不确定性的世界里，信息是价值连城的，从达尔文进化论的角度看来，有时甚至必须以生存为代价来获取。

因此，好奇心是驱使我们去探索的推力。从这个角度来说，它与食欲和性欲相似，不同点是，它是被一种无形的价值所驱动的，即获得信息。的确，神经生物学研究表明，对我们的脑而言，发现先前不知道的信息本身就是一种奖励：它会激活多巴胺回路。还记得吗，这个回路在看到食物、药物和性对象时才放电。对灵长类动物，可能包括所有哺乳动物而言，这个回路不只是对物质奖励有反应，它还会对新信息有反应。有些多巴胺的神经元甚至会对未来可能的信息获得有反应，就好像在期待新信息能给自己带来满足感一样。[18] 多亏了这个机制，老鼠不仅可以被训练来对食物和药物进行条件反射，还会对新颖事物发生条件反射。它们会快速发展出对有新物件的地方的偏好，从而满足自己的好奇心，而不会对那些没新鲜事发生的地方感到好奇。[19] 当我们为了换个新环境而搬去一个大城市，或者当我们想要知道最新八卦而疯狂刷社交媒体时，我们人类的行为实际上跟老鼠没什么两样。

人类对知识的渴望，哪怕只是对一个简单知识点的好奇，都会激活多巴胺回路。可以想象自己躺在一个核磁共振仪中，有人问你“打破砂锅问到底”游戏里的常识问题，[20] 而在满足你的好奇心之前，实验者会问你对每个问题的答案好奇的程度。这样一种好奇的主观感受会引发怎样的神经联结呢？你的好奇程度与脑中伏隔核及腹侧被盖区的激活紧密相关，这两个区域是人脑多巴胺回路中的重要区域。你越好奇，这些区域在磁共振成像上看起来就会越亮。在等待答案（预期）时，即在好奇心被满足之前，仅仅是知道自己很快就会获得答案，就能激活多巴胺回路。对积极事件的期待本身就会带来奖励。

这些好奇心的信号明显是有用的，因为它们能预测你能学到多少知识。记忆与好奇心是相互关联的，你对某样东西越好奇，你就越能记住它。好奇心甚至能迁移到相关的事件上，当你的好奇心被点燃后，你会记得本来不会注意到的细节，比如当时站在旁边的路人的脸。**你对知识的渴望程度决定了记忆的强度**。

多巴胺回路满足了我们对学习的渴望，甚至仅仅是对这种满足的预期，都是非常令人振奋的。我们所说的好奇心，不过是对这一价值的开发利用。因此，人类大概就是由于有这样无与伦比的学习能力而与众不同。随着人类的演化，我们的脑表征世界的能力也在进步。我们是唯一能用思想的语言构建关于世界的理论的动物。人类也是唯一没有具体栖息地的物种，因为我们会学着适应环境。

与我们学习本领的不断提高一样，人类的好奇心似乎也在成倍增加。在进化过程中，我们发展出了强烈的好奇心，它被称为“认知性好奇心”（epistemic curiosity），即对所有领域知识的纯粹渴望，包括最抽象的概念。与其他哺乳动物相似，我们不仅可以通过实践，还可以通过想象的实验进行玩耍与探索。当其他动物只探索周遭的物理世界时，我们会去探寻概念世界。人类还会体验到特殊的情绪感受，从而求知若渴。比如，在看到数学图形时，我们会为它的对称性及纯粹的美感而欢欣鼓舞，而一个睿智的定理比一块巧克力蛋糕更能打动我们。

欢乐似乎是人类特有的推动自身去学习的情绪之一。当我们突然发现自己原先的内隐假设是错误的时候，我们的脑会激活欢乐反应，促使我们彻底改变自己的思维模式。根据哲学家丹尼尔·丹尼特①（Dan Dennett）的观点，欢乐情绪在社交互动时很有感染力，会把我们大家的注意吸引到一个出乎意料的信息上去。[21] 的确，在所有条件相同的情况下，学习过程中的欢笑似乎能增强好奇心并提高随后的记忆效果。[22]

想要知道：动机的源泉

一些心理学家已经在尝试解释支撑人类好奇心的内在机制。是的，如果能更好地理解它，我们大概就能掌握学习机制的核心要素，甚至最终在一个能模仿人类的机器中将之复制，制造出一个好奇的机器人。

对这个内在机制的研究已经有一些成果了。最伟大的心理学家们，包括威廉·詹姆斯、皮亚杰、赫布都猜测过好奇心背后的思维活动。他们认为，好奇心是孩子试图理解世界并为之建造心理模型的动机的直接体现。[23] 每当我们的脑发现已经知道的与想知道的之间有一条鸿沟时，即存在一个潜在学习区域时，好奇心就会产生。任何时候，我们都可以从触及的各种行动中选择最有可能缩小这一差距并获得有用信息的那些行动。根据这个理论，好奇心与调控学习的神经控制系统相似，就像瓦特调速器那样控制蒸汽机上的节流阀的开关，从而调控蒸汽压力，维持固定速度一样。好奇心就像是脑的调速器，是一个致力维持某种特定的学习压力的调节装置。它会将我们导向我们认为的能够学习的东西。好奇心的对立面是无聊厌烦，厌烦则会让我们对已知的东西，或根据过去的经验判断出不太可能让我们学到新知识的地方失去兴趣，甚至避之不及。

这个理论解释了为什么好奇心与惊讶或新奇程度并不直接相关，而是形成

① 丹尼尔·丹尼特（Daniel C. Dennett）：世界著名哲学家、认知科学家，美国艺术与科学院院士，塔夫茨大学讲席教授。2001 年荣获被誉为“心灵哲学诺贝尔奖”的让·尼科奖。2018 年出版《直觉泵》（*Intuition Pumps*），该书中文简体字版由湛庐引进、浙江教育出版社出版。——编者注

一个钟形曲线。[24]我们对那些我们见过千万次的无聊事物没有好奇心。但我们也对太新颖、太令人惊讶或其结构太令人迷惑的东西没有兴趣，因为它们过于复杂会将我们推开。因此在太简单的感到无聊与对太复杂的望而却步之间，人类的好奇心会自然地引导我们去往新的并且在我们理解能力范围之内的地方。但这种吸引力是不断变化的。**当我们掌握了曾经对我们而言有吸引力的事物后，它们就失去了吸引力，我们又会将好奇心转向新的挑战。**这解释了为什么婴儿一开始总是对最微不足道的小事，比如抓自己的脚趾、闭眼、玩躲猫猫等活动充满热情。对他们来说，一切都是新奇的，也都是潜在的学习对象。一旦他们从那些实验中将所有可以获得的知识榨取干净之后，便失去了兴趣。这与科学家不再重复伽利略的实验是一个道理，我们对已知的东西已经没有兴趣了。

同样的机制也解释了为什么我们有时候会因曾经感兴趣的领域太难理解而对其失去热情。我们的脑会评估学习速度，如果发现加工速度不够快，我们的好奇心就会被关闭。我们都见过刚听了一场音乐会，回来时就对小提琴充满了热情的孩子……几周后他就会意识到学会一种乐器很困难，因此就放弃了。那些还要继续学习的，要么就是制订了更实际的目标（比如，每天进步一点儿），要么就是真的朝着成为音乐家而奋斗，通过家长和朋友的支持，他维持着继续努力的动力，并时刻提醒自己有着远大目标。

两位法国工程师弗雷德里克·卡普兰（Frederic Kaplan）和皮埃尔－伊夫·奥德耶（Pierre-Yves Oudeyer）将好奇心植入了一个机器人之中（见图 8-1）。[25]他们的运算包括了几个模块。第一个模块是不断尝试预测外部世界状态的传统的人工学习系统。第二个模块更新颖，它会评估第一个模块的表现，包括测量最近学习的速度，并用这个数据来预测机器人将会在哪个领域学得最好。第三个模块是一个奖赏回路，它会对那些预测能带来更有效学习的行动给予高价值的奖赏，因此这个系统就会自然地专注于那些它认为可以学到更多知识的领域。卡普兰和奥德耶认为，这就是好奇心的终极意义。

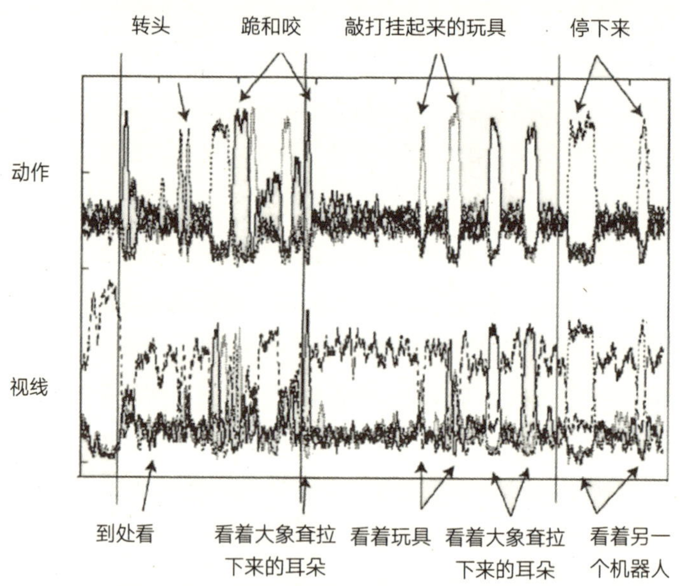

好奇心是我们学习机制的重要组成部分，它刚刚在机器中被复制出来。上图是一个在地毯上的小型机器人。好奇心是通过植入一个奖赏机制来实现的，它倾向于选择能让学习效果最大化的行为。因此，机器人会依次采用各种行动来尝试玩地毯上的每个玩具。而它一旦学会玩这个玩具了，就会对这个玩具失去兴趣并将注意力转移到其他地方。

图 8-1　人类的好奇心在机器中被复制

当他们将这个装备了好奇心的机器人放到婴儿地毯上时，它的行为表现真的就像孩子一样。在最初的几分钟里，它对某个物品格外热情，比如一直重复提起一个大象玩具的耳朵。当它逐渐学到关于这个物件的所有信息后，好奇心就会减少。到达某个节点后，它会走开并主动寻找另一个刺激源。一小时后，它停止了探索，因为机器人相信所有可以学习的知识现在都已经学完了，所以感到无聊。

机器人与婴幼儿的相似度是惊人的。甚至婴幼儿在几个月大时就会转向具有中等复杂程度的刺激源，它既不太简单也不太复杂，但其结构正好是能被快速学会的（婴儿的这种好奇心被称为“金发女孩效应”[26]）。为了使他们的学习达到最好的效果，我们要用恰到好处的新刺激，不断地去丰富他们的成长环境。**大人的责任在于为孩子提供一个设计合理的教学层级，不断激励他们去追求新知识和新事物，逐渐引导孩子到达顶峰。**

这个与好奇心有关的观点引出了一个有趣的假设，即为了让孩子对事物感到好奇，他们必须先意识到什么是自己不知道的。换句话说，他们必须在小时候就具有元认知功能。“元认知”是对认知的认知，它是监控我们的思维过程的一系列高级认知系统。根据前文提到的好奇心的沟壑理论，元认知系统必须不断监督学习进度，评估哪些知识是我们已经知道的哪些是还不知道的、学习方法是对的还是错的、学习速度是比较快的还是比较慢的，等等。元认知囊括了我们所知道的关于自己的思维的一切内容。

元认知在好奇心的发展过程中起着重要作用。的确，好奇就代表想要知道些什么，就意味着你知道哪些东西是你还不知道的。最近的实验再次确证了孩子从一岁开始，甚至更小的时候，就已经知道世界上有他们还不知道的东西。[27] 小婴儿在自己无法单独解决问题时就会向照顾者求助，知道自己不知道促使他们寻求更多信息。这是认知好奇心在儿童生命早期的一种体现，反映了我们难以抗拒的求知欲。

学校可能扼杀孩子好奇心的三个方法

所有的家长都会怀念孩子在学步期充满好奇的样子。孩子在 2 ～ 5 岁时对一切事物都好奇，他们最喜欢的词通常是“为什么”。他们不断地在现实中进行实验并向大人询问，以满足自己对知识的渴望。但是，令人惊讶的是，这种看上去甚至有点“贪得无厌”的旺盛求知欲，却通常在上学几年之后便消逝了。当然还是有孩子会保持对一切事物的好奇，但大部分孩子都关闭了自己的好奇心，他们的主动参与变成了消极倦怠。关于好奇心的科学研究能解释其中的原因吗？我们现在还没有全部的答案，但我想提出几个假设。

第一，孩子会失去好奇心可能是因为学校提供的认知刺激与他们的需要并不匹配。根据我们刚才描述的机制，好奇心随时间消逝再正常不过了。随着学习不断进步，我们对学习将取得的收获的期待会减少。因为我们在一个领域中掌握了越多的知识，我们离这个领域所能提供知识的极限就越近，就越会感到无趣。因此，要维持孩子的好奇心，学校必须为孩子的智慧脑提供相匹配的刺激，但很少有学校能真正做到。在一个标准的课堂里，最优秀的学生往往最缺乏刺激。几个月后，他们的好奇心就会消失殆尽，他们对上课不再有期待，因为他们的元认知系统已经知道自己不能再学到更多东西了。

而另一端的那些学习上有困难的学生可能会因为相反的理由而不想来上学。元认知还是主要的罪魁祸首：由于这些学生已经认定自己不擅长学习，于是学了一段时间后，他们便不再对学习感到好奇了。过去的经验已经在他们的元认知回路中刻下了一个简单（但是错误的）规则：我没有学习这科或那科（数学、语文、历史等）的能力。这样的沮丧其实比较常见，许多女孩都会说自己不擅长学习数学[28]。而那些来自贫困社区家庭的孩子有时会认为学校对他们不友好，学校里教的东西对他们的未来没有任何帮助。这样的元认知判断具有灾难性影响，因为它们使学生泄气，扼杀了他们的好奇心。

解决办法在于一步一步地激励孩子重获自信，让他们知道他们自己是完全有能力学习的，这可以通过向他们提与他们现阶段能力水平相匹配的问题来实现，同时也让他们知道学习是会带来回报的。好奇心理论认为，不论孩子在学校的学习很超前还是落后，当他们感到挫败时，**最重要的是通过提供有刺激性的，适合他们当下能力水平的问题，来重建他们对学习的渴望。**他们首先会重新发现学习新东西的乐趣，然后他们的元认知系统会逐渐认识到自己是有能力学习的，从而把他们的好奇心推回原来的轨道上。

另一个会让学生失去学习兴趣的原因是当他们好奇时却被惩罚了。一个孩子对探索的渴求会被太过死板的教学策略摧毁。传统的教学方式容易阻碍学生的课堂参与甚至思考，它会让孩子认为自己只是被要求安静地坐在这里听讲，直到这节课结束就行了。对这种情形，神经生理学给出了很简单的解释：在多巴胺回路中，由好奇心及对其的满足而引发的内部奖励信号会与外部奖励和惩罚互相竞争。因此，对孩子的每一次探索尝试进行惩罚会让他们气馁，打压他们的好奇心。你可以想象一个孩子，他不断尝试去参与，却一直被责骂、嘲笑或惩罚："真是个蠢问题。你最好安静些，否则放学后就得再待半小时才能离开学校……"因此，这个孩子很快就学会了抑制自己的好奇心，不再参与课堂学习。多巴胺系统所期待的以好奇心为基础的奖励，即学习新东西所带来的愉悦感，会在很大程度上被同一个回路接收到的消极信号所抵消。反复进行惩罚会导致习得性无助，这是一种压力及焦虑所引起的身心疲惫状态，研究表明它会抑制动物的学习行为。[29]

那有什么解决办法呢？其实大部分老师已经知道了解决之道是要对好奇心进行奖励，而非惩罚：鼓励提问（不论问题有多不完美），请学生上台报告自己喜爱的题目，奖励他们的主动参与……动机的神经科学机制是非常清楚的：采取某种行动的欲望必须与一个我们所期待的奖励相关联，它可以是物质上的（如食物、舒适感、社会支持）或认知上的（如获得信息）。有太多孩子因为发现即便付出了许多努力也无法从学校获得自己所期待的奖励，所以丧失了好奇心（分数和成绩时常是造成这一悲哀情形的原因，我在后面会回到这个问题上）。

第三个会阻碍好奇心的因素是**知识的社会传递**。想想那两个同时存在于人类身上的学习模式：主动模式，即孩子像未来可期的科学家那样不断试验、问问题；被动模式，即只是去记录别人教给他们的东西。学校通常只鼓励第二种模式，且如果孩子们总是认为老师永远都比自己正确，那么第二种模式甚至可能会阻碍第一种模式的发展。

老师的态度真的会扼杀孩子的自然好奇心吗？[30]最近的实验结果表明，答案是肯定的。美国发展心理学家劳拉·舒尔茨（Laura Schulz）在麻省理工学院的儿童认知实验室里对幼儿园的孩子进行了实验研究。她向孩子展示了一个奇怪的装置：一组塑料管子被藏在各处，里面放了各种意想不到的玩具，比如镜子、喇叭、一碰就会亮的玩具和一个音乐盒。当在什么都不介绍的情况下，把这样一个装置给孩子时，立马就会激发他们的好奇心。他们会主动到处探索、翻找、寻觅，直到找到大部分奖励为止。现在，把另一组幼儿园孩子放到被动接受的教学模式中去。研究人员只需要把装置给他们，并说："让我教你怎么玩我的玩具。它是这样……"然后那个音乐盒就响了。我们可能以为这样会激发孩子的好奇心，但效果恰恰相反，听了这样的介绍，孩子反而不怎么探索了。孩子似乎会假设这个老师在尽可能地尝试帮助自己了解这个装置，老师一定已经把所有有趣的功能都给自己介绍了（当然，这个假设时常是对的）。这样的话，他们就没有必要再继续探索了，好奇心便被抑制了。

更多的实验结果表明，孩子会参考老师过往的行为。假如一位老师总是事无巨细地给孩子介绍所有可能时，孩子会失去好奇心。之后即便这位老师又介绍了一个新玩具的其中一个功能，孩子也不会去探索它还有没有其他更多的功能，因为他们认为老师已经解释了所有需要知道的东西了。但是如果老师一开始就表示他自己不总是知道一切，这个新玩具他也没有玩过，那么孩子就会继续探索。

所以，哪一种方法是正确的？我建议永远把主动参与记在心里。**最大限度地调动孩子的聪明才智投入学习中，意味着要不停地问他们问题，刺激他们的想象力，鼓励他们自发地进行更深入的探索。**但让学生自行发现一切也是行不通的，这就跳回了发现教学法的陷阱。理想的情况是为学生提供有体系架构的课程并引导他们，同时通过让他们知道大千世界还有很多东西等待他们去发现，从而培养他们的好奇心。我记得小时候有一位老师曾在暑假开始前对我说："你知道吗，我刚碰到一个连我都不会解的数学题……"，结果我花了整个暑假来研究这个问题，因为我想比老师先解答出来。

要鼓励孩子的主动参与还需要另一个必要条件：容忍孩子犯错并帮助他们快速改正。这是学习的第三大核心支柱。

HOW WE LEARN

第 9 章

错误反馈

每个人都应该学会愉快地犯错。思考就是从一个错误走向下一个错误。

——阿兰《教育漫谈》

（*Propos sur l' éducation*）

从不犯错误者将一事无成！

——西奥多·罗斯福

1940 年，亚历山大·格罗滕迪克（Alexander Grothendieck）年仅 12 岁，他当时并不知道自己会成为 20 世纪最有影响力的数学家之一，并且将激励整整一代人。（他极具变革性的思想在 1958 年著名的法国高等科学研究所的创立中发挥了重要作用，迄今为止这个研究所已经产生了十多位菲尔兹奖得主。）虽然当时很年轻，但亚历山大已在数学领域小有建树，以下是他回忆录的节选：

我在十一二岁时，被关押在里厄克罗集中营（位于门德附近），发现了圆规追踪游戏。我把圆分成6个相等的部分，并把圆规绕圆周转6圈正好回到起点，这时我特别兴奋地看到出现了6个分支的一个玫瑰花环图案（见图9-1）。这个实验观察使我确信圆的周长正好是半径的6倍。后来，我从教科书上看到，原来它们的关系比我想象的要复杂得多，即L=2πR，π=3.14……那时我确信这本书写错了，作者一定不知道这个非常简单的跟踪练习，它清楚地表明π=3。

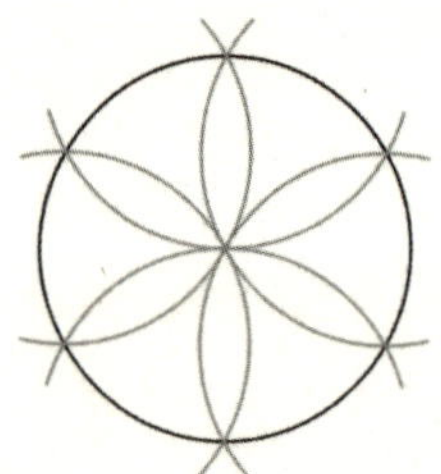

图9-1　圆规追踪游戏

一个孩子能够相信自己的能力，而不是理所当然地把在学校学到的东西或在课本上读到的东西视为不容置疑的真理，他能对自己的洞见抱有信心，这是非常宝贵的品质。可惜，这种自信通常会被打压。

很多人会从我刚刚讲述的经历中看到孩子气的轻率鲁莽，毕竟最后我还是要向正确的知识低头，承认我的观点有些荒谬。然而，我并没有很失望或被奚落的感觉，而是觉得自己的确有了一个了不起的发现，那是错误的。[1]

作为世界上最伟大的数学家之一，格罗滕迪克承认自己犯了一个巨大的错误——他曾认为π=3，这是一种非同寻常的自白，也体现了他的谦虚……而格罗滕迪克的确说对了一件事：在我们的学习中，错误起到了关键性作用。犯错是最自然的学习方式，这两个术语实际上几乎是同义词，因为每个错误其实都为我们提供了一个学习的机会。

《沙多克斯》（*The Shadoks*）是在我小的时候很流行的一部法国卡通片，它异想天开地把这一观点提升到了普遍性原则的高度："只有不断地尝试，你才可能成功……换句话说，你失败的次数越多，成功的可能性就越大！"基于这一逻辑，由于他们想要发射的火箭的成功升空概率只有百万分之一，于是沙多克斯夫妇急忙去经历前 999 999 次失败以期望获得最终的成功……

撇开这部卡通片的幽默不谈，假如我们一开始没经历过失败，我们就不会取得进步。只要我们能得到反馈，知道我们该如何改进，我们就不会再犯相同的错误了。这就是为什么错误反馈是学习的第三大核心支柱，同时也是最有影响力的教育参数之一：我们所获得的反馈的质量和准确性，决定了我们可以学得多快。[2]

惊讶：学习背后的驱动力

还记得我们在第 1 章中提到过的学习机制吗？它能使猎人学会调整他的瞄准镜，他能使人工神经网络学会调节自己内在的权重。这个规则很简单：你先去尝试，即使失败了，你犯的错误会告诉你在下次尝试时怎样改进。因此，猎人在瞄准及射击之后会去评估这次射击偏离目标的程度，并用这个错误反馈来帮助自己调整下次的射击动作。是这种错误反馈让猎人可以微调他们的步枪，也使人工神经网络可以在更大的范围内调整内部数以百万计的参数，进而更好地对外部世界进行模拟。

那么脑也是这样运作的吗？早在 20 世纪 70 年代，支持这一假设的研究数据就开始涌现。两位美国研究者罗伯特·雷斯科拉（Robert Rescorla）和艾伦·瓦格纳（Allan Wagner）提出了下列假设：人脑只有在感知到它所预测的和实际所接收到的信息之间有差距时才会去学。没有感知到错误的话，学习是不可能发生的："有机体只有在事件违反了他们的预期时才会去学习。"[3] 换句话说，**惊讶是学习的基本驱动力之一。**

雷斯科拉和瓦格纳的理论很好地解释了经典条件反射学习范式。我们可能都知道巴普洛夫的狗，在巴甫洛夫的经典条件反射实验中，铃声一开始只是低效的中性刺激，但当它与食物反复配对后，铃声最终会触发条件反射，即狗一听到铃声就会流口水，因为它知道一出现铃声就会获得食物。那雷斯科拉和瓦格拉的理论是如何解释这些发现的呢？他们假定人脑会通过感觉输入（铃声引发的感觉）来预测后续刺激（食物）出现的可能性。其工作原理如下所示：

- 大脑通过计算感觉输入的加权总和来作出预测；
- 大脑算出它所预测的和它实际接收到的刺激之间的差异，即预测误差，这是该理论的一个基本概念，它测量的是与每个刺激相关的惊讶程度；
- 大脑用这个惊讶信号来纠正内部表征，让内部模型根据刺激强度、预测误差进行调整。这个规则保证了下一次预测会更接近实际值。

这个理论其实已经包含了我们学习的三大核心支柱：**只有当大脑选择了适当的感觉输入（注意），利用它们来产生预测（主动参与），并且评估预测的准确性（错误反馈）时，学习才会发生。**

雷斯科拉和瓦格纳在 1972 年提出的这个理论非常有先见之明。这实际上与后来在人工神经网络中被广泛应用的“差量规则”（delta rule）很相似，两者都是误差反向传播规则的简化版本，目前几乎用于所有的监督式学习系统中（在该系统中，对于神经网络应该做出的反应会给予明确的反馈）。此外，在以奖励为基础的机器学习中（告知人工神经网络错误的程度），类似的规则依然可以运用：人工神经网络可以预测奖励，而预测的奖励和真实的奖励之间的差异则可以用来更新内部表征。

因此，我们可以确定，今天的硅基学习机其实是直接受到了神经科学的启发。正如我们在前面看到的，人脑可以做得更好：为了从每个学习片段中提取尽可能多的信息，它会使用一种思维语言和统计模型，而这些模型比当前的神经网络要精细得多。不过，雷斯科拉和瓦格纳的基本思想仍然是正确的：脑试图预测它所接收到的输入信息，并且根据惊讶、不可能性或错误的程度来调整预测。**学习的目的就是去设法让不可预测的事情变得更少。**

雷斯科拉和瓦格纳的理论有着相当大的影响力，因为它比之前基于联想学习[①]概念的理论有了重大改进。过去，人们普遍认为，脑只是学会了将铃声与食物联系起来，而不是通过铃声来预测食物的出现。按照联想论者的观点，脑以一种纯粹被动的方式记录刺激和反应之间的所有偶然联系。然而，它连巴甫洛夫的条件反射也无法解释清楚。[4]因为即使是狗的脑也不是一个被动的只是去接受联结关系的器官。学习是主动进行的，其效果取决于信息违反我们预期的程度。

正向阻塞（forward blocking）对联想论者的观点的驳斥最引人注目。[5]在阻塞实验中，每只动物都接受了两种感觉线索，即铃声和灯光，而这两种

① 两种或两种以上的刺激引起的脑中两个以上的兴奋中枢并形成暂时的联结而实现的学习。——译者注

线索都可以预测食物的到来，诀窍在于要按顺序呈现它们。我们先从灯光开始：动物学会了一旦灯光亮起就预示着食物的到来。然后我们让灯光和铃声同时出现，让动物知道这二者都能预测食物的到来。最后我们单独测试铃声对动物的影响，结果令人惊讶：它没有任何效果！当听到铃声时，动物不会流口水，它似乎完全没有注意到铃声和食物奖励之间重复联结了多次。这一结果与联想论是相矛盾的，但是完美地符合雷斯科拉和瓦格纳的理论。其中的关键在于第一个联结（灯光和食物）的习得会阻塞第二个联结（铃声和食物）的发生。为什么？因为动物已经知道灯光就可以预测食物出现，所以当灯光和铃声一起成功预测食物的到来时，动物的脑就不会产生任何预测误差。零错误，零学习——因此，狗不会习得任何关于铃声和食物之间相联结的知识。因此，先学会的规则会阻碍后一个规则的学习。

这个正向阻塞实验清楚地证明了学习不是通过联结起作用的。毕竟，铃声和食物的配对重复了数百次，但没有诱发任何学习。这次实验结果还表明：没有惊讶就没有学习，预测误差是学习产生的必要因素，至少对狗来说是这样。越来越多的证据表明，预测误差系统存在于各种动物的脑中。

需要注意的是，我们所说的错误信号是在脑中传递的内部信号。我们不需要为了学习而去真的犯错——我们所需要的只是让我们预期的结果和我们实际得到的结果之间存在差异。比如，我们思考一个简单的选择题：巴勃罗·毕加索（Pablo Picasso）的姓氏是迭戈（Diego）还是罗德里戈（Rodrigo）呢？假设我在第一次尝试时就幸运地得到了正确的答案，那在这个过程中，我学到东西了吗？当然。但即使我第一次尝试时回答对了，我也没什么信心，毕竟仅凭运气，我只有 50% 的可能性答对。正是因为我不确定我的答案是否正确，我随后收到的反馈就给我提供了新的信息：它让我确信我随机选择的答案实际上是 100% 正确的。根据雷斯科拉和瓦格纳的理论，这个新信息会产生一个错误信号，测量我的预测（50% 的概率是正确的）和我现在知道的（100% 确定这是正确答案）之间的差距。在我的脑中，这个错误信号传播开来并更新了我的知识，从而提高了我下次被问到同样问题时回答“迭戈”的概率。因此，如果以为对学习而言最重要的是犯很多错误，那就错了，就像沙多克斯一家仓促地使前 999 999 次火箭发射实验失败一样。**最重要的是得到明确的反馈，减少学习者的不确定性。**

没有惊讶就没有学习，这一基本规律现在似乎已经在包括人类婴幼儿在内的所有生物中得到证实。记住，惊讶是婴幼儿早期技能习得的基本指标之一：他们会长时间地盯着那些像变魔术般呈现给他们看的违背物理、算数、概率或者心理学法则的令人惊讶的事件（见彩图 5）。其实他们并非仅仅是在盯着令人惊讶的东西看，他们显然也是在学习。

美国心理学家丽莎·费根森（Lisa Feigenson）做了一系列的实验，结果表明只要孩子认为一个事件是不可能或不可信时，学习就发生了。[6] 例如，当婴儿看到一个东西神奇地穿过一堵墙时，他们会长久注视着这个不可思议的场景……随后能更好地记住这个东西发出的声音，甚至是大人用来描述动作的动词（例如“看，我刚才把玩具弄得发出了哔哔声”）。如果把这个东西给婴儿，他们玩这个东西的时间会比玩那些稀松平常的类似玩具的时间长得多。他们看似好玩的行为实际上表明他们正在积极地试图理解发生了什么。作为刚出道的科学家，他们进行实验，试图再现他们所看到的情景。例如，如果一个东西刚刚穿过了一堵墙，那么他们就会击打它，好像是为了测试它的坚固性；而如果他们看到某个东西违反了万有引力定律，神秘地悬在半空中，他们就会让它从桌子上掉下来，似乎是为了检验它的悬浮能力。换句话说，他们观察到的不可预测的场景的性质，决定了他们后续如何行动去调整他们的假设。这正是错误反向传播理论所预言的：每一个意外事件都会导致我们对外部世界所形成的内部模型的相应调整。

所有这些现象都可以在 11 个月大的婴儿身上观察到，但这些现象有可能在更早的时候就已经出现了。通过纠错来学习，在动物世界中是很普遍的事，因此我们有充足的理由相信错误信号从我们生命的一开始就主导着学习过程。

脑中充斥着错误信息

传输错误信号在学习中扮演着如此重要的角色，几乎所有的脑区都可以传输错误信号（见彩图 17）。[7] 让我们从一个简单的例子说起：想象你听到一系列相同的音符 AAAAA，起初每个音符都会引起听皮层的反应，但是随着不断地重复，这些反应会逐渐减弱。这一过程被称为“适应”，这是一个看似简单的现象，它表明了脑正在学习预测下一个事件。突然，音符变成了 AAAAA#，你的初级听皮层立即表现出强烈的惊讶反应：不仅适应消失了，而且有额外的神经元开始对意料之外的声音做出强有力的回应。并不是重复就一定会导致适应，重要的是你能不能预测音符的出现规律。例如，如果你听到了音符 ABABA，你的脑就会习惯这种交替规律，听皮层的激活就会再次减少。然而，如果你听到的 ABABB，因为最后一个 B 是意料之外的内容，就会引发惊讶反应。[8]

听皮层似乎在做一个简单的计算：它利用最近的过去来预测未来。一旦一个音符或者一组音符重复出现，听皮层就会断定今后也将继续如此。这是非常有用的策略，因为它让我们无须把太多的注意力放在无聊的、可预测的信号上。任何重复的声音都会在输入端被压缩，因为它的输入活动会被脑准确的预测所抵消。只要输入的感觉信号和脑中产生的预期相匹配，差值为零，就不会有错误信号传递到脑的高级区域。脑的预期会把输入的感官信号掩蔽，但只有在输入是可预测的情况下才会关闭。相反，任何违背我们脑的预期的声音都会被放大。因此，听皮层的简单回路起着过滤器的作用：它只向脑的高级皮层区域传递它自己无法解释的令人惊讶的和不可预测的信息。

因此，在某个脑区无法解释的输入信息都会传递到下一个更高级的脑区尝试理解。我们可以把大脑皮层想象成一个庞大的多层预测系统，每个系统都试图解释输入信息，并且与其他系统交换剩余的错误信息，以期能做得更好。

例如，我们听到CCG时，因为末尾的G不同于前面的音符，听皮层会在较低级的脑区产生一个错误信号。而高层级的脑区可以把整个序列识别为已知的旋律（一闪一闪亮晶晶）。因此，由末尾的字母G所引起的惊讶只是暂时的，它很快可以被整个旋律的更高层级的表征所解释，惊讶的信号就停在那个脑区，即G虽然是新的刺激，但在可以编码整首歌的旋律的前额叶下部皮层没能激起任何惊讶。不过，CCC的重复出现可能会产生相反的效果：因为音符十分单调，它不会在初级听皮层区域产生任何错误信号，但是它会让编码整个旋律的高级脑区感到惊讶，因为这些区域预测接下来出现的应该是G而不是C。猕猴跟我们人类一样，其听觉处理也有两个层级：听皮层对单个音符的局部进行加工，而前额叶皮层对整体的旋律进行表征。[9]

像这样的错误信号似乎存在于脑的每个区域中。整个大脑皮层的神经元都在适应重复的和可以预测的事件，而每当令人惊讶的事件发生时，神经元就会增加放电反应。在视皮层中，看到一个意想不到的图像，会促使神经活动激增。[10]而我们脑中的语言区则会对句子中的异常词做出反应。举个例子："I prefer to eat with a fork and a camel."（我吃饭用叉子和骆驼。）

你的脑刚刚出现了N400脑电波，这是由与先前情境不相符的单词或者图像所引发的错误信号。[11]这种负波会在异常词出现后的400毫秒时产生，出现在对词语意义敏感的左颞叶皮层中。而当脑预测某一类词会出现却接收到另外一类词时，位于前额叶皮层下部的布罗卡区就会对句法错误做出反应，[12] 如下面的句子所示："Don't hesitate to take your whenever medication you feel sick."（你觉得不舒服时要毫不犹豫地吃你任何时候的药。）

当意料之外的 whenever 出现后，脑中专门负责语法的脑区就产生了负波，紧随其后的是 P600 脑电波，它是大约 600 毫秒左右出现的正峰值。这个反应表明脑检测到了语法错误并试图修正它。

能较好展现预测信号和错误信号的脑回路是奖赏回路。[13] 多巴胺回路不仅能对实际的奖赏做出反应，还能够持续不断地对其保持期待。多巴胺能神经元位于腹侧被盖区的小细胞核中，它不仅会对性、食物、饮水所带来的愉悦产生反应，还标志着预期奖励和实际获得奖励之间的差异，即预测误差。因此，如果动物在无任何预兆的前提下得到了奖励，比如一滴意料之外的糖水，这种惊喜就会导致神经元兴奋。但如果奖励出现之前就有信号可以预测它，那么同样的糖水就不会引起任何反应。现在是信号本身引起多巴胺能神经元的活跃：学习使神经元反应更加接近预期奖励的信号。

由于存在这种预测学习的机制，任何信号都可以成为奖赏的载体，并触发多巴胺反应。我们看到钱和吸毒者看到一支注射器都可以证明这种二次奖励效应。在上述两个例子中，脑都预测了未来的奖赏。正如我们在第 1 章所讲到的，这种预测信号对学习是非常有用的，因为它允许系统自我批评，并且不需要等待外部的确认就可以预测一次行动的成功或失败。这也就是为什么行动-评估网络，即其中一个人工神经网络学会评判另一个人工神经网络的行为，现在被广泛应用于人工智能领域以解决更为复杂的难题，比如学习下围棋。先做出一个预测、发现其中的错误然后自我矫正，这是有效学习的基础。

错误反馈并不等于惩罚

> 经常令我感到震惊的是，为什么老师们，尤其是教科学的老师比其他老师更不能理解他们的学生有不懂的地方。他们中很少有人会去深入了解学生为什么会犯错、无知和粗心。
>
> ——加斯顿·巴切拉德《科学思维的形成》
>
> （*The Formation of the Scientific Mind*）

我们如何才能最大限度地利用好神经元间不断交换的错误信号呢？为了促使孩子或者大人有效地学习，他们的环境（无论是父母、学校……还是电子游戏）必须给他们提供快速而准确的反馈。当学生收到详细的错误反馈，准确地告诉他们哪里出错了，他们应该做什么，他们就会学得更快更容易。**通过对错误提供快速精准的反馈，老师可以给学生提供他们所需的大量信息以帮助他们去改正错误。**在人工智能领域，这种被称为“监督式”的学习方式是最有效的，因为它能让机器迅速识别故障的来源并自我修正。

而有一点很重要，这种错误反馈与惩罚是无关的。我们不会惩罚人工神经网络，我们只是告诉它哪些反应是错的。我们给它提供最大信息量的信号，一点一点地让它知晓错误的性质和标志。

就这一点来说，计算机科学和教育学确实看法一致，澳大利亚教育专家约翰·哈蒂（John Hattie）所做的元分析研究清楚地表明，**学生获得的反馈的质量是他们学业能否成功的决定因素之一。**[14] 为学习设定一个明确的目标，并且让学生循序渐进地达成这一目标，而不是夸大他们犯的不可避免的错误，这是成功的关键。

优秀的老师非常清楚这些观点，他们每天都在验证那句格言：人非圣贤孰能无过。他们以善意的眼光看待学生的错误，因为他们知道没有人可以不犯错就能学会。他们知道自己应该尽可能冷静地找出学生的困难所在，并帮助他们找到最好的解决方案。有经验的老师积累了一系列的错误清单，因为所有的学生都曾落入同样的陷阱。这些老师会找到恰当的语言来安慰、安抚和重建学生的自信心，同时允许他们修正错误。老师是来教授知识的，而不是来评判学生的。

当然了，理性的人可能会说："严格来说，这不就是等价的吗？告诉学生他们应该做什么和告诉他们做错了不是一样吗？"这个说法不完全正确。当然从纯逻辑的角度看，这个说法是对的：如果一个问题只有两个可能的答案，A 或 B，而学生错误地选择了 A，老师告诉他正确的答案是 B，就等于告诉他"你错了"。同理，在一个正误是非题的判断选择中，当学生听到"你是对的"和"你是错的"时，学到的知识量应该完全相等。但是我们不要忘记，孩子并不是完美的逻辑学家。对他们来说，推断出"如果我选了 A，被认为是错了，那么正确答案一定是 B"的附加思维过程并不是那么简单直接。其实学生毫不费力地抓住了关键信息：我搞砸了。事实上，当进行这个实验时，成年人成功地从奖励和惩罚中提取了等量的信息，但是学生却没有：他们从成功中学到的东西远比从失败中学到的要多得多。[15] 因此，让我们为他们免去这种痛苦，尽可能给他们中性的和丰富的反馈信息。**请不要把错误反馈与惩罚相混淆。**

分数是错误反馈的糟糕替代品

现在我要谈谈漏洞百出的教育体制，它使根深蒂固的给学生打分的传统得以形成，以至于我们很难想象不重视分数的学校。根据学习理论，分数只是奖励（或惩罚）的信号。而分数的明显缺点就是它完全缺乏准确性。考试分数通常只是一个简单的分数总和，它包括了很多不同来源的错误，但没有细致地区分它们。因此，它提供的信息不够充分：就其本身而言，它没有说明我们犯错误的原因，也没有说明如何去改正。甚至在最极端的情况下，给学生一个 F（不及格）评价，其实没有提供任何有用信息。

因此，如果缺乏详细的、有建设性的评估，分数本身就不能算是错误反馈的来源。分数不仅不精确，而且常常被推迟几个星期才公布，这时候，大多数学生早就忘记了是什么内在推理误导了他们。

分数同时也是非常不公平的，尤其是对那些跟不上进度的学生来说，因为考试的难度通常每周都在提高。让我们以电子游戏为例，当你发现一款新电子游戏时，最初你并不知道如何有效地推进，最重要的是，你并不愿意经常被人提醒你做得有多差！这就是为什么游戏设计师设计游戏会从非常简单的关卡开始，在这种关卡中你几乎每次都会赢。慢慢地，游戏难度增加，失败和挫折的风险也随之增加，但是游戏设计师知道如何通过将简单关卡和困难关卡组合起来，并让你可以自由选择多次通过相同难度的关卡来降低失败和受挫的风险。于是你看到你的分数稳步上升……最后，当你成功通过最后一关时，愉悦的感觉能伴随你一天。现在我们把这个过程和“差生”的成绩简单做个类比：差生的成绩一开始就很糟糕，老师并不是通过让他们再次参加同样的考试来激励他们，直到他们通过，而是每周给他们新的学习任务，且这些学习任务几乎都超出了他们的能力水平。几周过去了，他们的“分数”始终徘徊在零附近。在电子游戏市场上，这样的游戏就是一个彻头彻尾的失败品。

学校经常用分数作为惩罚。我们不能忽视糟糕的分数会对差生脑中的情感系统产生巨大的负面影响：沮丧、耻辱、无助……让我们来听听一个“差生”丹尼尔·佩纳克（Daniel Pennac）的心声，他现在是法国的著名作家，

2007年因其著作《学校忧郁》(*School Blues*)获得了著名的雷诺奖，但他曾经常年都是班级里成绩最差的学生。

> 我的成绩单每个月都向我证实了这一点：如果我是个笨蛋，那就全是我自己造成的。因此我产生了自我憎恨、自卑，以及负罪感……我认为自己是微不足道的。正如我的老师反复告诉我的那样，一无是处的学生什么都不是。我看不到自己的未来，我也不知道成年后的自己会是什么模样。这不是因为我无欲无求，而是因为我觉得我不能胜任任何事。[16]

万幸的是，佩纳克最终克服了这种不健康的心理状态（他曾试图自杀），但其实很少有孩子具备这样的韧性。学校引发的焦虑在数学学习中的影响被进行了详细研究，数学是最常见的会使很多学生感到焦虑的学科。在数学课上，一些孩子甚至患上了一种由数学成绩不佳而引发的抑郁症，因为他们知道，无论他们做什么，他们都会因失败而受到惩罚。数学焦虑症是一种公认的、可测量的、可量化的综合征。有数学焦虑症的学生，其脑中的疼痛和恐惧回路会被激活，包括位于脑的深处的杏仁核，它与负面情绪有关。[17]这些学生并不比其他人笨，只是他们曾体验到的情绪海啸摧毁了他们的计算能力、短期记忆能力，尤其是学习能力。

对人类和动物进行的大量研究证实，压力和焦虑会极大地阻碍学习能力。[18]例如，在小鼠的海马上，恐惧的条件反射确实固化了神经元的可塑性：当小鼠受到随机的、不可预测的电击的伤害后，脑神经回路处于与发育的关键期结束时类似的状态，突触会被冻结，缠绕在僵硬的神经元周围。相反，当小鼠生活在一个没有恐惧的、有丰富刺激的环境中时，可以重新打开突触的可塑性，从而释放神经元，使突触间的联系恢复孩童般的活力——这是青春的源泉。

因为压力和沮丧会阻碍孩子的学习，所以，把差成绩作为一种惩罚施加给孩子，会严重阻碍孩子的进步。从长远来看，这也会改变他们的人格和自我形象。美国心理学家卡罗尔·德韦克（Carol Dweck）对这种心理倾向的负面影响进行了大量研究，这其中包括将一个人的失败（或成功）归因于一个人的人格中固定的、不可改变的方面——她称之为“固定型思维”（fixed mindest），比如“我数学不好”“外语不是我的强项”等等。她将这一观点与所有孩子都有能力取得进步的正确观点——她称之为“成长型思维（growth mindest）”，进行了对比研究。

她的研究结果表明，在所有其他因素相同的情况下，思维在学习中起着重要作用。[19] **坚信任何人都可以进步，这本身就是进步的源泉。**相反，那些坚信技能不可改变，认为一个人要么是天才要么不是的学生表现会更差。事实上，这种固定型思维会使人失去动力：它既不鼓励学生集中注意，也不鼓励主动参与，而且它把错误理解为自卑的标志。然而，正如我们前文所述，犯错误是最自然不过的事情，这仅仅证明我们已经尝试过了。记住西奥多·罗斯福的话：“从不犯错者将一事无成。”想象一下，假如格罗滕迪克在11 岁时就给自己下定论的话，他可能会认为自己数学天赋不好，因为他以为圆周率等于 3。

研究表明，即使是学业成功的学生也会受到固定型思维的影响。他们也需要努力以维持他们的学习动力，如若我们让他们相信，因为他们有天赋所以不必努力，这对他们没有任何好处。

因此，培养学生的成长型思维并不意味着要以培养自尊为借口，告诉每个孩子他是最棒的、最好的。相反，这意味着要关注他们的日常进步，鼓励他们参与课堂讨论，奖励他们的努力……事实上，还要向他们解释学习的基础：**所有的孩子都必须努力，必须试着回答问题，即使错了也没关系，因为**

犯错之后改正错误是学习的唯一途径。

这部分内容的结尾我想引用丹尼尔·佩纳克的话：“老师存在的意义不是为了吓唬学生，而是帮助他们克服对学习的恐惧。一旦克服了这种恐惧，学生们对知识的渴求就会永无止境。”

自我检测

如果分数很难奏效，那么把与犯错相关的科学知识融入课堂的最佳方法是什么？答案很简单。首先，必须鼓励学生参与课堂讨论，给出回应，主动提出假设，不管他们对自己的想法有多么的不确定。其次，他们必须马上得到客观的、非惩罚性的反馈，使他们能够改正自己的错误。

有一种策略可以满足上述所有条件，并且所有的老师都知道，它就是——测试！不太为人所知的是，很多已发表的科学研究证明了它的有效性。[20]定期测试学生的知识，这种方法被称为“提取练习”，是最有效的教育策略之一。定期测试可以使长期学习的效果最大化，可以增强你的记忆。测试直接体现了主动参与和错误反馈原则。因为参加测试会迫使你直面现实，去巩固你所知道的知识，并且认识到哪些知识是你还不知道的。

大多数老师和学生都不认为测试是学习过程的基石，只是将其当成一种简单的评分手段——它们的作用仅仅是评估学生在课堂上或从别处获得了多少知识。然而，排名或成绩是测试最无聊的一部分。重要的不是你得到的最终成绩，而是你为获取信息所付出的努力以及你得到的即时反馈。从这个方面来说，研究表明，测试的作用至少和课程本身一样重要。

这一结论是由美国心理学家亨利·罗迪格及其合作者在一系列著名的实

验中得出的。在一项研究中，他们要求学生在固定时间内记住单词，但采用了几种不同的策略。第一组被要求把所有的时间都花在学习上，总共 8 个时段。第二组用 6 个时段去学习，中间穿插两次测试。第三组用 4 个时段去学习，中间穿插 4 次测试。这三组所用的总时间都是一样的，因此，测试实际上减少了用来学习的时间。然而，48 小时后的记忆测试结果表明第三组的学习效果最好，这意味着测试的机会越多，学生对单词的记忆效果越好。定期交替的学习和测试迫使这些学生主动投入学习并接受明确的反馈（如"我现在掌握了这个词，但那个词我总是记不起来"）。这种自我意识或者说"元记忆"是很有用的，因为它能让学生在随后的学习中更加专注于之前存在困难的项目。[21] 结论很明显：**测试越多次，你就越能记住你要学的东西。**

另一个例子是：假设你必须学习一些外语单词，比如 qamutiik，它在因纽特语中是"雪橇"的意思。一种学习方式可能是把这两个词并排写在一张卡片上，以便在心理上把二者联系起来。或者，你可以先用因纽特语读，5 秒钟后，再去看它的翻译。注意，第二种方式其实减少了可用的信息量：在前 5 秒中，你只看到 qamutiik 这个词，并不知道它的意思（见图 9-2）。然而，正是第二种策略最有效。[22] 为什么？因为它强迫你先思考，试着在你收到反馈之前记住单词的意思。这再次表明**主动参与和错误反馈会使学习效果最大化。**

矛盾的是，学生和老师都没有意识到测试的效用。如果你问他们的意见，每个人都认为测试是一种干扰，学习才是最重要的。这就是为什么学生和老师对不同学习方式的学习效果的预测与实验结果完全相反：根据他们的看法，我们学得越多，就应该学得越好。因此，大多数学生自发地把大把时间花在课堂笔记和课本上，用不同颜色的荧光笔来标出每一行的重点……然而，这些策略的效果其实都比不上做一个简单的测试。

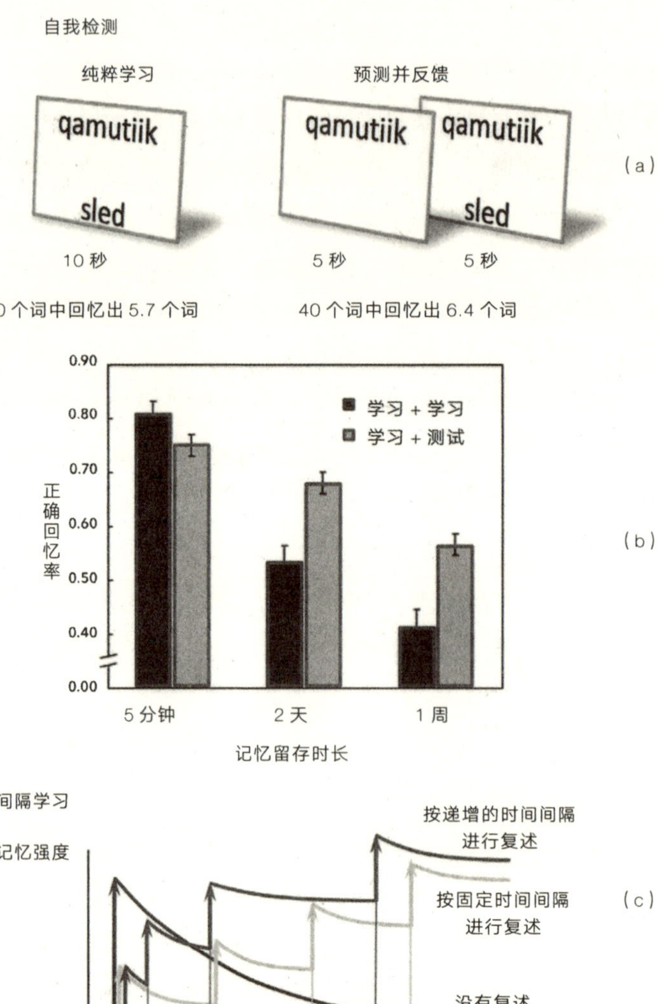

自我检测是最好的学习策略之一，因为它迫使我们意识到自己的错误。当学习外语单词时，在收到错误反馈之前最好试着去记住单词，而不是仅仅学习配对词（a 图）。实验也表明，学习和测试交替进行的学习方式所能达到的学习效果，要比把所有时间都纯粹花在学习上要好（b 图）。从长远来看，把复述的时间间隔拉开，尤其是如果能按逐渐递增的时间间隔去复述，记忆效果最好（c 图）。

图 9-2　测试对学习效果的影响

那么，为什么我们会有一种错觉，认为死记硬背是最好的学习策略呢？因为我们无法区分记忆的不同部分。在刚刚看完课本或课堂笔记后，信息立即在我们的脑海中呈现。它以一种活跃的形式存在于我们有意识的工作记忆中。我们感觉好像知道它，因为它存在于我们的短时记忆中……但是，这个短时记忆与我们在几天后提取相同信息所需的长时记忆无关。几秒钟或几分钟后，工作记忆就已经开始消退了，几天后，除非你重新测试你所学的知识，否则记忆就消失了。**要想把信息变成长时记忆，很有必要先研读学习材料，然后进行自我测试，而不是把所有的时间都纯粹花在学习上。**

其实你自己就可以很容易地将这些想法付诸实践。你要做的就是准备一些卡片，在它们的一面写问题，另一面写答案。为了自我检测，你可以一张接一张抽出卡片，试试看你记住的每一张卡片的答案是什么（预测），然后翻到另一面进行检查（错误反馈）。如果你说出的答案是错误的，把卡片放回最上面——这将迫使你马上重新审视相同的信息。而如果你说出了正确的答案，那就把卡片放回底部，没有必要马上重新研究它，但它迟早可能会被我们遗忘，因此我们必须在那之前及时把它拿出来复习。现在有很多手机和平板电脑应用程序都可以让你建立自己的卡片集，一些学习软件也有类似的算法。

黄金法则：间隔学习

为什么学习和测试的交替会产生这么好的效果呢？因为这种方式利用了教育科学发现的最有效的学习策略之一：间隔训练。这个黄金法则是说**间隔训练总比集中训练效果好**。确保长时记忆得以保持的最佳方法是进行一系列的学习，其间穿插测试，且间隔时间越长越好。

几十年来的心理学研究表明，如果你有固定的时间去学习一些东西，那么间隔学习比集中学习更有效。[23]实验结果表明，当你有规律地间隔复习时，你可以将你的记忆效果提升 3 倍，因此不要试图一下就学会所有的东西。所有的音乐家都知道这个简单的原理：以一周为例，每天练习 15 分钟要比在一天内练习 2 小时的效果更好。

为什么间隔学习策略如此有效？脑成像研究[24]表明，把问题集中地塞进一个时段中去解决会减少它们所引起的脑活动。也许是因为重复的信息逐渐失去了新奇性。一方面，重复似乎也会让人产生一种知识错觉，一种由于工作记忆中的信息尚存而产生的过度自信：它似乎可以随时提取出来，我们已经把它记在了脑海中，所以不知道再努力学习有什么意义。另一方面，间隔学习会增加脑活动：它似乎通过禁止工作记忆中的简单存储，迫使相关脑回路更努力地工作，从而产生了必要难度（desirable difficulty）① 的效果。

如果把同一节课重复学两次，那么最有效的时间间隔是多长？当间隔时长达到 24 小时后，我们会观察到学习效果明显改善——正如我们在后面将谈到的，这可能是因为睡眠在巩固我们所学到的知识方面起着关键作用。不过，美国心理学家哈尔·帕施勒（Hal Pashler）和他的同事已经证明，最佳的间隔时间取决于你想保持记忆多长时间。如果你只需要记住几天或几周内的信息，那么最好在一周内每天都进行复习。如果知识必须在记忆中存储数月或数年，那需要将时间间隔按比例拉长。

经验法则是以你所期望的总的记忆留存时间取 20% 作为间隔长度来进行复习。例如，如果你想让记忆保存 10 个月左右，那每 2 个月后就拿出来复习一次。效果是显著的：每隔几周就温习某节课所学的内容，几个月后能记住的内容就会增加 3 倍！为了尽可能长时间地记住这些信息，最

① 心理学家比约克（Bjork）夫妇提出的“必要难度”理论认为，需要耗费更多努力的或者具有难度的提取才可以提高存储力，使记忆得以长久保持。——编者注

好自己逐步增加时间间隔：从每天复习一遍，到一周，一个月，然后一年之后再复习……这种策略保证了在所有时间点上都达到最佳记忆存储效果。[25]

图 9–2 说明了原因：每次复习都能加强学习效果。它刷新了心理表征的强度，并帮助我们对抗记忆随时间流逝呈指数上升式遗忘的特点。最重要的是，间隔学习似乎在我们脑的所有可用的记忆回路中选择了会使遗忘曲线变得最慢的那个回路，也就是说，它可以把信息投射到最远的未来。

事实上，过去我们对记忆的认识都是错误的：它不是一个只是缅怀过去的系统，而是一个将信息传送到未来去的系统，以便我们日后可以提取它。通过长时间重复相同的信息，我们就可以“说服”脑，这些信息足够有价值，有必要把它们传递给未来的自己。

哈尔·帕施勒从这项研究中总结了一些实践经验。第一，把某一知识点分散到几节课中去，学习效果会更好。第二，对于一些学习科目来说，只是几天或几周后复习一遍是不够的。如果你想长久地记住一些东西，你应该至少花几个月时间不断温习。从这个角度看，我们必须重新思考教科书的编排框架。大多数教科书的章节都是围绕一个特定的主题编排而成的（这是好的地方），但之后就只关注该主题的疑问和难题了（这是不太好的）。这种编排结构带来了两个消极的后果：没有定期复习，或者间隔时长不够，导致练习过程被简化了，因为学生不必自己决定应该运用什么知识或策略来解决每章后给定的问题。

实验结果表明，为了让学生能把自己所学的知识都运用到考试中，在设计章后习题时最好把各章不同的问题混合在一起，而不是把学生局限在最近所学的课程内容上。[26]

那么期末考试或年终考试怎么样？与学习相关的科学研究表明它们的效果并不理想，因为它们鼓励的是临时抱佛脚，而不是规律地复习。尽管如此，它们仍然是对习得知识的有效测试。临时抱佛脚不一定是无效的：如果学生在前几个月里已经努力学习了，考试前的复习就会刷新记忆中已有的知识，有助于记得更牢。然而，年复一年地定期回顾知识，可能会产生更大的效益。月考只关注几周前所学的知识，不能保证学生已经形成长期记忆。因此，从学年一开始就去温习某一科目的所有知识，记忆效果会更好。

你可能会问，让学生在一学年中学习同样的东西有什么意义？为什么要让他们重复一个已经做过了好几次的测试？如果他们都已经考了满分了，通过这种方式他们还能学到什么吗？当然会。在一个专门讨论错误的益处的章节中，这听起来似乎有些自相矛盾，但其实反馈的好处并不仅限于帮助学生不再犯错。相反，即使他们选择了正确的答案，收到反馈也能提高他们的记忆力。[27]

为什么？因为只要知识还没有被完全巩固，脑就会继续学习。只要存在不确定性，错误信号就会继续在我们的脑中传播。最初的不太确定的答案与随后的100%确定的信息之间的差异可以作为一个有用的反馈信号：它标记了一个我们可能会犯的错误，我们可以从中学习。

这就是为什么过度学习总是有益的：在我们对所学的知识感到100%确定之前，复习和测试会持续地提升我们的学业表现，尤其是从长远来看。此外，重复对我们的脑还有其他好处：它使我们的思维活动变得自动化，直到它们熟练到变成无意识的动作。这是我们接下来要谈到的最后一个学习的核心支柱：巩固。

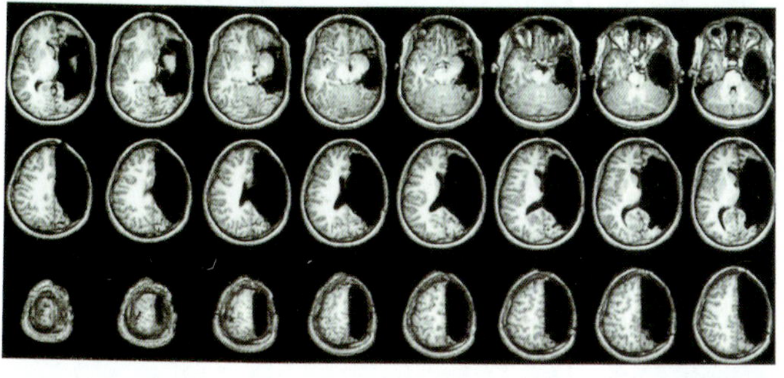

彩图 1

脑的可塑性可以克服部分重大创伤。

尼科在 3 岁时做了右脑切除手术（中间插图为核磁共振检测结果），然而右脑的缺失并没有阻止他成为一名成就卓越的艺术家，他依然可以临摹画作（下图），也可以创作新的画作（上图）。

他将语言、数学、阅读和绘画等需要学习的才能，全部挤到了自己的左脑半球。

脑中乙酰胆碱的分泌回路

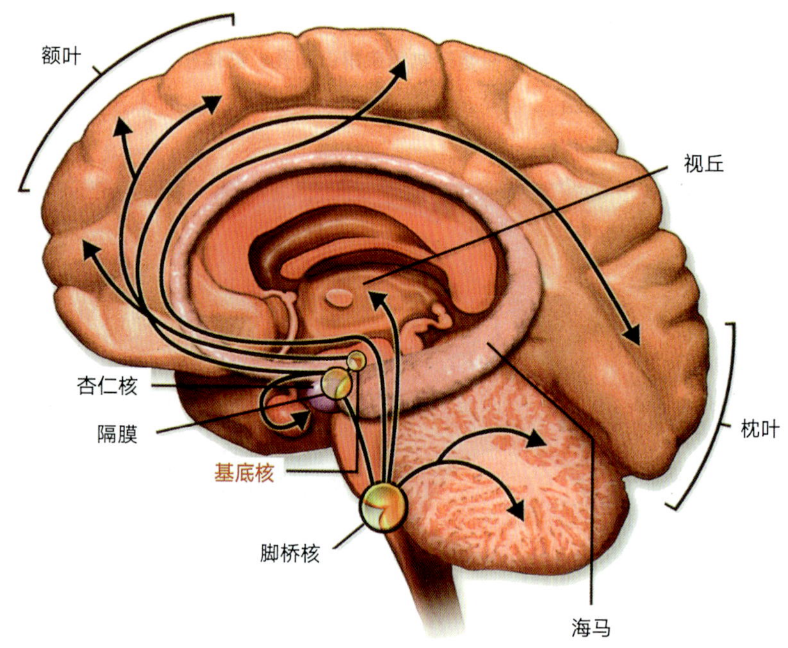

调节学习

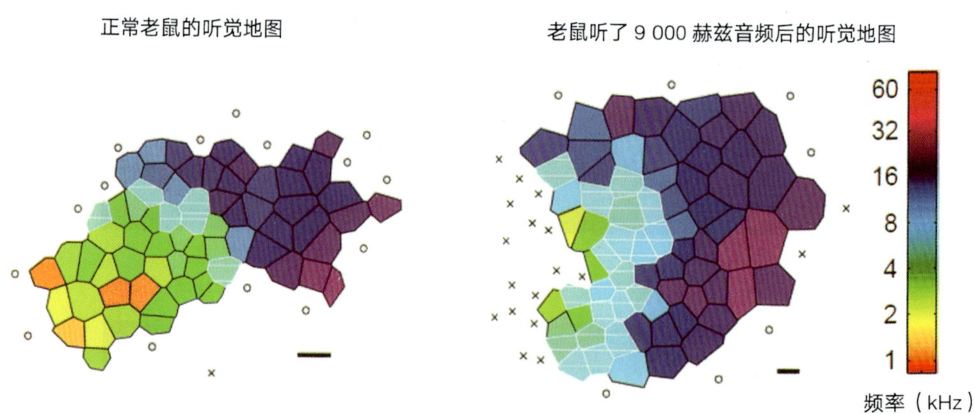

彩图 16

警觉的讯号会大幅调整学习，神经传导物质如血清素、乙酰胆碱、多巴胺的讯号可以传播到脑的各个区域，告诉我们什么时候应该警觉，并强迫人脑学习。在下面的实验中，当老鼠听到一个 9 000 赫兹的音频时，这个音频跟基底核的电刺激联结在一起，大脑皮层就会分泌乙酰胆碱，几天以后，老鼠的听皮层就会被这个 9 000 赫兹的声音及它周边频率的声音所侵占（蓝色区域）。

听皮层：侦测声音的偏差

正常频率的声音

非正常频率的声音

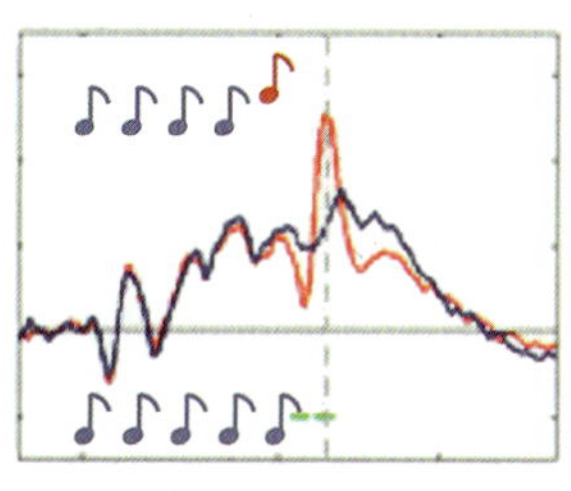

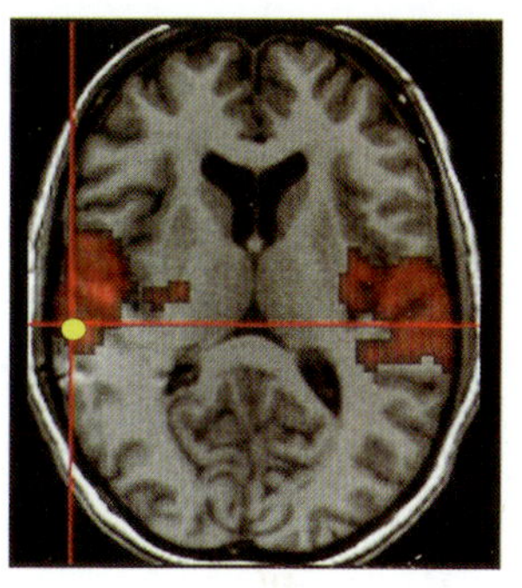

前额叶皮层：侦测旋律中的违规讯号

正常频率的旋律

非正常频率的旋律

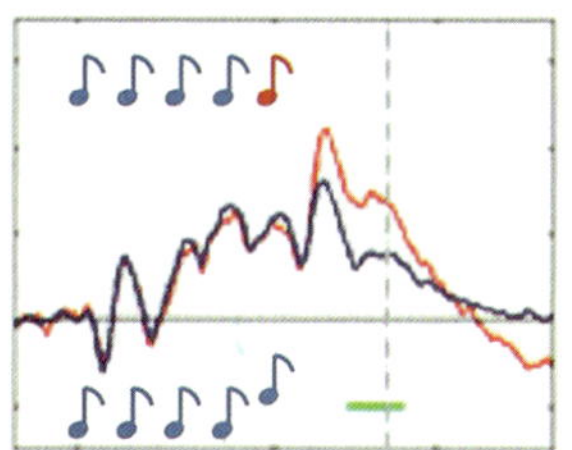

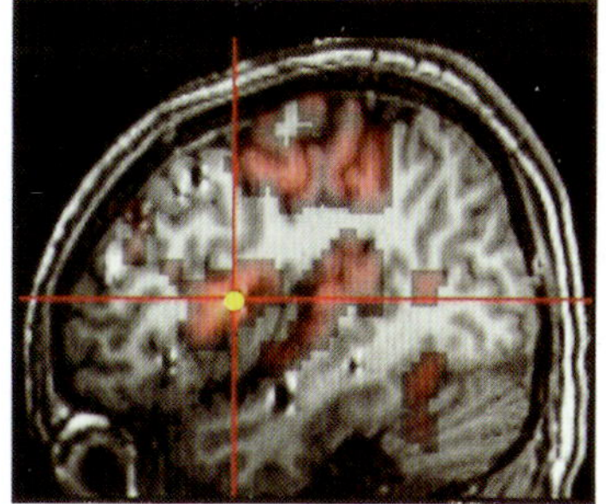

彩图 17

错误反馈是学习的第三大支柱，脑依靠侦察错误、校正错误的过程逐渐调整它对外界环境的思维模式。脑中所有区域都会发送并交换错误讯号。在这个实验里，人脑学习侦察一个音频中的非正常频率音频：五个音的短旋律连续播放几次。当没有预警地改变这个序列时，一个表示错误的惊讶反应（红色）就马上被传送到脑的其他区域，让它们去修补预期。上图是听皮层区对违反预期的反应，下图是包括了前额叶皮层的延伸网络对违反预期的反应。

彩图 18

巩固是学习的第四大支柱，所有的学习都需要相当程度的努力和付出，此时会大量活化顶叶和额叶的空间和执行功能。对一个初学阅读的孩子来说，字的编码过程很慢、很辛苦，而且需要序列化，即构成这个字的字母越多，孩子读得越慢（右上图）。经过练习，编码过程会慢慢自动化，阅读会成为一种处理潜意识的快速行为，进而形成特定的阅读回路。此时，原本阅读所需的皮层资源就会被释放出来，去做别的工作。

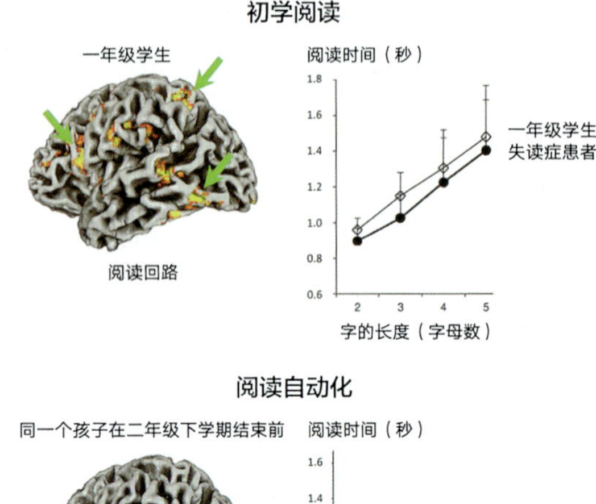

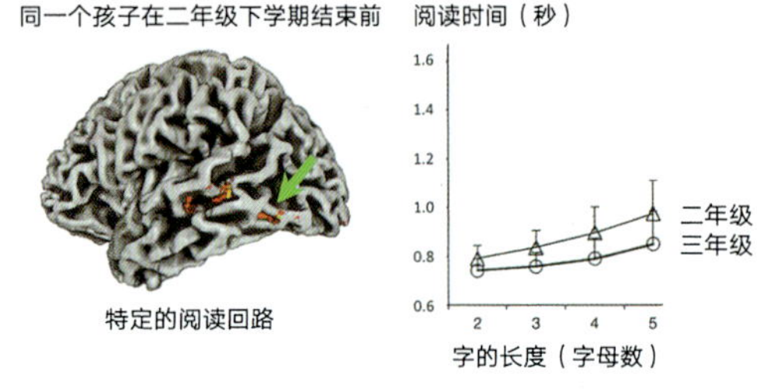

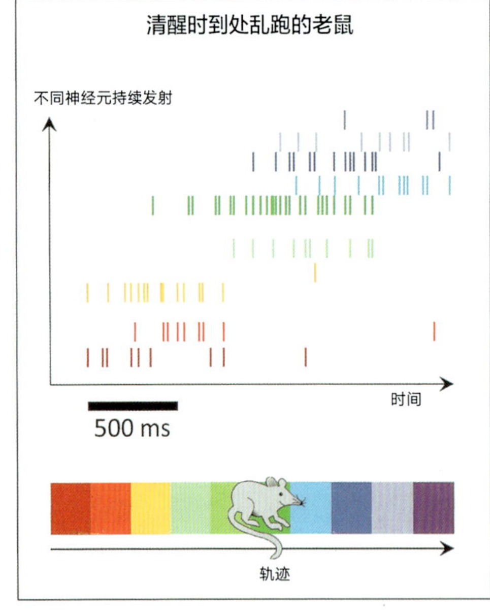

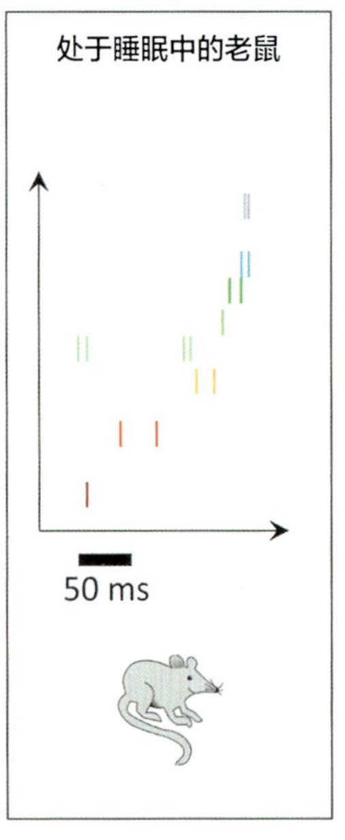

彩图 19

睡眠在学习的巩固过程中扮演着重要角色。上述实验显示，当一只老鼠睡觉时，它的海马中的神经元会快速地按顺序循环播放清醒时所经历的所有事情，这个活动会一直延伸到大脑皮层，一个晚上可以重复几百次，以帮助老鼠将前一天学到的东西进行巩固和自动化。在我们睡觉时，脑甚至能够发现前一天被我们忽略掉的信息。

HOW WE LEARN

第 10 章

巩固

试想一个一年级学生运用学习的前三个核心支柱很快学会了阅读。他对阅读充满好奇和热情，学会了从左到右拼读单词的每个字母。几个月后，他的阅读错误逐渐减少，能够准确地破译单词和声音之间的对应关系，并开始在头脑中存储不规则单词的拼写方式。然而，他还不是一个流利的阅读者，阅读速度缓慢而吃力。他缺少了什么？他缺少的是学习的第四个核心支柱：巩固。他在这个阶段的阅读，调动了自己几乎所有的注意力，而巩固将帮助他把阅读变成自动化和无意识的行为。

通过分析这个学生的阅读时间会发现：单词越复杂，他破译所需的时间就越长（见彩图 18）。呈现出明显的线性函数关系：每增加一个字母，破译时间就增加大约 1/5 秒。这种连续的、循序渐进的特点是完全正常的。在他这个年龄，阅读是缓慢进行的而且需要在注意力的参与下一个接一个地辨认字母或字母组。[1]但这种困难不会永远持续下去，通过在接下来 2 年里反复练习后，孩子的阅读速度会逐渐加快，变得更流畅，单词长度的影响将彻底消失。此时此刻，就在你解读我的这段文字时，对于任何一个 3～8 个字母的单词，你的脑所花费的时间都是相同的。从顺序逐个识别字母到视觉字形区可以同时处理单词所有字母，平均需要 3 年左右的时间。

这是一个很好的关于巩固的例子，它存在于脑的所有区域。从缓慢的、有意识的、费力的加工转变为快速的、无意识的、自动化的专业技能，我们的脑永远不会停止学习。即使掌握了一项技能，我们仍然会过度学习它。自动化机制将我们经常使用的操作“编译”成更高效的程序，再将它们转移到我们意识之外的其他脑回路中，这些加工过程可以相互独立地展开，而不会干扰正在进行中的其他操作。

释放脑资源

当我们扫描一个初级阅读者的脑时，会看到什么？除了识别字母的视觉区域和处理音素、音节，文字的颞叶等这些常规的阅读回路被激活之外，顶叶和前额叶皮层也被大量激活。[2] 这种强烈的、消耗大量脑能量的活动反映了注意力和有意识的深度参与，这些现象会随着学习的巩固而逐渐消失（见彩图 18）。对一个流利的阅读者来说，这些区域不再促进阅读。只有阅读被干扰时，这些区域才会被激活，例如把单词字母间隔呈现为 letters，或者将单词旋转为 turning，迫使脑回复到缓慢的初学者模式。[3]

自动阅读意味着建立一个受限的、专门的回路来有效地加工我们每天遇到的字母串。当我们学习的时候，我们的脑形成了一种非常有效的回路来识别最常见的字符和它们的组合。[4] 我们的脑在整合数据：哪些字母最常见，在哪里出现的频率最高，以及它们通常与哪些字母一起出现。即使是初级视皮层也能识别最常见的字母的形状和位置。[5] 经过几年的过度学习之后，这个回路发展为常规模式，在没有任何意识干预的情况下也能正常工作。[6] 到了这个阶段，顶叶和前额叶皮层的活动消失了，我们就可以毫不费力地阅读了。

阅读的学习之道也适用于其他领域。无论我们是学习打字、演奏乐器，还是开车，我们的手势动作最初都是由前额叶皮层控制的，缓慢地、有意识地，一个接一个地做出这些手势。然而，熟能生巧，随着时间的推移，所有费力和笨拙都消失了，我们可以边谈论或思考其他事情边训练这些技能。反复练习之后就可以将控制权交给运动皮层，特别是基底神经节，它是一组皮层下回路，负责记录我们自动的和例行的行为。算术也会发生同样的变化，对初学的孩子来说，每一道计算题都是一座珠穆朗玛峰，需要调动全身的资源才能爬上去，尤其是前额叶皮层的神经回路。这个阶段的计算是有顺序的：为了解决 6+3 等于几，孩子们通常会一个一个去加——“6……7……8……9”。随着巩固过程的发展，孩子开始从记忆中直接提取结果，前额叶皮层的活动逐渐消失，取而代之的是顶叶和腹侧颞叶皮层的特殊回路。[7]

为什么自动化如此重要？因为它释放了大脑皮层的资源。记住，顶叶和前额叶皮层就像一个普通的执行控制网络，会造成认知瓶颈，它无法同时处理多项任务。当我们脑的中央执行系统专注于一项任务时，所有其他有意识的决策都会被延迟或撤销。因此，只要有一个心理操作没有通过过度学习实现自动化，仍需要付出努力，它就会占用宝贵的执行注意力资源，使我们无法专注于其他事情，所以巩固是必不可少的，因为它使我们宝贵的脑资源可用作其他用途。

让我们举一个具体的例子。想象一下，如果你必须解决一道数学题，但你的阅读能力仍然停留在初学者的水平：A dryver leevz Bawstin att too oh clok and heds four Noo Yiorque too hunjred myels ahwey. Hee ar eye-vz at ate oh clok. Wat waz hiz avrij speed?[①] 我想你已经明白我的意思了：同时做两件事几乎是不可能的。阅读的困难破坏了算术思考的能力。要取得进步，

① 为说明低水平的阅读会影响思考而举的例子。——译者注

阅读和计算这些对我们最有用的心智工具必须成为我们的第二天性，通过潜意识来毫不费力地发挥作用。假如没有通过巩固打好自动化心智运作的基础，我们就不可能抵达教育金字塔的顶端。

睡眠的关键作用

我们已经知道，有规律地间隔学习会更高效，与其集中一天死记硬背整堂课的内容，不如分时段安排学习。原因很简单，**我们的脑会在晚上睡眠阶段巩固白天学到的东西**，这是过去 30 年来最重要的神经科学发现之一。睡眠并不是一段不活动的时期，也不仅仅是在清理白天脑累积的废物。恰恰相反，在我们睡觉时，脑仍然在活跃，它按照一种特定的算法运行，重演它在前一天记录的重要事件，并将它们转移到我们记忆中储存起来。

这个发现可以追溯到 1924 年，美国心理学家约翰·詹金斯（John Jenkins）和卡尔·达伦巴哈（Karl Dallenbach）重新审视了记忆研究[8]先驱赫尔曼·艾宾浩斯（Hermann Ebbinghaus）的经典论调。早在 19 世纪末，艾宾浩斯就提出了一个基本的心理规律：历时越久，你越记不住自己所学到的东西，艾宾浩斯遗忘曲线是一个非常漂亮的单调递减的指数曲线。然而，詹金斯和达伦巴哈注意到，这条曲线出现了一个异常现象：在学习新知识后的 8 ～ 14 小时内，人们没有出现记忆丧失。詹金斯和达伦巴哈顿悟到，在艾宾浩斯实验中，8 小时的时间限制对应的是当天进行的测试，而 14 小时的时间限制对应的是间隔一晚再做的测试。为了弄清这一点，他们设计了一个新的实验来分离这两个变量：记忆测试之前的时间以及受试者是否有机会睡觉。为了做到这一点，他们在午夜前后、睡前或早上随机教学生一些音节。结果很明显：根据艾宾浩斯的遗忘曲线，我们在早上学到的知识会随着时间流逝而消失，而在午夜学到的知识会随着时间的推移而保持稳定（前提是学生至少有 2 小时的睡眠）。换句话说，睡眠可以防止遗忘。

我针对这些结果给出了几种不同的解释。第一种解释是，记忆在白天的衰退是因为，脑在清醒时积聚的有毒物质在睡眠时被清除了；第二种解释是，在学习和测试之间的这段时间，记忆会受到其他事件的干扰，而在睡眠中不会发生这种情况。但是这些解释最终在 1994 年被否定了，以色列研究者发现睡眠会引发额外学习。在没有任何额外训练的情况下，经过一段时间的睡眠，受试者的认知和运动水平均会有所改善。[9] 这个实验很简单：受试者白天检测视网膜上的某个特定点上的一条粗线。他们的检测进展缓慢，持续几小时后达到了极限。随后让他们去休息，第二天早上醒来后，他们的表现有了很大的改善，并且在接下来的几天里都保持了同样的状态。睡眠确实引发了额外学习，如果在他们每次要进入快速眼动睡眠时把他们叫醒，他们在第二天早上醒来时就不会表现出任何进步。

大量的研究证实和扩展了这些早期发现。[10] 睡眠质量不同，记忆改善程度也不同，睡眠的长度和深度都可以预测一个人醒来后的学习上的改善。这可以通过监测表征深度睡眠的慢波来评估。这种关系也可以朝着相反的方向运行：对睡觉的需求取决于前一天接收到的刺激量和学习量。在动物的大脑皮层中有一个与可塑性有关的基因 zif-268①，该基因会在快速眼动睡眠阶段增加其在海马和皮层区的表达。尤其如果个体白天处在一个相对丰富复杂的环境时会更明显。也就是说，白天刺激的增加会导致夜间脑的可塑性激增。[11]

不同的睡眠阶段对学习所发挥的作用尚未完全确立，但似乎深度睡眠可以巩固和类化知识，心理学家称之为“语义记忆”或“陈述性记忆”；而快速眼动睡眠期间，脑活动接近觉醒状态，会强化视觉和运动的学习，即程序性记忆。

---

① 属于早期生长反应蛋白家族成员，它是由即刻早期基因通过将短时程信号与长时程改变偶联起来进而编码出来的一种转录因子，表达于细胞核。——译者注

沉睡的脑会重演前一天的轨迹

尽管有关睡眠作用的心理学证据是相当有说服力的，但睡眠时期的脑能够学习，甚至比清醒时学得更好的神经机制仍然有待明确。1994 年，神经生理学家马修斯·威尔逊（Matthews Wilson）和布鲁斯·麦克诺顿（Bruce McNaughton）惊喜地发现：在没有任何外部刺激的情况下，海马中的神经元在睡眠时会自发激活。[12] 而且这种活动会追溯动物白天的轨迹，并不是随机发生的。

正如我在第 4 章所讲到的，海马中有位置细胞，当动物处于（或相信自己处于）空间的某一点时，它们就会被激活。海马充满了这种位置编码神经元，每一个神经元都对不同的位置敏感。如果你用探针记录这些神经元的放电范围，你会发现它们覆盖了动物行走的整个空间。当大鼠穿过走廊时，一些神经元在走廊入口处放电，另一些神经元在走廊中间放电，还有一些神经元则在走廊尽头。因此，大鼠所走的路径是通过一系列的位置细胞连续放电来反映的，在实际空间中的运动轨迹会成为神经元空间中的一个时间序列。

威尔逊和麦克诺顿的实验着眼点就在这里。他们发现，当大鼠睡着时，海马中的位置细胞又开始以同样的顺序放电。这些神经元在追溯大鼠白天走过的轨迹。二者唯一的区别是，在睡眠中的神经元放电速度较实际的速度加快了近 20 倍。睡眠中大鼠会梦见在它们的环境中进行一场高速赛跑！

海马神经元的放电和动物所处的位置完全呼应，神经科学家成功地逆转了这一过程，从动物的神经元放电模式中解码它们的梦境的内容。[13] 当动物在清醒状态下在现实世界中行走时，它的位置轨迹和脑活动之间的系统映射被记录下来。这些数据被回传到计算机的解码程序，它可以逆转这种关系，并根据动物的神经元的放电模式推测其位置。当这个解码器被应用于睡眠数据研究时，我们会看到动物打瞌睡时，它的脑中会虚拟追溯白天走过的轨迹。

因此，大鼠的脑会快速地重演白天经历过的活动模式。脑每天晚上都会回忆白天的经历。而且这种重演不仅限于海马，还可以延伸到皮层，在那里它对突触可塑性和巩固学习起着决定性的作用。由于夜间活动的重新激活，即使是我们生活中只在我们的情景记忆中记录过一次的单一事件，也可以在夜间重复播放数百次（见彩图 19）。这种记忆传递甚至可能是睡眠的主要功能。[14]海马有可能专门利用快速单次试验学习规则来存储前一天发生的事件。在夜间，这些神经元信号的重新激活会将它们传递到位于大脑皮层的其他神经回路。这些神经回路能够从每一个事件中提取尽可能多的信息。的确，在学习执行新任务的大鼠的大脑皮层中，一个神经元在夜间的重新激活越多，它在第二天参与任务的程度就越高[15]。海马的重新激活可以导致大脑皮层的自动化。

人类是否也存在同样的现象？是的。脑成像显示，在睡眠期间，我们在前一天使用过的神经回路会被重新激活。[16]在玩了几个小时的俄罗斯方块之后，在第二天晚上对游戏玩家们的脑进行扫描，会看到他们在梦中真的产生了一连串的几何图形幻觉，他们的眼睛从上到下做出了相应的反应动作。更重要的是，在最近的一项研究中，受试者躺在核磁共振仪中睡觉，当脑电图显示他们进入做梦阶段时突然唤醒他们。磁共振成像图像显示，就在他们被唤醒之前，他们的许多脑区自发地活化了，借此可以预测他们的梦境内容。例如，如果受试者梦中有人，研究者会在与面部识别相关的皮层区域检测到活化迹象。其他实验表明，这种神经元重新激活的程度不仅可以预测梦的内容，还可以预测受试者醒来后记忆巩固的程度。一些神经外科医生甚至开始记录人脑中的单一神经元，他们发现，脑在睡眠时期的放电模式同样可以追踪其白天经历的一系列事件，和大鼠实验结果是一致的。

睡眠和学习是紧密相关的。大量实验表明，深度睡眠的各种形态与第二天的学习表现有关。例如，当我们学习使用操纵杆时，在接下来的晚上，参与这种感觉运动学习的脑顶叶的慢波睡眠的频率和强度就会增加，而且这种增加强度越大，我们第二天的表现就会变得越好。[17]同样，在动作学习之后，脑成像显示运动皮层、海马和小脑的活动激增，伴有额叶、顶叶和颞叶的活动减少。[18]大量实验结果证实：脑在睡眠后的活动发生了变化，白天学到的一部分知识得到强化并转移到更加自动化和特定的回路中去处理。

尽管自动化和睡眠紧密相关，但每个科学家都认为相关并不等于因果关系。那么这种联系到底是因果关系吗？为了证明这一点，我们可以通过在脑中制造共振效应来人为地增加睡眠深度。在睡眠期间，脑活动自发地以缓慢的频率振荡，大约每分钟 40 ～ 50 个周期。通过以适当的频率给脑一个小小的额外刺激，我们可以使这些节奏产生共鸣并增加它们的强度——有点像我们在适当的时刻推动秋千，直到它可以以更大的振幅振荡。德国睡眠科学家杨·伯恩（Jan Born）用两种不同的方式做到了这一点：一种是让微小的电流通过颅骨，另一种是简单地播放与睡眠者脑电波同步的声音。无论声波是带电的还是舒缓的，熟睡的人的脑都会跟随这种不可抗拒的节奏，并产生明显更慢的脑电波，这是深度睡眠的特征。在这两种情况下，这种共鸣导致了第二天更强的学习巩固。[19]

一家法国的新兴企业已经开始将这种效应投入商用。它们研发了一款可以播放轻音乐的发带，用以减缓夜间脑电波的节奏从而促进睡眠，增加深度睡眠。一些研究人员试图通过强迫脑在夜间重新激活某些记忆来提高学习能力。想象一下，你白天在一间弥漫着玫瑰花香味的教室里学习，晚上在你进入深度睡眠后，我们给你的卧室喷洒同样的香味。实验表明，你在第二天的学习效率比你在晚上伴随着另一种香味睡觉时的效率要高得多。[20]玫瑰花香味是一种无意识的暗示，使你的脑偏向于重新激活白天发生的事情，从而加强它在记忆中的巩固。

听觉线索也可以达成同样的效果。想象一下，你被要求记住 50 幅图像的相对位置，每幅图像都与一个给定的声音相对应，如猫叫“喵”，牛叫“哞”等。要记住 50 幅图还是挺难的……但睡眠可以帮助你。研究人员在夜间用 25 个音系刺激受试者的脑，在深度睡眠时无意识地听到这些声音会激活受试者夜间与音素相关的神经元。果然，第二天早上受试者对相应图像的位置记得更清晰。[21]

在未来，我们是否会为了更好地学习而调整我们的睡眠？其实许多学生已经自发地这样做了。他们会在睡前复习重要的功课，期待在睡觉时不知不觉地加以巩固。但是，我们不要把这些有用的策略和一个人在睡觉时可以获得全新技能的错误观念混为一谈。一些不良商家出售声称可以在你睡觉时不知不觉地教你一门外语的录音带。研究表明这些录音带没有任何作用。[22] 可能会有例外，但大部分证据表明，睡眠中的脑不会吸收新的信息，它只能重演已经发生过的事情。掌握一项像学习一门新语言这样复杂的技能，唯一有效的方法就是白天多加练习，晚上睡觉时重新激活和固化我们所学到的东西。

睡眠期间的发现

睡眠仅仅只能增强记忆吗？许多科学家并不这么认为。最著名的一个发现来自德国化学家奥古斯特·凯库勒·冯·斯特拉多尼茨（August Kekule von Stradonitz），他是第一个发现苯的结构的人。苯的 6 个碳原子形成一个闭环，就像一枚戒指或者一只衔尾蛇……凯库勒是这样描述他在那个神奇之夜的梦境的：

原子又在我眼前跳跃……反复看到这种景象让我的心智之眼变

> 得更加敏锐，我现在可以真切地分辨出各种大的形态的结构。一长排的结构时而紧密地结合在一起，它们像蛇一样缠绕和扭曲着。等一下，那是什么？其中一条蛇咬住了自己的尾巴，它的身影在我眼前嘲弄般地旋转着。

凯库勒总结道：“先生们，先学会做梦吧，然后我们也许就能了解到真相了。”

睡眠真的能提高我们的创造力并引导我们走向真理吗？虽然研究科学史的专家们对凯库勒的衔尾蛇梦境的真实性存在分歧，但科学家和艺术家普遍地认同睡眠可以孵化新的思想和观点。设计师菲利普·斯达克（Philippe Starck）在最近的一次采访中幽默地说：“每天晚上放下书后……我都对妻子说，‘我要去工作了’。”[23] 我自己经常会在睡一觉醒来后找到一个棘手问题的解决方法。然而，轶事并不能作为证据。你必须进行验证——这正是杨·伯恩和他的团队所做的。[24] 这些研究者在白天教受试者学习一种复杂的算法，而这个算法其实有一个隐藏的可以大幅度缩短计算时间的捷径。在睡觉之前，只有极少数受试者知道这一点。然而，一夜好眠后，发现捷径的受试者人数翻了一倍，而那些睡不着觉的受试者则从未有这样灵光一闪的时刻。此外，无论受试者在一天当中什么时间接受测试，结果都是一样的。因此，测试的时间点和时长并不是决定因素：**只有睡眠才会产生真正的洞察**。

因此，夜间巩固并不仅限于强化现有知识。白天获得的知识不仅得以存储，而且还以更抽象、更普遍的形式被重新编码。夜间神经元的回放无疑在这一过程中扮演着重要角色。每天晚上，我们脑中浮现的白天的想法会以几十倍速被激活数百次，从而增加了大脑皮层最终发现合理规律的概率。此外，神经元以 20 倍速放电压缩信息。高速回放意味着在清醒时，激活间隔较大的神经元在夜间的序列中相邻。这种机制似乎是收集、合成、压缩信息和将原始信息转化为有用的、可开发的知识的理想选择，这正是人工智能巨头戴密斯·哈萨比斯（Demis Hassabis）对智能的定义。

未来，智能机器会像我们一样睡觉吗？这个问题看起来很疯狂，但我认为在某种意义上，它们会。它们的学习算法可能会包含一个巩固阶段，类似于我们所说的睡眠。事实上，计算机科学家已经设计了好几种模拟睡眠 / 觉醒周期的学习算法。[25] 这些算法为我在本书中所捍卫的新学习愿景提供了令人鼓舞的模型，其中学习包含了构建外部世界的内在模型。请记住，我们的脑包含大量的内部模型，能够重新合成各种各样的真实的心理图像、现实的对话和有意义的推理。在清醒状态下，我们调用从外部世界获得的感官数据来选择最适合我们周围世界的模型，以适应环境。在这一阶段，学习是一个自下而上的操作，当我们面对内部模型的预测时，意外传入的感觉信号会产生错误信号，这些错误信号会沿着大脑皮层的层级向上攀升，并在每一步调整统计权重，从而使我们自上而下的模型逐步变得准确。

新的观点是，我们的脑在睡眠状况的工作方向相反，即自上而下。在晚上，我们使用生成模型合成新的、意料之外的图像，我们的脑的一部分在这些从零开始构建的图像上训练自己。这种强化的训练集使我们能够完善自己的向上攀升的联结。因为生成模型的参数和它的感官结果都是已知的，现在更容易发现它们之间的联系。这就是我们越来越有效地提取隐藏在特定感官输入背后的抽象信息的原因。睡了一夜好觉之后，最细微的线索都足以确定现实的最佳心理模型，无论它多么抽象。

根据这一观点，梦不过是一组经过强化的图像训练。我们的脑依靠对现实的内部重建以增加白天必然有限的经验。睡眠似乎解决了所有学习算法都面临的一个问题：训练可用数据的缺乏。为了学习，目前的人工神经网络需要大量的数据集——但是生命太短暂了，我们的脑不得不利用白天收集到的有限的信息。人们发现睡眠可能是脑以一种加速的方式模拟无数事件的解决方案，而这些事件是人穷尽一生都难以真正体验到的。

在这些思维实验中，偶尔我们也会有新发现，这并没有什么神奇之处。当我们的心理模拟引擎运行时，它有时会遇到意想不到的结果，这有点儿像一个棋手，一旦掌握了规则，就可以花费数年时间来探索结果。事实上，人类的一些最伟大的科学发现都归功于心理意向，爱因斯坦梦想骑着光子，或者牛顿想象月亮像苹果一样掉到地球上。即使是伽利略最著名的比萨斜塔实验，也许从未发生过。在那个实验中，他从比萨斜塔上扔下物体来证明自由下落的速度与物体的质量无关。只需一个思想实验就足够了：伽利略设想从塔顶落下两个球，一个轻，一个重。假设越重的球落地越快，并用他的心理模型证明这会导致矛盾。他说，假设我用一根质量可以忽略不计的金属丝把两个球体联结起来。由此产生的两个球体系统，现在会形成一个更重的物体，理论上它应该会下降得更快。但这是荒谬的，因为较轻的球体下降速度较慢，应该会使较重的球体减速。这些永无休止的矛盾只导致了一种可能性，即所有物体不管它们的质量如何，都会以同样的速度下落。

这就是我们的思维模拟器能提供的一种推理，无论白天还是黑夜。我们能够生成如此复杂的心理场景的事实，突显了我们脑中存在的一系列非同寻常的算法。当然，我们在白天学习，但是夜间的神经元的回放会增加我们的潜能。这可能确实是人类物种的秘密之一，因为启发性数据表明，我们的睡眠可能是所有灵长类动物中最深、最有效的。[26]

睡眠、童年和学校

每个人都知道婴儿大部分时间在睡觉，而且睡眠时间会随着年龄的增长而缩短。这很合理，婴幼儿时期是我们学习算法的黄金期，也是学习任务量最繁重的时期。实验数据表明，在相同时间内，孩子的睡眠效率是成年人的 2 ～ 3 倍。经过高强度的学习后，10 岁的孩子比成人进入深度睡眠的速度要快得多，他们的慢波更强烈。实验显示，让孩子研究一个序列性的知识后去睡觉，第二天精神焕发地醒来后再检测，结果显示他们比成人发现了更多的规律。[27]

在生命的最初几个月，脑的夜间巩固就已经开始了。例如，一岁以下的婴儿在学习一个新单词时就非常依赖夜间巩固。小睡片刻，哪怕只睡 1.5 小时，婴儿也能更牢地记住他们在入睡前几个小时内学会的单词。[28] 最重要的是，他们能更好地类化这些词。婴儿第一次听到“马”时，他们只把它与一两个具体的马的例子联系起来，但睡了一觉后，他们的脑就会把这个词和他们以前从未见过的新的马联系起来。就像凯库勒一样，这些刚出道的科学家在睡梦中发现了新事物，醒来时对马这个词有了更好的理解。

那么学龄儿童呢？研究同样清楚地表明：在学龄前，即使是短暂的午睡也能增强孩子对上午所学知识的记忆。[29] 为了获得最大的益处，睡眠应该在学习过后的几个小时内进行。然而，这种益处只存在于经常午睡的孩子身上。既然脑会根据白天的刺激自然调节孩子的睡眠需求，那么强迫孩子睡觉似乎没有什么用处，但我们应该鼓励那些有需要的孩子午睡。

不幸的是，随着电视、智能手机和互联网的泛滥，儿童睡眠和成人睡眠一样，正在受到各方面因素的威胁。后果是什么？长期的睡眠剥夺会导致特定的学习障碍吗？这种障碍的发生频率在明显增加吗？虽然这些目前只是假设，但是我们有一些启发性发现。[30] 例如，患有注意缺陷多动障碍（ADHD）的儿童有可能只是长期缺乏睡眠。他们有些人因为经历睡眠呼吸暂停而无法进入深度睡眠，而仅仅通过清理呼吸道就足以消除他们长期的睡眠不足，而且还能消除他们的注意障碍。最近的实验甚至表明，对人脑进行电刺激，通过延长慢波睡眠的时间，可以减轻注意力不集中儿童的学习障碍。

让我明确一点：这些最近的数据仍然需要进一步研究，我绝不否认 ADHD 的存在。然而，从教育的角度来看，毫无疑问，改善睡眠时间长度和质量对所有儿童，特别是那些有学习困难的儿童，是一种有效的干预措施。

这个想法已经在青少年教育中得到了验证。时间生物学显示，青少年的睡眠周期会发生变化，他们认为自己不需要早睡，但正如每个人可能都曾经历过的那样，他们起床的难度确实最大。这并不代表他们不愿意这么做，而是因为控制他们睡眠 / 觉醒周期的神经和荷尔蒙网络严重紊乱。不幸的是，似乎没有人将研究结果告知学校校长，他们继续要求学生一大早就到校。改变这个专制的旧例有什么坏处吗？实验已经取得了很好的效果：一旦第一节课被推迟半小时到一小时，青少年就会得到更多的睡眠，上学的出席率会提高，课堂注意力会提高，成绩也会提高。[31] 并且这些积极的影响可能会持续下去：美国儿科学会（American Academy of Pediatrics）强烈建议把推迟早上上学时间作为应对青少年肥胖、抑郁，甚至交通事故的有效措施。借助这些措施，儿童和青少年整体的身心健康可以轻松地、完全不需要付出任何代价地得到改善，这为教育系统适应人脑生物学的局限性提供了一个极好的例子。

教育与神经科学的“联姻”

人类科学最大和最重要的困难就是儿童教育。

——蒙田《论文集》

教育学和医学一样，是一门建立在或应该建立在精确的科学知识基础之上的艺术。

——让·皮亚杰《现代教育学》

在这段旅程结束时，我希望能让你相信，认知心理学、神经科学、人工智能和教育科学的最新进展使我们拥有了当下关于人脑如何学习的系统认知。这种认知并非不言而喻的，我们关于学习的大多数先入为主的想法都必须废除。

- 新生儿不是一块白板。早在生命的第一年，他们就已经拥有大量关于物体、数字、概率、空间和人的知识了。

- 孩子的脑不是一块顺从地吸收其环境里的架构的海绵。还记得四肢瘫痪的巴西盲人故事家费利佩和盲人数学家尼古拉斯・桑德森吗？他们的故事告诉我们，感觉输入可以被阻断或缺失，但是不会因此破坏孩子对抽象概念的理解。

- 大脑不仅仅是一个等待输入来塑造自己的可塑性的神经元网络。所有的大型回路在出生时就已经存在了，无论大脑的可塑性多么不可或缺，它也只能细化我们神经联结的最后一毫米。

- 学习不是通过简单地接触数据或听讲座来被动地进行的。相反，认知心理学和脑成像研究向我们表明，儿童是刚出道的科学家，会不断地提出新的假设。大脑是一个时刻警惕的器官，通过测试它投射到外部世界的模型来学习。

- 错误不是差生的标志。犯错是学习的组成部分之一，只有当我们的脑发现它的设想与现实之间存在差异时，才会调整自己的模型。

- 睡眠不只是一段脑的休息时间，它是我们学习算法不可或缺的一部分。在这段时间里，我们的脑会循环播放它的回路，以 10 ～ 100 倍的速度强化我们白天的经历。

- 最新的学习机器远没有超越人脑。至少目前，我们的脑仍然是所有信息处理设备中最快速、最有效、最节能的。作为一台真正的概率机器，它成功地从一天中的每一个时刻提取了最大量的信息，以一种我们还不知道如何在计算机中再现的方式，在我们睡着时将其转化为抽象知识和普遍知识。

在计算机芯片与神经元、机器与人脑之间的普罗米修斯之战中，后者仍占据优势。可以肯定的是，原则上脑的机制没有机器不能模仿。事实上，我在这里展示的所有想法，计算机科学家都已经了如指掌，他们的研究明显受到神经科学的启发。[1]然而，在实践中，机器还有很长的路要走。为了改进机器的性能，他们将需要我们在这里回顾的许多要素：允许概念灵活重组的内部思维语言；根据概率分布进行推理的算法；好奇心的功能；管理注意力和记忆力的有效系统；以及可能扩大训练集并增加发现机会的睡眠/觉醒算法。这种类型的算法已经开始出现，但它们距离新生儿的表现仍有几光年的距离。脑在与机器的对决中仍占据上风，并且，我预测这种情况还会持续很长一段时间。

13 条可以带回家以挖掘儿童潜力的信息

我对人脑研究得越多，认知就越深刻。但我也知道，它的表现是脆弱的，因为它强烈依赖它的发展环境。太多的孩子没有充分发挥他们的潜能，因为他们的家庭或学校没有为他们提供理想的学习条件。

关于学习的国际统计数据令人担忧：在过去的 15 ～ 20 年里，包括我的祖国法国在内的许多西方国家，孩子们的学习成绩大幅下降，而许多亚洲国家，如新加坡、中国的孩子们的学习成绩大幅提升。[2]数学曾经是法国最大的优势学科，但在 2003 ～ 2015 年，孩子们的数学成绩急剧下降，在 TIMSS 调查中，法国孩子的数学成绩现在已经降至欧洲最后一名，这一调查评估了 15 岁学生的数学和科学成就。

面对如此糟糕的结果，我们有时会太快地把矛头指向老师。事实上，没有人知道这场崩溃背后的原因，罪魁祸首到底是家长、学校还是整个社会？我们应该归咎于孩子睡眠不足、注意力不集中或玩电子游戏吗？不管是什么原因，我相信学习科学的最新进展可能有助于扭转这一黑暗趋势。我们现在对最大化学习和记忆的条件有了更多的了解。我们所有人，无论是家长还是老师，都必须学会在日常生活中、家里和教室里实施这些条件。

我所展示的科学研究成果其实都很简单、易落实。我们一起来复习一下：

- 不要低估孩子的能力。婴儿在出生时就拥有一套丰富的核心技能和知识。物体概念、数感、语言、对人及其意图的了解……这些基本技能将在他们以后的物理、数学、语言和哲学课程学习中再次被挖掘。我们要多利用孩子早期的这些直觉。他们学的每个单词和符号，无论多么抽象，都必须与他们的先验知识相联结。这种联结将赋予他们所学的内容意义。

- 利用脑的敏感期。在生命的最初几年，每天都有数十亿个突触被创建和消除。这种令人兴奋的活动使孩子的脑特别容易接受知识，尤其是语言。我们应该让孩子尽早接触第二语言。我们还应该记住，脑的可塑性至少会延续到青春期，在这个时期，外语沉浸可以改变脑。

- 丰富孩子的生活和学习环境。孩子的脑是最强大的超级计算机。我们应该尊重它，在孩子很小的时候就为脑提供正确的数据，单词、建筑游戏、故事、拼图……与孩子进行所有你认为深奥的话题的探讨，用专业准确的词汇回答他们的问题，向他们传达我们对世界的理解。给孩子提供一个丰富的环境，特别是语言环境，最大限度地促进他们的脑发育，延长他们的脑可塑性。

- 打消“每个孩子都不一样”的观念。认为每个人都有不同的学习风格的想法是错误的。神经影像研究显示，我们都依赖于非常相似的脑回路和学习规则。阅读和数学的脑回路在我们每个人身上几乎都是一样的，仅几毫米的差距——即使是盲童也是如此。我们在学习中都面临着相似的障碍，可以用同样的教学方法克服它们。个体差异，如果存在的话，更多地是孩子现有知识水平、动机和他们学习的速度的差异。谨慎判断孩子当下的水平，以便选择最合适的问题。但最重要的是，确保所有孩子都学会每个人都需要的语言、文字和数学基础。

- 培养孩子的专注力。专注力是学习的门户，如果信息没有先被注意力和觉知放大，那么我们几乎不会记住它。老师应该成为吸引学生注意力的大师，并将他们的注意力引导到重要的事情上。这意味着要小心地消除所有让孩子分心的因素：插图过多的课本和过度装饰的教室。

- 保护孩子的活力、好奇心、参与意愿和自主性。被动的学生学不到东西。让他们更活跃，激发他们的聪明才智，让他们充满好奇心，不断产生新的假设。但不要指望他们能自己发现一切，要通过结构化的课程来引导他们。

- 让每一个上学的日子都变得愉快。奖赏回路是脑可塑性的重要调节器。通过奖励他的每一次努力来激活它们，让每一个小时的课堂都变得生动有趣。没有孩子对物质奖励无动于衷，他们的社会脑区对微笑和鼓励的反应也是一样的。被赞美的感觉和对自己进步的意识本身就是奖励。要消除阻碍学习的焦虑和压力，尤其是在数学方面。

- 鼓励努力。愉快的学校体验并不等同于“毫不费力”。相反，大部分有趣的学习，如阅读、数学或演奏乐器等，都需要多年的练习。认为一切都很容易的信念可能会让孩子以为，如果他们不成功，他们就是笨蛋。要向他们解释，所有的学生都必须努力，当他们努力的时候，每个人都会进步。要保持一种成长的心态，而非一成不变的心态。

- 帮助学生深入思考。大脑处理信息的程度越深，我们的记忆力就越好。永远不要满足于肤浅的学习，要着眼于更深层次的理解。记住亨利·罗迪格的话：“让学习条件变得更困难，从而要求学生投入更多的努力，这往往会增强记忆力。”

- 设定明确的学习目标。当学生清楚地知道学习的目标时，当他们看到他们可以支配的一切都朝着这个目标汇聚时，他们就会学得更好。清楚地告知你对他们的期望，并将重点放在实现目标上。

- 接受并纠正错误。为了更新他们的心理模型，我们的脑区必须交换错误信息。因此，犯错是学习的必要条件。我们不要惩罚错误，而要通过给孩子详细的但无压力的反馈来迅速纠正它们。根据教育捐赠基金会（Education Endowment Foundation）的综合报告，教师提供给学生的反馈质量是推动学业进步的最有效杠杆。

- 定期练习。一次性学习是不够的，孩子需要巩固他们所学的东西，使其成为自动的和潜意识的反射性知识。这样的自动化状态可以解放我们的前额叶和顶叶回路，让它们参与其他活动。最有效的策略是腾出空间学习，每天腾出一点点空间。间隔练习可以让信息永久地印在记忆中。

- 让学生睡好觉。睡眠是我们学习算法的重要组成部分。我们的脑在每次睡觉时都会受益，甚至在我们打盹的时候也是。因此，让我们确保孩子睡得又长又深。为了最大限度地利用脑在夜间无意识的工作，在入睡前学习一节课或重读一道题可能是一个绝妙的诀窍。由于青少年的睡眠周期发生改变，所以我们不要太早叫醒他们！

只有更好地了解自己，我们才能最大限度地利用我们脑所配备的强大算法。所有的孩子都可能从了解学习的四大核心支柱中受益：注意、积极参与、错误反馈和巩固。“全神贯注”“参与课堂”“从错误中吸取教训”“每天练习，利用每一个夜晚”这四个口号有效地概括了它们。这些都是非常简单的信息，我们都应该注意。

未来学校联盟

我们怎样才能使我们的学校系统与认知科学、脑科学的发现步调一致呢？需要建立一个新的联盟。就像医学依赖于生物和药物设计研究的整个金字塔一样，我相信，未来的教育将越来越依赖于循证研究，包括基础实验室的实验，以及课堂规模的试验和部署研究。只有教师、家长、科学家三者合力，才能让所有孩子重新燃起学习的好奇心和乐趣，帮助他们优化认知潜能的可贵目标。

作为课堂上的专家，教师肩负着教育我们孩子的无上使命，孩子很快就会把这个世界的未来掌握在他们的手中。然而，我们经常给教师留下很少的资源来实现这一目标。他们应该得到更多的尊重和投资。今天的教师面临着越来越严峻的挑战，包括资源的减少、班级规模的扩大等。令人惊讶的是，大多数教师很少或根本没有接受过学习科学方面的专业培训。我们迫切需要改变这种状况，因为我们现在脑的学习算法和最有效的教学方法拥有相当多的科学知识。我希望这本书能为全球修订教师培训计划提供一小步，以便为他们提供认知科学的最好工具，与他们对我们孩子的承诺保持一致。

我希望教师也能赞同，他们的教学自由不应该受到日益发展的人脑学习科学的限制。相反，这本书的一个目的是让他们更好地使用这种自由。“我认为，”鲍勃·迪伦（Bob Dylan）说，“英雄是一个懂得伴随自由而来的责任的人。”真正的教学创造力只能来自对可用策略范围的充分认识和仔细选择，以及充分了解它们对学生的影响。我在这本书中阐述的原则与多种教学方法是兼容的，而且将它们付诸课堂实践的时候可以做很多事情。我对教师的创造力有很高的期望，因为我认为，老师的创造力对提高孩子的学习积极性是至关重要的。

在我看来，未来教育中家长的角色也应该有更重要的位置。他们是儿童发展的主要参与者，他们的行为早于学校教育的开始，晚于学习教育的结束。家是孩子有机会通过工作和游戏扩展他们在课堂上学到的知识的地方。家庭学校每周开放 7 天，因此，比起学校，家庭可以更好地充分利用清醒和睡眠、学习和巩固的每一次交替。学校应该在家长培训上投入更多时间，因为这是最有效的干预措施之一：训练有素的家长可以成为老师的宝贵队友，也可以成为孩子困难的敏锐观察者。

最后，科学家必须与教师和学校接触，以巩固不断增长的教育科学领域。与认知科学和脑科学过去 30 年的巨大进步相比，教育研究仍然是一个相对被忽视的研究领域。研究机构应该鼓励科学家在学习科学的所有领域开展重大研究计划，从神经科学和脑成像到发展障碍的神经心理学、认知心理学和教育社会学研究。从实验室拓展到教室并不像听起来那么容易，我们非常需要在学校进行全面的实验。认知科学可以帮助设计和评估创新的教育工具。

就像医学是以生物学为基础一样，教育领域必须以系统和严格的研究生态系统为基础，将教师、家长和研究者聚集在一起，不断寻求更有效的、以证据为基础的学习策略。

致谢

我的许多经历促使了这本书的诞生。25 年前，当时在俄勒冈大学的迈克尔·波斯纳和布鲁斯·麦坎德利斯（Bruce McCandliss）第一次让我相信认知科学可以与教育结合。我非常感谢他们在布鲁诺·德拉·奇萨（Bruno della Chiesa）和经济合作与发展组织（经合组织）的帮助下，组织了许多科学会议。在接下来的 10 年里，我遇到了一群出色的南美朋友：马塞拉·培尼亚（Marcela Peña）、西达尔·里贝罗（Sidarta Ribeiro）、马里亚诺·西格曼（Mariano Sigman）、亚历扬德罗·迈切（Alejandro Maiche）和胡安·瓦尔·利斯波亚（Juan Valle Lisboa）。他们在拉丁美洲教育、认知和神经科学学院令人难忘的年度会议上带头培养了整整一代年轻科学家。我永远感谢他们，也感谢詹姆斯·S. 麦克唐奈基金会（James S. McDonnell Foundation）及其领导人约翰·布鲁尔（John Bruer）和苏珊·菲茨帕特里克（Susan Fitz-patrick）给我机会参与这些活动。

另一个与我一起分享这些令人兴奋的经历的人是我的妻子兼同事吉丝蕾恩·迪昂-兰伯茨。32 年来，我们一直在讨论脑的发育，以及我们孩子的教育问题。可以说，我的一切成就都应归功于她，感谢她对本书内容的仔细阅读。

又一个周年纪念日过去了，我加入雅克·梅勒（Jacques Mehler）和让-皮埃尔·尚热的实验室已经34年了。实验室同事对我的思想的影响是巨大的，他们会在这本书中找到许多他们最喜欢的主题。感谢其他关系非常亲密的同事和朋友，如露西娅·布拉加、劳伦特·科恩、纳马·弗里德曼、维罗尼克·伊扎德（Véronique Izard）、雷吉·科林斯基（Régine Kolinsky）、何塞·莫雷斯（José Morais）、莱昂内尔·纳卡什（Lionel Naccache）、克里斯托夫·帕利尔、马里亚诺·西格曼、伊丽莎白·斯佩尔克（Elizabeth Spelke）和乔希·特南鲍。

我还要感谢我的好朋友安东尼奥·巴特罗，他不断鼓励我在心智、脑和教育方面进行研究。我也感谢他把我介绍给尼科，这是一位个性非凡的艺术家，尼科非常友好地允许我在这里展示他的一些画作。我也要感谢约书亚·本吉奥、阿兰·切多塔尔（Alain Chédotal）、纪尧姆·迪昂（Guillaume）、戴维·迪昂（David Dehaene）、莫莉·迪伦（Molly Dillon）、杰茜卡·杜波依斯（Jessica Dubois）、捷尔吉·盖尔盖伊、埃里克·克努森、利娅·克鲁比泽（Leah Krubitzer）、布鲁斯·麦坎德利斯、徐绯和罗伯特·扎托雷（Robert Zatorre）允许我引用本书中的许多人物的案例。

我也要感谢多年来一直忠实地支持我的研究的所有机构，特别是法国国家健康与医学研究院、法国原子能总署、法兰西公学院、巴黎南大学（Univertité Paris-Sud）、欧洲研究理事会和贝当古·舒勒基金会（Bettencourt Schueller Foundation）。多亏了这些机构，我才得以与才华横溢、精力充沛的学生和合作者一起进行研究。由于人数众多，我无法在这里一一列出，但你可以在后面的参考文献中找到他们的作品。特别要感谢安娜·威尔森（Anna Wilson）、德罗·多坦（Dror Dotan）和卡桑德拉·波蒂尔-沃特金斯

（Cassandra Potier-Watkins），他们与我一起开发了教育软件并研发了课堂干预方法。

感谢法国国家教育部前任部长让-米歇尔·布朗凯（Jean-Michel Blanquer）给予我信任，并提议由我担任科学理事会第一任主席，这是一个令人兴奋的挑战。我感谢科学理事会的所有成员，包括埃丝特·迪弗洛（Esther Duflo）、米歇尔·法约尔（Michel Fayol）、马克·古尔甘德（Marc Gurgand）、卡罗琳·赫龙（Caroline Huron）、埃琳娜·帕斯奎内利（Elena Pasquinelli）、弗兰克·雷默斯（Franck Ramus）、伊丽莎白·斯佩尔克，乔·齐格勒（Jo Ziegler）和我的秘书长纳尔逊·瓦列霍-戈麦斯（Nelson Vallejo-Gomez），感谢他们的奉献以及他们教给我的一切。

本书的这个版本极大地得益于维京出版社的编辑温迪·沃尔夫（Wendy Wolf）和特蕾齐娅·西塞尔（Terezia Cicel）的敏锐眼光。此外，如果没有我的代理人，布罗克曼公司的约翰和麦克斯的不断帮助，这本书就不会由刚刚提到的两位优秀编辑来编辑。感谢你们一贯的支持和宝贵意见。

澳大利亚 亚林加普

2019 年 4 月 7 日

注 释

导言　人脑中最伟大的才能：学习能力

1. See the movies *The Miracle Worker* (1962) and *Marie's Story* (2014), as well as read the following books: Arnould, 1900; Keller, 1903.

2. Learning in the nematode *C. elegans*: Bessa, Maciel, and Rodrigues, 2013; Kano et al., 2008; Rankin, 2004.

3. Website of the Education Endowment Foundation (EEF): educationendowmentfoundation.org.uk.

4. The brain constantly keeps track of uncertainty: Meyniel and Dehaene, 2017; Heilbron and Meyniel, 2019.

第一部分　什么是学习

第 1 章　学习的 7 个定义

1. You can try this experiment for yourself at the C3RV34U exhibition I or-

ganized at the Cité des sciences, Paris's main science museum.

2. LeNet artificial neural network: LeCun, Bottou, Bengio, and Haffner, 1998.

3. Visualizing the hierarchy of hidden units in the GoogLeNet artifificial neural network: Olah, Mordvintsev, and Schubert, 2017.

4. Progressive separation of the ten digits by a deep neural network: Guerguiev, Lillicrap, and Richards, 2017.

5. Reinforcement learning: Mnih et al., 2015; Sutton and Barto, 1998.

6. Artificial neural network that learns to play Atari video games: Mnih et al., 2015.

7. Artificial neural network that learns to play Go: Banino et al., 2018; Silver et al., 2016.

8. Adversarial learning: Goodfellow et al., 2014.

9. Convolutional neural networks: LeCun, Bengio, and Hinton, 2015; LeCun et al., 1998.

10. Darwin's natural selection algorithm: Dennett, 1996.

第 2 章　为什么人脑的学习能力比目前的人工智能机器更强

1. Artificial neural networks primarily implement the unconscious operations of the brain: Dehaene, Lau, and Kouider, 2017.

2. Artificial neural networks tend to learn superficial regularities: Jo and Bengio, 2017.

3. Generation of images that confuse humans as well as artificial neural networks: Elsayed et al., 2018.

4. Artificial neural network that learns to recognize CAPTCHAs: George et al., 2017.

5. Critique of the learning speed in artificial neural networks: Lake, Ullman,

Tenenbaum, and Gershman, 2017.

6. Lack of systematicity in artificial neural networks: Fodor and Pylyshyn, 1988; Fodor and McLaughlin, 1990.

7. Language of thought hypothesis: Amalric, Wang, et al., 2017; Fodor, 1975.

8. Learning to count as program inference: Piantadosi, Tenenbaum, and Goodman, 2012; see also Piantadosi, Tenenbaum, and Goodman, 2016.

9. Recursive representations as a singularity of the human species: Dehaene, Meyniel, Wacongne, Wang, and Pallier, 2015; Everaert, Huybregts, Chomsky, Berwick, and Bolhuis, 2015; Hauser, Chomsky, and Fitch, 2002; Hauser and Watumull, 2017.

10. Human singularity in coding an elementary sequence of sounds: Wang, Uhrig, Jarraya, and Dehaene, 2015.

11. Acquisition of geometrical rules—slow in monkeys, ultrafast in children: Jiang et al., 2018.

12. The conscious human brain resembles a serial Turing machine: Sackur and Dehaene, 2009; Zylberberg, Dehaene, Roelfsema, and Sigman, 2011.

13. Fast learning of word meaning: Tenenbaum, Kemp, Griffiths, and Goodman, 2011; Xu and Tenenbaum, 2007.

14. Word learning based on shared attention: Baldwin et al., 1996.

15. Knowledge of determiners and other function words at twelve months: Cyr and Shi, 2013; Shi and Lepage, 2008.

16. Mutual exclusivity principle in word learning: Carey and Bartlett, 1978; Clark, 1988; Markman and Wachtel, 1988; Markman, Wasow, and Hansen, 2003.

17. Reduced reliance on mutual exclusivity in bilinguals: Byers-Heinlein and Werker, 2009.

18. Rico, a dog who learned hundreds of words: Kaminski, Call, and Fischer, 2004.

19. Modelling of an "artificial scientist": Kemp and Tenenbaum, 2008.

20. Discovering the causality principle: Goodman, Ullman, and Tenenbaum, 2011; Tenenbaum et al., 2011.

21. The brain as a generative model: Lake, Salakhutdinov, and Tenenbaum, 2015; Lake et al., 2017.

22. Probability theory is the logic of science: Jaynes, 2003.

23. Bayesian model of information processing in the cortex: Friston, 2005. For empirical data on hierarchical passing of probabilistic error messages in the cortex, see, for instance, Chao, Takaura, Wang, Fujii, and Dehaene, 2018; Wacongne et al., 2011.

第二部分　人脑如何学习

第 3 章　看不见的婴儿知识

1. Object concept in infants: Baillargeon and DeVos, 1991; Kellman and Spelke, 1983.

2. Fast acquisition of how objects fall, and what suffices to keep them supported: Baillargeon, Needham, and DeVos, 1992; Hespos and Baillargeon, 2008.

3. Number concept in infants: Izard, Dehaene-Lambertz, and Dehaene, 2008; Izard, Sann, Spelke, and Streri, 2009; Starkey and Cooper, 1980; Starkey, Spelke, and Gelman, 1990. A detailed review of these findings can be found in the second edition of my book *The Number Sense* (Dehaene, 2011)

4. Multimodal knowledge of numbers in neonates: Izard et al., 2009.

5. Small-number addition and subtraction in infants: Koechlin, Dehaene, and Mehler, 1997; Wynn, 1992.

6. Large-number addition and subtraction in infants: McCrink and Wynn, 2004.

7. The accuracy of number sense gets refined with age and education: Halberda and Feigenson, 2008; Piazza et al., 2010; Piazza, Pica, Izard, Spelke, and Dehaene, 2013.

8. Number sense in chicks: Rugani, Fontanari, Simoni, Regolin, and Vallortigara, 2009; Rugani, Vallortigara, Priftis, and Regolin, 2015.

9. Number neurons in untrained animals: Ditz and Nieder, 2015; Viswanathan and Nieder, 2013.

10. Brain-imaging and single-cell evidence for number neurons in humans: Piazza, Izard, Pinel, Le Bihan, and Dehaene, 2004; Kutter, Bostroem, Elger, Mormann, and Nieder, 2018.

11. Core knowledge in infants: Spelke, 2003.

12. Bayesian reasoning in infants: Xu and Garcia, 2008.

13. The child as a "scientist in the crib": Gopnik, Meltzoff, and Kuhl, 1999; Gopnik et al., 2004.

14. Infants' understanding of probabilities, containers, and randomness: Denison and Xu, 2010; Gweon, Tenenbaum, and Schulz, 2010; Kushnir, Xu, and Wellman, 2010.

15. Babies distinguish whether a machine or a human draws from a container: Ma and Xu, 2013.

16. Logical reasoning in twelve-month-old babies: Cesana-Arlotti et al., 2018.

17. Infants' understanding of intentions: Gergely, Bekkering, and Király, 2002; Gergely and Csibra, 2003; see also Warneken and Tomasello, 2006.

18. Ten-month-old infants infer other people's preferences: Liu, Ullman, Tenenbaum, and Spelke, 2017.

19. Babies evaluate other people's actions: Buon et al., 2014.

20. Babies distinguish intentional and accidental actions: Behne, Carpenter, Call, and Tomasello, 2005.

21. Face processing by fetuses in utero: Reid et al., 2017.

22. Face recognition in infancy and development of cortical responses to faces: Adib pour, Dubois, and Dehaene-Lambertz, 2018; Deen et al., 2017; Livingstone et al., 2017.

23. Face recognition in the first year of life: Morton and Johnson, 1991.

24. Babies prefer to listen to their maternal language: Mehler et al., 1988.

25. "The baby in my womb leaped for joy": Luke 1:44.

26. See my book *Consciousness and the Brain* (2014).

27. Lateralization of language and voice processing in premature babies: Mahmoudzadeh et al., 2013.

28. Word segmentation in infants: Hay, Pelucchi, Graf Estes, and Saffran, 2011; Saffran, Aslin, and Newport, 1996.

29. Young children detect grammatical violations: Bernal, Dehaene-Lambertz, Millotte, and Christophe, 2010.

30. Limits of language-learning experiments in animals: see, for instance, Penn, Holyoak, and Povinelli, 2008; Terrace, Petitto, Sanders, and Bever, 1979; Yang, 2013.

31. Fast emergence of language in deaf communities: Senghas, Kita, and Özyürek, 2004.

第 4 章　脑的诞生

1. Brain imaging of language in infants: Dehaene-Lambertz et al., 2006; DehaeneLambertz, Dehaene, and Hertz-Pannier, 2002.

2. Empiricist view of the infant's brain: see, for instance, Elman et al., 1996; Quartz and Sejnowski, 1997.

3. Evolution of cortical areas (figure 7 in the color insert): Krubitzer, 2007.

4. Hierarchy of cortical responses to language in humans: Lerner, Honey, Silbert, and Hasson, 2011; Pallier, Devauchelle, and Dehaene, 2011.

5. Organization of major long-range cortical fiber tracts at birth: Dehaene-Lambertz and Spelke, 2015; Dubois et al., 2015.

6. Hypothesis of a disorganized brain that receives the imprint of the environment: Quartz and Sejnowski, 1997.

7. The peripheral nervous system is already remarkably organized by two months of gestation: Belle et al., 2017.

8. Subdivision of the cortex into Brodmann areas: Amunts et al., 2010; Amunts and Zilles, 2015; Brodmann, 1909.

9. Early gene expression in delimited cortical areas: Kwan et al., 2012; Sun et al., 2005.

10. Early origins of brain asymmetries: Dubois et al., 2009; Leroy et al., 2015.

11. Brain asymmetries in left-and right-handers: Sun et al., 2012.

12. Self-organizing model of cortical folds: Lefevre and Mangin, 2010.

13. Grid cells in rats: Banino et al., 2018; Brun et al., 2008; Fyhn, Molden, Witter, Moser, and Moser, 2004; Hafting, Fyhn, Molden, Moser, and Moser, 2005.

14. Self-organizing models of grid cells: Kropff and Treves, 2008; Shipston-Sharman, Solanka, and Nolan, 2016; Widloski and Fiete, 2014; Yoon et al., 2013.

15. Fast emergence of grid cells, place cells, and head direction cells during development: Langston et al., 2010; Wills, Cacucci, Burgess, and O'Keefe, 2010.

16. Grid cells in humans: Doeller, Barry, and Burgess, 2010; Nau, Navarro Schröder, Bellmund, and Doeller, 2018.

17. Spatial navigation in a blind child: Landau, Gleitman, and Spelke, 1981.

18. Fast emergence of cortical areas for faces versus places: Deen et al., 2017; Livingstone et al., 2017.

19. Tuning to numbers in parietal cortex: Nieder and Dehaene, 2009.

20. Self-organizing model of number neurons: Hannagan, Nieder, Viswanathan, and Dehaene, 2017.

21. Self-organization based on an internal “game engine in the head”: Lake et al., 2017.

22. Genes and cell migration in dyslexia: Galaburda, LoTurco, Ramus, Fitch, and Rosen, 2006.

23. Connectivity anomalies in dyslexia: Darki, Peyrard-Janvid, Matsson, Kere, and Klingberg, 2012; Hoeft et al., 2011; Niogi and McCandliss, 2006.

24. Phonological predictors of dyslexia in six-month-old children: Leppanen et al., 2002; Lyytinen et al., 2004.

25. Attentional dyslexia: Friedmann, Kerbel, and Shvimer, 2010.

26. Visual dyslexia with mirror errors: McCloskey and Rapp, 2000.

27. Bell curve for dyslexia: Shaywitz, Escobar, Shaywitz, Fletcher, and Makuch, 1992.

28. Cognitive and neurological impairments in dyscalculia: Butterworth, 2010; Iuculano, 2016.

29. Parietal gray-matter loss in premature children with dyscalculia: Isaacs, Edmonds, Lucas, and Gadian, 2001.

第5章　养育的作用

1. Synaptic hypothesis of brain plasticity: Holtmaat and Caroni, 2016; Takeuchi, Duszkiewicz, and Morris, 2014.

2. Music activates reward circuits: Salimpoor et al., 2013.

3. Long-term potentiation of synapses: Bliss and Lømo, 1973; Lømo, 2018.

4. Aplysia, hippocampus, and synaptic plasticity: Pittenger and Kandel, 2003.

5. Hippocampus and memory for places: Whitlock, Heynen, Shuler, and Bear, 2006.

6. Memory for fearful sounds in mice: Kim and Cho, 2017.

7. Causal role of synaptic changes: Takeuchi et al., 2014.

8. Nature of the engram, the neuronal basis of a memory: Josselyn, Köhler, and Frankland, 2015; Poo et al., 2016.

9. Working memory and sustained firing: Courtney, Ungerleider, Keil, and Haxby, 1997; Ester, Sprague, and Serences, 2015; Goldman-Rakic, 1995; Kerkoerle, Self, and Roelfsema, 2017; Vogel and Machizawa, 2004.

10. Working memory and fast synaptic changes: Mongillo, Barak, and Tsodyks, 2008.

11. Role of the hippocampus in the fast acquisition of novel information: Genzel et al., 2017; Lisman et al., 2017; Schapiro, Turk-Browne, Norman, and Botvinick, 2016; Shohamy and Turk-Browne, 2013.

12. Displacement of a memory engram from hippocampus to cortex: Kitamura et al., 2017.

13. Creation of a false memory in mice: Ramirez et al., 2013.

14. Turning a bad memory into a good one: Ramirez et al., 2015.

15. Erasing a traumatic memory: Kim and Cho, 2017.

16. Creating a novel memory during sleep: de Lavilléon et al., 2015.

17. Tool and symbol learning in macaque monkeys: Iriki, 2005; Obayashi et al., 2001; Srihasam, Mandeville, Morocz, Sullivan, and Livingstone, 2012.

18. Distant synaptic changes: Fitzsimonds, Song, and Poo, 1997.

19. Anatomical changes due to music training: Gaser and Schlaug, 2003; Oechslin, Gschwind, and James, 2018; Schlaug, Jancke, Huang, Staiger, and Steinmetz, 1995.

20. Anatomical changes due to literacy: Carreiras et al., 2009; Thiebaut de Schotten, Cohen, Amemiya, Braga, and Dehaene, 2014.

21. Anatomical changes after learning to juggle: Draganski et al., 2004; Gerber et al., 2014.

22. Brain changes in London taxi drivers: Maguire et al., 2000, 2003.

23. Non-synaptic mechanism of memory in the cerebellum: Johansson, Jirenhed, Rasmussen, Zucca, and Hesslow, 2014; Rasmussen, Jirenhed, and Hesslow, 2008.

24. Effects of physical exercise and nutrition on the brain: Prado and Dewey, 2014; Voss, Vivar, Kramer, and van Praag, 2013.

25. Cognitive deficits in children with vitamin B1 (thiamine) deficiency: Fattal, Friedmann, and Fattal-Valevski, 2011.

26. Brain plasticity in a child born without a right hemisphere: Muckli, Naumer, and Singer, 2009.

27. Turning auditory cortex into visual cortex: Sur, Garraghty, and Roe, 1988; Sur and Rubenstein, 2005.

28. Hypothesis of a disorganized brain that receives the imprint of the environment: Quartz and Sejnowski, 1997.

29. Self-organization of visual maps by retinal waves: Goodman and Shatz, 1993;Shatz, 1996.

30. Progressive adjustment of cortical spontaneous activity: Berkes, Orbán, Lengyel, and Fiser, 2011; Orbán, Berkes, Fiser, and Lengyel, 2016.

31. Review of the concept of sensitive periods: Werker and Hensch, 2014.

32. Growth of human cortical neurons: Conel, 1939; Courchesne et al., 2007.

33. Synaptic overproduction and elimination in the course of development: Rakic, Bourgeois, Eckenhoff, Zecevic, and Goldman-Rakic, 1986.

34. Distinct phases of synaptic elimination in humans: Huttenlocher and

Dabholkar,1997.

35. Progressive myelination of cortical bundles: Dubois et al., 2007, 2015; Flechsig, 1876.

36. Acceleration of visual responses in babies: Adibpour et al., 2018; Dehaene-Lambertz and Spelke, 2015.

37. Slowness of conscious processing in babies: Kouider et al., 2013.

38. Sensitive period for binocular vision: Epelbaum, Milleret, Buisseret, and Duffer, 1993; Fawcett, Wang, and Birch, 2005; Hensch, 2005.

39. Loss of the capacity to discriminate non-native phonemes: Dehaene-Lambertz and Spelke, 2015; Maye, Werker, and Gerken, 2002; Pena, Werker, and DehaeneLambertz, 2012; Werker and Tees, 1984.

40. Partial recovery of the discrimination of /R/ and /L/ in Japanese speakers: McCandliss, Fiez, Protopapas, Conway, and McClelland, 2002.

41. Auditory cortex anatomy predicts the capacity to learn foreign contrasts: Golestani, Molko, Dehaene, Le Bihan, and Pallier, 2007.

42. Sensitive period for second-language learning: Flege, Munro, and MacKay, 1995; Hartshorne, Tenenbaum, and Pinker, 2018; Johnson and Newport, 1989; WeberFox and Neville, 1996.

43. Sharp decline in the speed of second-language grammar learning around seventeen years of age (analysis of data from several million people): Hartshorne et al., 2018.

44. Sensitive period for language learning in deaf people with a cochlear implant: Friedmann and Rusou, 2015.

45. Biological mechanisms for the opening and closing of sensitive periods: Caroni, Donato, and Muller, 2012; Friedmann and Rusou, 2015; Werker and Hensch, 2014.

46. Restoring brain plasticity: Krause et al., 2017.

47. Reorganization of language areas in adopted children: Pallier et al., 2003. Similar results have been observed in the domain of face recognition: when adopted in a Western country before the age of nine, Korean children lose the advantage that is usually observed for recognizing members of one's own race (Sangrigoli, Pallier, Argenti, Ventureyra, and de Schonen, 2005).

48. Dormant trace of the first language in adopted children: Pierce, Klein, Chen, Delcenserie, and Genesee, 2014.

49. Dormant connections in owls: Knudsen and Knudsen, 1990; Knudsen, Zheng, and DeBello, 2000.

50. Age-of-acquisition effect in word processing: Ellis and Lambon Ralph, 2000; Gerhand and Barry, 1999; Morrison and Ellis, 1995.

51. Bucharest Early Intervention Project: Almas et al., 2012; Berens and Nelson, 2015; Nelson et al., 2007; Sheridan, Fox, Zeanah, McLaughlin, and Nelson, 2012; Windsor, Moraru, Nelson, Fox, and Zeanah, 2013.

52. Ethics of the Bucharest project: Millum and Emanuel, 2007.

第 6 章　脑的再利用

1. Nabokov, 1962.

2. Difficulties of illiterates in picture recognition: Kolinsky et al., 2011; Kolinsky, Morais, Content, and Cary, 1987; Szwed, Ventura, Querido, Cohen, and Dehaene, 2012.

3. Difficulties of illiterates in processing mirror images: Kolinsky et al., 2011, 1987; Pegado, Nakamura, et al., 2014.

4. Difficulties of illiterates in attending to part of a face: Ventura et al., 2013.

5. Difficulties of illiterates in recognizing and remembering spoken words: CastroCaldas, Petersson, Reis, Stone-Elander, and Ingvar, 1998; Morais, 2017; Morais, Bertelson, Cary, and Alegria, 1986; Morais and Kolinsky, 2005.

6. Impact of arithmetic education: Dehaene, Izard, Pica, and Spelke, 2006; Dehaene, Izard, Spelke, and Pica, 2008; Piazza et al., 2013; Pica, Lemer, Izard, and Dehaene, 2004.

7. Counting and arithmetic in Amazon Indians: Pirahã: Frank, Everett, Fedorenko, and Gibson, 2008; Munduruku: Pica et al., 2004; Tsimane: Piantadosi, Jara-Ettinger,and Gibson, 2014.

8. Acquisition of the number line concept: Dehaene, 2003; Dehaene et al., 2008;Siegler and Opfer, 2003.

9. Neuronal recycling hypothesis: Dehaene, 2005, 2014; Dehaene and Cohen, 2007.

10. Evolution by duplication of brain circuits: Chakraborty and Jarvis, 2015; FukuchiShimogori and Grove, 2001.

11. Learning confined to a neuronal subspace: Galgali and Mante, 2018; Golub et al., 2018; Sadtler et al., 2014.

12. One-dimensional coding in parietal cortex: Chafee, 2013; Fitzgerald et al., 2013.

13. Role of parietal cortex in the comparison of social status: Chiao, 2010.

14. Two-dimensional coding in entorhinal cortex: Yoon et al., 2013.

15. Coding of an arbitrary two-dimensional space by grid cells: Constantinescu, O'Reilly, and Behrens, 2016.

16. Coding of syntactic trees in Broca's area: Musso et al., 2003; Nelson et al., 2017; Pallier et al., 2011.

17. The number sense: Dehaene, 2011.

18. Number neurons in untrained animals: Ditz and Nieder, 2015; Viswanathan and Nieder, 2013.

19. Effect of training on number neurons: Viswanathan and Nieder, 2015.

20. Acquisition of Arabic numerals in monkeys: Diester and Nieder, 2007.

21. Relation between addition, subtraction, and movements of spatial attention: Knops, Thirion, Hubbard, Michel, and Dehaene, 2009; Knops, Viarouge, and Dehaene, 2009.

22. Functional MRI of professional mathematicians: Amalric and Dehaene, 2016, 2017.

23. Brain imaging of number processing in babies: Izard et al., 2008.

24. Functional MRI of early math in preschoolers: Cantlon, Brannon, Carter, and Pelphrey, 2006. Cantlon and Li, 2013, show that cortical areas for language and number are already active when a four-year-old watches the corresponding sections of *Sesame Street* movies, and that their activity predicts the child's language and math skills.

25. Blind mathematicians: Amalric, Denghien, and Dehaene, 2017.

26. Recycling of occipital cortex for math in the blind: Amalric, Denghien, et al., 2017; Kanjlia, Lane, Feigenson, and Bedny, 2016.

27. Language processing in the occipital cortex of the blind: Amedi, Raz, Pianka, Malach, and Zohary, 2003; Bedny, Pascual-Leone, Dodell-Feder, Fedorenko, and Saxe, 2011; Lane, Kanjlia, Omaki, and Bedny, 2015; Sabbah et al., 2016.

28. Debate on cortical plasticity in the blind: Bedny, 2017; Hannagan, Amedi, Cohen, Dehaene-Lambertz, and Dehaene, 2015.

29. Retinotopic maps in the blind: Bock et al., 2015.

30. Recycling of visual cortex in the blind: Abboud, Maidenbaum, Dehaene, and Amedi, 2015; Amedi et al., 2003; Bedny et al., 2011; Mahon, Anzellotti, Schwarzbach, Zampini, and Caramazza, 2009; Reich, Szwed, Cohen, and Amedi, 2011; Striem-Amit and Amedi, 2014; Strnad, Peelen, Bedny, and Caramazza, 2013.

31. Connectivity predicts function in visual cortex: Bouhali et al., 2014; Hannagan et al., 2015; Saygin et al., 2012, 2013, 2016.

32. Distance effect in number comparison: Dehaene, 2007; Dehaene, Dupoux, and Mehler, 1990; Moyer and Landauer, 1967.

33. Distance effect when deciding that two numbers are different: Dehaene and Akhavein, 1995; Diester and Nieder, 2010.

34. Distance effect when verifying addition and subtraction problems: Groen and Parkman, 1972; Pinheiro-Chagas, Dotan, Piazza, and Dehaene, 2017.

35. Mental representation of prices: Dehaene and Marques, 2002; Marques and Dehaene, 2004.

36. Mental representation of parity: Dehaene, Bossini, and Giraux, 1993; negative numbers: Blair, Rosenberg-Lee, Tsang, Schwartz, and Menon, 2012; Fischer, 2003; Gullick and Wolford, 2013; fractions: Jacob and Nieder, 2009; Siegler, Thompson, and Schneider, 2011.

37. Language of thought in mathematics: Amalric, Wang, et al., 2017; Piantadosi et al., 2012, 2016.

38. See my previous book *Reading in the Brain*: Dehaene, 2009.

39. Brain mechanisms of the invariant recognition of written words: Dehaene et al., 2001, 2004.

40. Connections between the visual word form area and language areas: Bouhali et al., 2014; Saygin et al., 2016.

41. Imaging of the illiterate brain: Dehaene et al., 2010; Dehaene, Cohen, Morais, and Kolinsky, 2015; Pegado, Comerlato, et al., 2014.

42. Specialization of early visual cortex for reading: Chang et al., 2015; Dehaene et al., 2010; Szwed, Qiao, Jobert, Dehaene, and Cohen, 2014.

43. Literacy competes with face processing the left hemisphere: Dehaene et al., 2010; Pegado, Comerlato, et al., 2014.

44. Development of reading and face recognition: Dehaene-Lambertz, Monzalvo, and Dehaene, 2018; Dundas, Plaut, and Behrmann, 2013; Li et al., 2013;

Monzalvo,Fluss, Billard, Dehaene, and Dehaene-Lambertz, 2012.

45. Insufficient activity evoked by words and faces in dyslexic children: Monzalvo et al., 2012.

46. Universal marker of reading difficulties: Rueckl et al., 2015.

47. Competition between words and faces— knockout or blocking?: Dehaene-Lambertz et al., 2018.

48. Learning to read in adulthood: Braga et al., 2017; Cohen, Dehaene, McCormick,Durant, and Zanker, 2016.

49. Displacement of the visual word form area in musicians: Mongelli et al., 2017.

50. Reduced response to faces in mathematicians: Amalric and Dehaene, 2016.

51. Numerous long-term effects of early education: see the Abecedarian program (Campbell et al., 2012, 2014; Martin, Ramey, and Ramey, 1990), the Perry preschool program (Heckman, Moon, Pinto, Savelyev, and Yavitz, 2010; Schweinhart, 1993), and the Jamaican Study (Gertler et al., 2014; Grantham-McGregor, Powell, Walker, and Himes, 1991; Walker, Chang, Powell, and Grantham-McGregor, 2005).

52. Child-directed speech and vocabulary growth: Shneidman, Arroyo, Levine, and Goldin-Meadow, 2013; Shneidman and Goldin-Meadow, 2012.

53. Increased response to speech following parent-child story reading: Hutton et al., 2015, 2017; see also Romeo et al., 2018.

54. Advantages of early bilingualism: Bialystok, Craik, Green, and Gollan, 2009;Costa and Sebastián-Gallés, 2014; Li, Legault, and Litcofsky, 2014.

55. Benefits of an enriched environment: Donato, Rompani, and Caroni, 2013; Knudsen et al., 2000; van Praag, Kempermann, and Gage, 2000; Voss et al., 2013; Zhu et al., 2014.

第三部分　学习的四大核心支柱

第7章　注意

1. Attention in mice: Wang and Krauzlis, 2018.

2. Attention in artifificial neural networks: Bahdanau, Cho, and Bengio, 2014; Cho, Courville, and Bengio, 2015.

3. Attention in an artificial neural network learning to caption pictures (fifigure on page 149): Xu et al., 2015.

4. Inattention strongly reduces learning: Ahissar and Hochstein, 1993.

5. Reduced learning in the absence of attention and consciousness: Seitz, Lefebvre, Watanabe, and Jolicoeur, 2005; Watanabe, Nanez, and Sasaki, 2001.

6. Prefrontal ignition and access to consciousness: Dehaene and Changeux, 2011; van Vugt et al., 2018.

7. Acetylcholine, dopamine, brain plasticity, and alteration of cortical maps: Bao, Chan, and Merzenich, 2001; Froemke, Merzenich, and Schreiner, 2007; Kilgard and Merzenich, 1998.

8. Balance between inhibition and excitation, and reopening of brain plasticity: Werker and Hensch, 2014.

9. Activation of reward and alerting circuits by video games: Koepp et al., 1998.

10. Positive effects of video game training: Bavelier et al., 2011; Cardoso-Leite and Bavelier, 2014; Green and Bavelier, 2003.

11. Cognitive training using video games: see our math software at www.thenumberrace.com and www.thenumbercatcher.com; for reading acquisition, visit grapholearn.fr.

12. Spatial attention orienting: Posner, 1994.

13. Amplification by attention: Çukur, Nishimoto, Huth, and Gallant, 2013; Desimone and Duncan, 1995; Kastner and Ungerleider, 2000.

14. Inattentional blindness: Mack and Rock, 1998; Simons and Chabris, 1999.

15. Attentional blink: Marois and Ivanoff, 2005; Sergent, Baillet, and Dehaene, 2005.

16. Unattended items induce little or no learning: Leong, Radulescu, Daniel, DeWoskin, and Niv, 2017.

17. Adult experiment on attention to letters versus whole words: Yoncheva, Blau, Maurer, and McCandliss, 2010.

18. Educational studies of phonics versus whole-word reading: Castles, Rastle, and Nation, 2018; Ehri, Nunes, Stahl, and Willows, 2001; National Institute of Child Health and Human Development, 2000; see also Dehaene, 2009.

19. Organization of executive control in prefrontal cortex: D'Esposito and Grossman, 1996; Koechlin, Ody, and Kouneiher, 2003; Rouault and Koechlin, 2018.

20. Prefrontal expansion in the human species: Elston, 2003; Sakai et al., 2011; Schoenemann, Sheehan, and Glotzer, 2005; Smaers, Gómez-Robles, Parks, and Sherwood, 2017.

21. Prefrontal hierarchy and metacognitive control: Fleming, Weil, Nagy, Dolan, and Rees, 2010; Koechlin et al., 2003; Rouault and Koechlin, 2018.

22. Global neuronal workspace: Dehaene and Changeux, 2011; Dehaene, Changeux, Naccache, Sackur, and Sergent, 2006; Dehaene, Kerszberg, and Changeux, 1998; Dehaene and Naccache, 2001.

23. Central bottleneck: Chun and Marois, 2002; Marti, King, and Dehaene, 2015; Marti, Sigman, and Dehaene, 2012; Sigman and Dehaene, 2008.

24. Unawareness of the dual-task delay: Corallo, Sackur, Dehaene, and Sig-

man, 2008; Marti et al., 2012.

25. Debate on the ability to split attention and execute two tasks in parallel: Tombu and Jolicoeur, 2004.

26. An exceedingly decorated classroom distracts pupils: Fisher, Godwin, and Seltman, 2014.

27. Use of electronic devices in class reduces exam performance: Glass and Kang, 2018.

28. A-not-B error and development of prefrontal cortex: Diamond and Doar, 1989;Diamond and Goldman-Rakic, 1989.

29. Development of executive control and number perception: Borst, Poirel, Pineau, Cassotti, and Houdé, 2013; Piazza, De Feo, Panzeri, and Dehaene, 2018; Poirel et al., 2012.

30. Effect of number training on prefrontal cortex: Viswanathan and Nieder, 2015.

31. Role of executive control in cognitive and emotional development: Houdé et al., 2000; Isingrini, Perrotin, and Souchay, 2008; Posner and Rothbart, 1998; Sheese, Rothbart, Posner, White, and Fraundorf, 2008; Siegler, 1989.

32. Effects of training on executive control and working memory: Diamond and Lee, 2011; Habibi, Damasio, Ilari, Elliott Sachs, and Damasio, 2018; Jaeggi, Buschkuehl,Jonides, and Shah, 2011; Klingberg, 2010; Moreno et al., 2011; Olesen, Westerberg, and Klingberg, 2004; Rueda, Rothbart, McCandliss, Saccomanno, and Posner, 2005.

33. Randomized studies of Montessori pedagogy: Lillard and Else-Quest, 2006; Marshall, 2017.

34. Effects of musical training on the brain: Bermudez, Lerch, Evans, and Zatorre,2009; James et al., 2014; Moreno et al., 2011.

35. Relation between executive control, prefrontal cortex, and intelligence:

Duncan,2003, 2010, 2013.

36. Training effects on fluid intelligence: Au et al., 2015.

37. Impact of adoption on IQ: Duyme, Dumaret, and Tomkiewicz, 1999.

38. Impact of education on IQ: Ritchie and Tucker-Drob, 2018.

39. Effects of cognitive training on concentration, reading, and arithmetic: Bergman Nutley and Klingberg, 2014; Blair and Raver, 2014; Klingberg, 2010; Spencer-Smith and Klingberg, 2015.

40. Correlation between working memory and subsequent math scores: Dumontheil and Klingberg, 2011; Gathercole, Pickering, Knight, and Stegmann, 2004; Geary, 2011.

41. Joint training of working memory and the number line: Nemmi et al., 2016.

42. Learning Chinese with a nanny, but not with a video: Kuhl, Tsao, and Liu, 2003.

43. Shared attention and the pedagogical stance: Csibra and Gergely, 2009; Egyed, Király, and Gergely, 2013.

44. Object pointing and memory of object's identity: Yoon, Johnson, and Csibra, 2008.

45. Pseudo-teaching in meerkats: Thornton and McAuliffe, 2006.

46. Intelligent versus slavish copying of actions by fourteen-month-olds: Gergely et al., 2002.

47. Social conformism in perception: see, for instance, Bond and Smith, 1996.

第 8 章　主动参与

1. Classic experiment comparing active and passive kittens: Held and Hein, 1963.

2. Statistical learning of syllables and words: Hay et al., 2011; Saffran et al., 1996; see also ongoing research in G. Dehaene-Lambertz's lab on learning in sleeping neonates.

3. Effect of word processing depth on explicit memory: Craik and Tulving, 1975; Jacoby and Dallas, 1981.

4. Memory for sentences: Auble and Franks, 1978; Auble, Franks, and Soraci, 1979.

5. "Making learning conditions more difficult . . .": Zaromb, Karpicke, and Roediger, 2010.

6. Brain imaging of the effect of word processing depth on memory: Kapur et al., 1994.

7. The activation of prefrontal-hippocampal loops during incidental learning predicts subsequent memory: Brewer, Zhao, Desmond, Glover, and Gabrieli, 1998; Paller, McCarthy, and Wood, 1988; Sederberg et al., 2006; Sederberg, Kahana, Howard, Donner, and Madsen, 2003; Wagner et al., 1998.

8. Memory for conscious and unconscious words: Dehaene et al., 2001.

9. Active learning of physics concepts: Kontra, Goldin-Meadow, and Beilock, 2012; Kontra, Lyons, Fischer, and Beilock, 2015.

10. Comparison of traditional lecturing versus active learning: Freeman et al., 2014.

11. Failure of discovery learning and related pedagogical strategies: Hattie, 2017; Kirschner, Sweller, and Clark, 2006; Kirschner and van Merriënboer, 2013; Mayer, 2004.

12. To add all numbers from 1 to 100, pair 1 with 100, 2 with 99, 3 with 98, and so forth.Each of these pairs adds up to 101, and there are fifty of them, hence the total is 5050.

13. Instructional guidance rather than pure discovery: Mayer, 2004.

14. Urban legends in education: Kirschner and van Merriënboer, 2013.

15. The myth of learning styles: Pashler, McDaniel, Rohrer, and Bjork, 2008.

16. Variations in amount of reading in first grade: Anderson, Wilson, and Fielding, 1988.

17. Early childhood curiosity and academic achievement: Shah, Weeks, Richards, and Kaciroti, 2018.

18. Dopaminergic neurons sensitive to new information: Bromberg-Martin and Hiko saka, 2009.

19. Novelty seeking in rats: Bevins, 2001.

20. Brain imaging of curiosity: Gruber, Gelman, and Ranganath, 2014; see also Kang et al., 2009.

21. Laughter as an epistemic emotion unique to humans: Hurley, Dennett, and Adams, 2011.

22. Laughter and learning: Esseily, Rat-Fischer, Somogyi, O'Regan, and Fagard, 2016.

23. Review of psychological theories of curiosity: Loewenstein, 1994.

24. Inverted-U curve of curiosity: Kang et al., 2009; Kidd, Piantadosi, and Aslin, 2012,2014; Loewenstein, 1994.

25. Curiosity in a robot: Gottlieb, Oudeyer, Lopes, and Baranes, 2013; Kaplan and Oudeyer, 2007.

26. Goldilocks effect in eight-month-olds: Kidd et al., 2012, 2014.

27. Metacognition in young children: Dehaene et al., 2017; Goupil, Romand-Monnier, and Kouider, 2016; Lyons and Ghetti, 2011.

28. Gender and race stereotypes in mathematics: Spencer, Steele, and Quinn, 1999; Steele and Aronson, 1995.

29. Stress, anxiety, learned helplessness, and the inability to learn: Caroni et al., 2012; Donato et al., 2013; Kim and Diamond, 2002; Noble, Norman, and Fa-

rah, 2005.

30. Explicit teaching may kill curiosity: Bonawitz et al., 2011.

第 9 章　错误反馈

1. Grothendieck, 1986.

2. John Hattie's meta-analysis grants feedback an effect size of 0.73 standard deviations, which makes it one of the most powerful modulators of learning (Hattie,2008).

3. Rescorla-Wagner learning rule: Rescorla and Wagner, 1972.

4. For a detailed criticism of associative learning, see Balsam and Gallistel, 2009;Gallistel, 1990.

5. Blocking of animal conditioning: Beckers, Miller, De Houwer, and Urushihara,2006; Fanselow, 1998; Waelti, Dickinson, and Schultz, 2001.

6. Surprise enhances infants' learning and exploration: Stahl and Feigenson, 2015.

7. Error signals in the brain: Friston, 2005; Naatanen, Paavilainen, Rinne, and Alho, 2007; Schultz, Dayan, and Montague, 1997.

8. Surprise reflects the violation of a prediction: Strauss et al., 2015; Todorovic and de Lange, 2012.

9. Hierarchy of local and global error signals: Bekinschtein et al., 2009; Strauss et al., 2015; Uhrig, Dehaene, and Jarraya, 2014; Wang et al., 2015.

10. Surprise due to an unexpected picture: Meyer and Olson, 2011.

11. Surprise due to a semantic violation: Curran, Tucker, Kutas, and Posner, 1993;Kutas and Federmeier, 2011; Kutas and Hillyard, 1980.

12. Surprise due to a grammatical violation: Friederici, 2002; Hahne and Friederici, 1999; but see also Steinhauer and Drury, 2012, for a critical discussion.

13. Prediction error in the dopamine network: Pessiglione, Seymour, Flandin,

Dolan, and Frith, 2006; Schultz et al., 1997; Waelti et al., 2001.

14. Importance of high-quality feedback at school: Hattie, 2008.

15. Learning by trial and error in adults versus adolescents: Palminteri, Kilford, Coricelli, and Blakemore, 2016.

16. Pennac, D. (2017, February 11). Daniel Pennac: "J'ai été d'abord et avant tout professeur." *Le Monde*. Retrieved from lemonde.fr.

17. Math anxiety syndrome: Ashcraft, 2002; Lyons and Beilock, 2012; Maloney and Beilock, 2012; Young, Wu, and Menon, 2012.

18. Effect of fear conditioning on synaptic plasticity: Caroni et al., 2012; Donato et al.,2013.

19. Fixed versus growth mindset: Claro, Paunesku, and Dweck, 2016; Dweck, 2006;Rattan, Savani, Chugh, and Dweck, 2015. Note, however, that the size of these effects, and therefore their practical relevance at school, has been recently questioned: Sisk, Burgoyne, Sun, Butler, and Macnamara, 2018.

20. Massive effect of retrieval practice on learning: Carrier and Pashler, 1992; Karpicke and Roediger, 2008; Roediger and Karpicke, 2006; Szpunar, Khan, and Schacter, 2013; Zaromb and Roediger, 2010. For an excellent review of the relative efficacy of various learning techniques, see Dunlosky, Rawson, Marsh, Nathan, and Willingham, 2013.

21. Making retrospective memory judgments facilitates learning: Robey, Dougherty, and Buttaccio, 2017.

22. Retrieval practice facilitates the acquisition of foreign vocabulary: Carrier and Pashler, 1992; Lindsey, Shroyer, Pashler, and Mozer, 2014.

23. Spacing the learning improves memory retention: Cepeda et al., 2009; Cepeda, Pashler, Vul, Wixted, and Rohrer, 2006; Rohrer and Taylor, 2006; Schmidt and Bjork, 1992.

24. Brain imaging of the spacing effect: Bradley et al., 2015; Callan and

Schweighofer, 2010.

25. Effect of progressively increasing the time between lessons: Kang, Lindsey, Mozer, and Pashler, 2014.

26. The shuffling of mathematics problems improves learning: Rohrer and Taylor, 2006, 2007.

27. Feedback improves memory even on correct trials: Butler, Karpicke, and Roediger,2008.

第10章 巩固

1. Moving from serial to parallel reading in the course of learning to read: Zoccolotti et al., 2005.

2. Longitudinal brain imaging of the acquisition of reading: Dehaene-Lambertz et al., 2018.

3. Contribution of parietal cortex to expert reading, only for degraded words: Cohen, Dehaene, Vinckier, Jobert, and Montavont, 2008; Vinckier et al., 2006.

4. Visual recognition of frequent combinations of letters: Binder, Medler, Westbury, Liebenthal, and Buchanan, 2006; Dehaene, Cohen, Sigman, and Vinckier, 2005;Grainger and Whitney, 2004; Vinckier et al., 2007.

5. Tuning of early visual cortex to letter perception: Chang et al., 2015; Dehaene et al., 2010; Sigman et al., 2005; Szwed et al., 2011, 2014.

6. Unconscious reading: Dehaene et al., 2001, 2004.

7. Automatization of arithmetic: Ansari and Dhital, 2006; Rivera, Reiss, Eckert, and Menon, 2005. The hippocampus also seems to strongly contribute to the memory for arithmetic facts: Qin et al., 2014.

8. Sleep interrupts the forgetting curve: Jenkins and Dallenbach, 1924.

9. REM sleep improves learning: Karni, Tanne, Rubenstein, Askenasy, and Sagi, 1994.

10. Sleep and the consolidation of recent learning: Huber, Ghilardi, Massimini, and Tononi, 2004; Stickgold, 2005; Walker, Brakefield, Hobson, and Stickgold, 2003; Walker and Stickgold, 2004.

11. Overexpression of the zif-268 gene during sleep: Ribeiro, Goyal, Mello, and Pavlides, 1999.

12. Neuronal replay during the night: Ji and Wilson, 2007; Louie and Wilson, 2001; Skaggs and McNaughton, 1996; Wilson and McNaughton, 1994.

13. Decoding brain activity during sleep: Chen and Wilson, 2017; Horikawa, Tamaki, Miyawaki, and Kamitani, 2013.

14. Theories of the memory function of sleep: Diekelmann and Born, 2010.

15. Replay during sleep facilitates memory consolidation: Ramanathan, Gulati, and Ganguly, 2015; see also Norimoto et al., 2018, for the direct effect of sleep on synaptic plasticity.

16. Cortical and hippocampal reactivation during sleep in humans: Horikawa et al., 2013; Jiang et al., 2017; Peigneux et al., 2004.

17. Increased slow wave sleep and post-sleep performance improvement: Huber et al., 2004.

18. Brain imaging of the effects of sleep on motor learning: Walker, Stickgold, Alsop, Gaab, and Schlaug, 2005.

19. Boosting slow oscillations during sleep improves memory: Marshall, Helgadóttir, Mölle, and Born, 2006; Ngo, Martinetz, Born, and Mölle, 2013.

20. Odors can bias memory consolidation during sleep: Rasch, Büchel, Gais, and Born, 2007.

21. Sounds can bias replay during sleep and improve subsequent memory: Antony,Gobel, O'Hare, Reber, and Paller, 2012; Bendor and Wilson, 2012; Rudoy, Voss, Westerberg, and Paller, 2009.

22. No learning of novel facts during sleep: Bruce et al., 1970; Emmons and

Simon, 1956. Nevertheless, a very recent study suggests that during sleep, we may be able to learn the association between a tone and a smell (Arzi et al., 2012).

23. Gazsi, M. (2018, June 8). Philippe Starck: "I couldn't care less about my life." *The Guardian*,theguardian.com.

24. Mathematical insight during sleep: Wagner, Gais, Haider, Verleger, and Born, 2004.

25. Sleep-wake learning algorithms: Hinton, Dayan, Frey, and Neal, 1995; Hinton, Osindero, and Teh, 2006.

26. Hypothesis that the memory function of sleep may be more efficient in humans: Samson and Nunn, 2015.

27. Greater efficiency of sleep in children than in adults: Wilhelm et al., 2013.

28. Babies generalize word meanings after sleeping: Friedrich, Wilhelm, Born, and Friederici, 2015; Seehagen, Konrad, Herbert, and Schneider, 2015.

29. Positive effect of naps in preschoolers: Kurdziel, Duclos, and Spencer, 2013.

30. Sleep deficits and attention disorders: Avior et al., 2004; Cortese et al., 2013; Hiscock et al., 2015; Prehn-Kristensen et al., 2014.

31. Beneficial effects of delaying school start times for adolescents: American Academy of Pediatrics, 2014; Dunster et al., 2018.

结论 教育与神经科学的"联姻"

1. Artificial intelligence inspired by neuroscience and cognitive science: Hassabis, Kumaran, Summerfield, and Botvinick, 2017; Lake et al., 2017.

2. See PISA (Program for International Student Assessment, oecd.org/pisa-fr), TIMSS (Trends in International Mathematics and Science Study), and PIRLS (Progress in International Reading Literacy Study, timssandpirls.bc.edu).

考虑到环保的因素，也为了节省纸张、降低图书定价，本书编辑制作了电子版的参考文献。扫码查看本书全部参考文献内容。

译后记

学习是人脑最重要的功能。古今中外的哲学家、教育学家、心理学家、神经科学家从不同学科的视角来试图破解学习的奥秘。英国启蒙运动哲学家约翰·洛克等人认为，人脑是一块白板，可以从环境中汲取信息。事实上，神经细胞拥有一种非凡的能力，可以根据它们接收到的信号不断调整突触。学习之所以成为可能，在于人脑具有巨大的可塑性，使得人类能够改变自我，适应世界。

人脑具有无与伦比的学习能力。海伦·凯勒先天失明失聪，然而，通过学习，她打破了多年与世隔绝的状态，学会了手语，并最终成为杰出的教育家和作家。伊曼纽尔·吉鲁 11 岁双目失明，后来成长为一名顶尖的数学家。一个失明的人在看不见任何图形的情况下，是如何深度理解抽象的代数几何概念与原理，计算出平面的面积和球体的体积的呢？研究表明，他和其他数学家一样使用相同的神经回路，但是他的视皮层已经改变功能去做数学了。

大脑右半球在三岁时几乎完全被切除的尼科，运用仅存的大脑左半球完美临摹了莫奈的名画《日出》。依靠仅存的大脑左半球，尼科像正常人一样说话、写作和阅读，而且还学会了通常被认为是右脑的功能的绘画能力；此外，他还学会了运用计算机，学会了轮椅击剑并在这项运动中夺得了西班牙的冠军。尼科之所以能在没有右脑的情况下成为一名有创造力和才华的艺术家，是人脑的可塑性创造了这些奇迹。布加勒斯孤儿院里的孤儿从出生起就被遗弃，但是如果他们在一两岁之前被收养，上学后仍然可以拥有正常的学习体验。

人脑的学习能力似乎是一个连续体：有的人先天失明失聪，或者被切除了半个脑，亦或遭受了社交隔离，却不仅过上了正常的生活，甚至还取得了超越正常人的成就。而有的人智力正常，认真努力，却在阅读或者数学学习方面遭遇严重困难，学习能力长期受到阻滞。例如，一名由于中风导致的阅读障碍者，虽然具有强烈的重新学习阅读的愿望并付诸艰苦的努力，其阅读水平却仍然无法超越幼儿的水平：阅读一个字需要好几秒钟，采用的仍然是逐字母阅读的方式，而且每个字母都读得结结巴巴。患有阅读困难、计算困难或运动障碍的孩子在获得阅读、计算或书写方面往往面临种种困难。语言、阅读、数学、科学、艺术创作等所有这些高级文化学习能力是人类所独有的，是其他灵长类动物所不具备的，这种高级文化知识的传承与创造离不开人脑强大的学习能力。

凡此种种，不禁让我们深深地思考，学习究竟是什么？美国麻省理工学院第 17 任校长雷欧·拉斐尔·莱夫曾经说过："如果我们不知道人是如何学习的，那么我们怎么会知道如何教学？"法国神经科学家斯坦尼斯拉斯·迪昂院士的《精准学习》一书回答了莱夫校长提出的这个问题。这本书围绕着学习的四个支柱，注意、主动参与、错误反馈和巩固，让教育工作者了解学生是如何学习的，以及在学校内如何运用这些知识来提高学生的学习。这四个支柱对我们心理结构的稳定性起着至关重要的作用：如果这些支柱中哪怕有一个缺失或薄弱，整个结构都会颤抖和震荡。这四个支柱得到了脑与认知科学研究所积累的坚实证据的支持，是提高学生成长和学习的关键概念。在本书中，迪昂院士运用脑科学的研究成果来阐释教与学的理论，取代了皮亚杰和杜威等学者所提出的过时的心理学理论，从交叉学科的视角建构了崭新的教育科学知识体系。本书适合所有教育工作者阅读，包括教师、教育管理者、家长以及关注教育问题的心理学、神经科学研究者和教育神经科学研究者。

为了更好地将本书呈现给中国读者，周加仙研究员组织了心理学、教育学、神经科学领域的学者，共同完成了全书的翻译工作。具体分工如下：导言，章熠；第一部分，章熠、周加仙、姜雪；第二部分，张畅芯、姜雪、陈思雨、章熠；第三部分，李艳玮、姜雪、陈功香；结论，周加仙；致谢，周加仙；注释，周加仙。姜雪、章熠完成了全书书稿校对工作。在此基础上，周加仙对照原文，仔细通读审定了书稿。

虽然我们力图精准地翻译这本优秀的著作，但是作者渊博的知识积累和宏大的研究视野，使得本书的翻译极具挑战性。如有不足之处，还望读者批评指正。

周加仙

2022 年 6 月 9 日

于田家炳教育书院

未来，属于终身学习者

我这辈子遇到的聪明人（来自各行各业的聪明人）没有不每天阅读的——没有，一个都没有。巴菲特读书之多，我读书之多，可能会让你感到吃惊。孩子们都笑话我。他们觉得我是一本长了两条腿的书。

——查理·芒格

互联网改变了信息连接的方式；指数型技术在迅速颠覆着现有的商业世界；人工智能已经开始抢占人类的工作岗位……

未来，到底需要什么样的人才？

改变命运唯一的策略是你要变成终身学习者。未来世界将不再需要单一的技能型人才，而是需要具备完善的知识结构、极强逻辑思考力和高感知力的复合型人才。优秀的人往往通过阅读建立足够强大的抽象思维能力，获得异于众人的思考和整合能力。未来，将属于终身学习者！而阅读必定和终身学习形影不离。

很多人读书，追求的是干货，寻求的是立刻行之有效的解决方案。其实这是一种留在舒适区的阅读方法。在这个充满不确定性的年代，答案不会简单地出现在书里，因为生活根本就没有标准确切的答案，你也不能期望过去的经验能解决未来的问题。

而真正的阅读，应该在书中与智者同行思考，借他们的视角看到世界的多元性，提出比答案更重要的好问题，在不确定的时代中领先起跑。

湛庐阅读 App：与最聪明的人共同进化

有人常常把成本支出的焦点放在书价上，把读完一本书当作阅读的终结。其实不然。

时间是读者付出的最大阅读成本

怎么读是读者面临的最大阅读障碍

“读书破万卷”不仅仅在“万”，更重要的是在“破”！

现在，我们构建了全新的“湛庐阅读”App。它将成为你“破万卷”的新居所。在这里：

- 不用考虑读什么，你可以便捷找到纸书、电子书、有声书和各种声音产品；
- 你可以学会怎么读，你将发现集泛读、通读、精读于一体的阅读解决方案；
- 你会与作者、译者、专家、推荐人和阅读教练相遇，他们是优质思想的发源地；
- 你会与优秀的读者和终身学习者为伍，他们对阅读和学习有着持久的热情和源源不绝的内驱力。

图书在版编目（CIP）数据

精准学习 / (法) 斯坦尼斯拉斯·迪昂著 ; 周加仙等译. -- 杭州 : 浙江教育出版社, 2023.3（2023.5重印）
ISBN 978-7-5722-5330-0

Ⅰ. ①精… Ⅱ. ①斯… ②周… Ⅲ. ①学习方法 Ⅳ. ①G442

中国国家版本馆CIP数据核字(2023)第015623号

浙江省版权局
著作权合同登记号
图字:11-2021-110号

上架指导：脑科学 / 教育学

精准学习
JINGZHUN XUEXI
[法] 斯坦尼斯拉斯·迪昂（Stanislas Dehaene） 著
周加仙　等译

责任编辑：刘姗姗
美术编辑：韩　波
责任校对：胡凯莉
责任印务：陈　沁
封面设计：ablackcover.com
出版发行：浙江教育出版社（杭州市天目山路 40 号　电话：0571-85170300-80928）
印　　刷：唐山富达印务有限公司
开　　本：710mm × 965mm　1/16　　插　　页：16
印　　张：20.5　　字　　数：280 千字
版　　次：2023 年 3 月第 1 版　　印　　次：2023 年 5 月第 2 次印刷
书　　号：ISBN 978-7-5722-5330-0　　定　　价：109.90 元

如发现印装质量问题，影响阅读，请致电 010-56676359 联系调换。